DIEDERICHS GELBE REIHE

herausgegeben von Michael Günther

Åke Hultkrantz

Schamanische Heilkunst und rituelles Drama der Indianer Nordamerikas

Aus dem Amerikanischen von
Konrad Dietzfelbinger

Eugen Diederichs Verlag

Die Originalausgabe erschien 1992 unter dem Titel
Shamanic Healing and Ritual Drama
bei Crossroad, New York

Die Deutsche Bibliothek – CIP-Einheitsaufnahme
Hultkrantz, Åke:
Schamanische Heilkunst und rituelles Drama der Indianer Nordamerikas / Åke Hultkrantz.
Aus dem Amerikan. von Konrad Dietzfelbinger. – München: Diederichs, 1994
(Diederichs Gelbe Reihe; 112)
Einheitssacht.: Shamanic healing and ritual drama <dt.>
ISBN 3-424-01166-5
NE: GT

Umschlaggestaltung: Zembsch' Werkstatt, München
Produktion: Tillmann Roeder, München
Satz: Uhl + Massopust, Aalen
Druck und Bindung: Pressedruck, Augsburg
Printed in Germany

ISBN 3-424-01166-5

Inhalt

Geleitwort

Åke Hultkrantz' bahnbrechendes Werk über Gesundheit, Medizin und Religion in der Tradition der nordamerikanischen Natives läßt sich angemessen nur vor dem Hintergrund einer Diskussion würdigen, die nun schon seit einem halben Jahrtausend geführt wird. Fünfhundert Jahre nach der ersten Ozeanüberquerung durch Christoph Kolumbus ringen die Erben der Europäer (und Afrikaner und Asiaten) auf der anderen Hemisphäre des Globus immer noch um die richtige Einstellung zu den Nachfahren der Menschen, die damals den amerikanischen Kontinent bewohnten. Und umgekehrt gilt das gleiche...

Ob die Fahrt des Kolumbus ein sinnvolles Unternehmen war, ist und bleibt umstritten. Aber bei allen ideologischen Differenzen ist man sich doch darüber einig, daß es jedenfalls unsinnig ist, von einer »Entdeckung Amerikas« zu sprechen. So können nur naive Gemüter denken, die sich nicht klar machen, daß die Ureinwohner des amerikanischen Kontinents aus der Sicht ihres eigenen Weltbildes heraus keineswegs »entdeckt« zu werden brauchten. Man könnte also höchstens davon sprechen, daß im Jahr 1492 eine größere Entdeckungsreise stattfand, nach der die Europäer mit der Eroberung und dauernden Besiedlung Amerikas begannen.

Auch die Frage, welchen Namen man den Bewohnern beider Amerika geben sollte, bleibt eine Quelle dauernder Unsicherheit, wenn nicht des Streites. Kolumbus nannte sie »Inder« (Indianer), und dabei blieb es auch, bis sie selbst und ihre Freunde erst vor wenigen Jahrzehnten mit guten Gründen dafür eintraten, sie, wie es Hultkrantz in dieser und seinen sonstigen Veröffentlichungen tut, als »amerikanische Natives« zu bezeichnen. Aber aufs ganze gesehen sind auch sie keine »Natives« – Ureinwohner. Denn erst vor zehn- bis dreißigtausend Jahren – ein paar tausend Jahre mehr oder weniger spielen hier keine Rolle –, überquerten ihre Vorfahren die Beringstraße oder die damalige Landbrücke Beringia. Erst von da an sind sie amerikanische »Natives« – wie wir sie heute nennen.

Diese kurze Rekapitulation von Mißverständnissen – oder von Fehlbenennungen des Anderen, des Fremden – liefert einen guten Hintergrund für dieses Buch. Denn während eines Großteils der fünfhundert Jahre Beziehungen zwischen den beiden Rassen kümmerten sich die Menschen europäischer Abstammung herzlich wenig um Gesundheit, Medizin und Religion der Natives.

Gesundheit? Vielleicht erschraken sie heftig vor den kraftstrotzenden Kriegern der Natives, die gleichzeitig, wie sich sofort herausstellte, den europäischen Krankheiten mangels Immunabwehr schutzlos ausgeliefert waren. Sie wurden in Scharen hinweggerafft, ohne daß man ein Gegenmittel gegen die sie befallenden Seuchen hätte finden können. Die Weißen beobachteten außerdem, daß die Menschen auf dem neuen Kontinent früh starben. Im 19. Jahrhundert errichteten deshalb einige »Philanthropen« – jedenfalls gefielen sie sich in dieser Rolle – im Rahmen einer Politik der »Reservate« und der »Zivilisierung« der von ihnen so genannten »Indianer« vereinzelt primitive Krankenhäuser und stellten Leute ein, die darin zu arbeiten bereit waren. Aber das waren sehr einseitige Maßnahmen. Denn die Missionare, Lehrer und Verwaltungsbeamten wollten Gesundheit bringen, jedoch keineswegs auch selbst von den amerikanischen Natives in ihren Reservaten lernen.

Medizin? Damit stand es noch schlimmer. Die Forschungsreisenden, Eroberer und Umsiedler wurden Zeuge, wie die Natives ihre traditionelle Medizin ausübten. Die Schlüsselfiguren dabei waren die Schamanen – damals freilich noch nicht mit diesem Namen bezeichnet –, die man verächtlich als »Medizinmänner« abtat. Im Lauf der Jahrhunderte wurden sie immer wieder als Magier, Betrüger, die den Aberglauben anderer schamlos ausnützten, Scharlatane und raffinierte Schwindler gebrandmarkt, die ihre Opfer in schlechterem Zustand als vor der Behandlung zurückließen. Aber jeder, der die Religion der amerikanischen Natives studieren will, muß bereit sein, eine radikal andere Einstellung zu diesen Schamanen zu gewinnen – wofür Hultkrantz, Realist und Sympathisant zugleich, in diesem Buch ein gutes Beispiel gibt.

Religion? Davon hielten die Europäer noch weniger, ja sie ging ihnen sogar sehr gegen den Strich. Man glaubte entweder, die amerikanischen Natives hätten gar keine Religion, oder es könnte, wenn sie eine hätten, nur satanischer, abgrundtiefer Aberglaube sein. Dennoch waren nicht alle Missionare nur beflissene Handlanger der Eroberer. Man hört allerdings selten von den heroischen Anstrengungen der katholischen Fratres im Südwesten der heutigen Vereinigten Staaten, die in der Frage, ob man die Indianer versklaven dürfe, erbitterten Widerstand gegen ihre spanischen Landsleute leisteten und wenigstens für begrenzte Rechte der Ureinwohner eintraten. Viele von ihnen begegneten den Natives, die mehr oder weniger unfreiwillig in den Missionsstationen arbeiten mußten, mit großer Sympathie. Doch auch diese Sympathie war oft von Herablassung durchsetzt. Es fehlte den Fratres die Bereitschaft anzuerkennen, daß die Religion der amerikanischen Natives ihren Anhängern wertvollste Dienste leistete.

Was in aller Regel übersehen wurde, ist gerade der Punkt, auf den Hultkrantz in seinem Buch den größten Nachdruck legt: Gesundheit, Medizin und Religion bildeten ein geschlossenes Glaubenssystem. Es ermöglichte den amerikanischen Natives, so in ihrer Umwelt zu leben, daß die natürlichen Ressourcen nicht ausgebeutet oder erschöpft wurden. Es verlangte von den Heilern der Natives, daß sie auf die ökologischen Zusammenhänge Rücksicht nahmen, Heilmittel nur in Form natürlicher Erzeugnisse – Kräuter und dergleichen – verwendeten und den Kranken Linderung und Beistand verschafften, indem sie den jahreszeitlichen Rhythmus und die Schönheit der Landschaft als Heilfaktoren miteinbezogen und Kontakt mit den »Geistern«, die die Natur bewohnten, aufnahmen. Ein Hauptanliegen dieses Buches ist zu zeigen, wie dieses System aufgebaut war und funktionierte.

In jüngster Zeit ist das Interesse für die amerikanischen Natives gewachsen. Zunächst gab es die Emanzipationsbestrebungen der Betroffenen selbst. Neben den Bürgerrechtsbewegungen der »Black Power«, den feministischen, hispanischen, homosexuellen und sonstigen Strömungen begannen sich auch die amerikanischen Natives in der politischen Umwelt zu artikulieren. Ihre Botschaft lautete: Ihr habt nicht alles zu bestimmen! Ihr habt unsere Vorfahren getötet, sie elend umkommen lassen oder in Reservate gesteckt. Ihr habt uns eure Namen gegeben, uns ins Abseits gestellt, über unser Schicksal entschieden. Wir möchten aber zumindest nach unseren eigenen Vorstellungen behandelt werden. Der Zusammenhang zwischen Gesundheit, Medizin und Religion war ein Aspekt ihrer Kultur, der besondere Aufmerksamkeit auf sich zog.

In der Folge reagierten auch amerikanische Gruppen, die nicht Natives waren, auf deren Anliegen: »Hippies«, Umweltschützer, Anhänger ganzheitlicher Heilmethoden. Vielleicht waren sie manchmal allzu romantisch, lehnten von vornherein die technologische Medizin ab und brachten das Erbe der amerikanischen Natives auf einen zu einfachen Nenner. Vielleicht hielten sie es auch für leichter, als es in Wirklichkeit ist, Zugang zu diesem Erbe zu gewinnen. Man brauchte sich, so dachten sie, nur zu bedienen, sich die Verfahrensweisen der Natives anzueignen und die modernen Krankenhäuser, Laboratorien und Kliniken, die sich für Kräuter und Tränke, Riten und Gesänge so gar nicht erwärmen konnten, zu bekämpfen. Åke Hultkrantz aber ist kein Romantiker und auch kein Vereinfacher. Schon der Aufbau seines Buches zeigt, daß er sich der Vielfalt und Differenziertheit der amerikanischen Natives sehr bewußt ist und die einzelnen Strömungen niemals über einen Kamm schert.

Wenn aber eine gründlichere Beschäftigung mit den Methoden der amerikanischen Natives beweist, daß es nicht ganz einfach ist, sie pauschal zu übernehmen, warum erscheint dann ein Buch über dieses Thema von einem Wissenschaftler wie Hultkrantz? Sicher wäre ein x-beliebiger Schreiber besser geeignet, einen billigen Ratgeber für Leute zurechtzuschustern, die sich nur für die auffälligen Äußerlichkeiten der Methoden der Natives interessieren. Er könnte sich ihres Beifalls gewiß sein. Hultkrantz aber verlangt, dafür ist er Wissenschaftler, von seinen Lesern Ernst und Gründlichkeit und errichtet Sperren gegen die vorschnellen Vereinfacher. Doch warum sollte man ihn dann lesen? Welcher praktische Nutzen läßt sich aus seinem Buch ziehen?

Als begeisterter Leser der Bücher von Professor Hultkrantz möchte ich antworten: in erster Linie aus Gründen des Interesses. Es ist doch so, daß wir bei neun von zehn Büchern, die wir lesen, nicht das Ziel verfolgen, uns beruflich weiterzubilden oder die Welt zu verbessern. Wir lesen zum Vergnügen und lassen uns von den Autoren ins Land der Phantasie entführen. Oder wir lesen, weil es unserer persönlichen Entwicklung dienlich ist. Bücher erweitern unseren Horizont, so daß wir innerlich wachsen, wenn wir uns in jemand anderen einfühlen oder uns an andere Orte und in andere Zeiten versetzen lassen. Ein Buch muß uns innerlich beschäftigen. Thema und Stil sollen uns fesseln, auch wenn kein unmittelbarer praktischer Nutzen damit verbunden ist.

Zweitens analysiert Hultkrantz den Zusammenhang zwischen Gesundheit, Medizin und Religion, einen Bereich also, der unsere individuelle und kollektive Existenz engstens berührt. Damit trägt er zum besseren Verständnis zwischen den heutigen amerikanischen Natives und der übrigen Bevölkerung bei. Dieses Ziel mag auf der Liste der Politiker nicht obenan stehen. Doch es ist entscheidend, wenn wir uns mit der Schuld der Weißen auseinandersetzen, versuchen wollen, die amerikanischen Natives zu verstehen und unsere Vorurteile zu beseitigen. Das ist eine Aufgabe, die keineswegs schon erledigt ist. Der amerikanische Native ist immer noch der unverstandene Andere, in engster Nachbarschaft zu den 250 bis 300 Millionen Nordamerikanern lebend, die nicht das Recht haben, sich als Natives zu bezeichnen. Gelingt es uns, die Menschen, die mit uns diesen Kontinent bewohnen, zu verstehen, so könnte das bei uns einen inneren Wandel auslösen und bessere Beziehungen auch zu Menschen schaffen, die, auf anderen Kontinenten, ebenfalls »Andere« für uns sind.

Die amerikanischen Natives selbst haben einen weiteren Grund zur Lektüre dieses Buches. Sie sind, wie Hultkrantz ausführt, Erben einer »mündlichen« Tradition. Das bedeutet, sie leben im allgemeinen nach den Normen, die ihnen durch die Überlieferungen ihrer Völker vermittelt werden – ihrer »Stämme«, um wieder einen Begriff zu gebrauchen, der ihnen von »anderen« aufgeprägt worden ist. Doch auch diese amerikanischen Natives lesen, und ihre Traditionen werden von ihnen selbst und informierten Beobachtern wie dem Skandinavier Hultkrantz, der sich ihnen so verbunden fühlt, schriftlich festgehalten.

Hultkrantz legt es nicht darauf an, die Tradition mundgerecht zu servieren. Wer das Erbe einer Kultur genau studiert, weiß am besten, wie schwer es oft ist, ihre charakteristischen Merkmale anderen begreiflich zu machen. Und Hultkrantz weiß genau, daß die Heilverfahren der amerikanischen Natives mit anderen Elementen ihres Lebens so eng verwoben sind, daß sie sich gar nicht leicht in Begriffe anderer Kulturen übersetzen lassen.

Aber wir lernen fortwährend von anderen Kulturen, wozu uns Hultkrantz gute Dienste leistet. Er beschreibt die Bedingungen, die erfüllt sein müssen, wenn Therapien der Natives mit Erfolg bei uns angewendet werden sollen. Niemals preßt er die therapeutischen Verfahren einer Gruppe amerikanischer Natives in das Korsett eines anderen Systems oder, was noch schlimmer wäre, rührt einen großen Einheitsbrei zusammen. Sein Buch muß bis fast zum Schluß als eine Art Reisetagebuch aufgefaßt werden. Erst auf den letzten Seiten wird eine Synthese möglich. Hultkrantz gelingt es, Lebensweisen und -formen, die bedeutsam für uns sind, fesselnd zu beschreiben. Teile dieser Traditionen können die Härte unserer technisch bestimmten Medizin mildern. Und anhand anderer Aspekte lernt der Leser vielleicht mehr über das Gemeinschaftsdenken, an dem es dem bürokratischen Gesundheitssystem der Amerikaner häufig so sehr mangelt. Gemeinschaftsgefühl, Naturverbundenheit, ein Leben im Einklang mit den Lebensrhythmen und Jahreszeiten, die Macht des Rituals – all dies wird auf den folgenden Seiten angesprochen und an Beispielen erläutert.

Auch sollte sich der Leser auf Besuche bei den Ojibwa und Tlingit, Schoschonen und Navajo gefaßt machen. Er sollte sich auf Informationen über die Therapie der Schamanen, der Benutzer von »Bebenden Zelten« und Schwitzhütten und der Veranstalter von Zeremonien wie etwa des »Heiligungsweges« einstellen. Er wird zu der Überzeugung gelangen, daß es sich um vielleicht etwas schwer verständliche Dinge, aber nicht um Unmögliches handelt. Dieses Buch ist daher ein weiterer Beitrag zum Bestreben, durch Menschen anderen Menschen, für die sie wiederum die »anderen« sind, neue Perspektiven zu eröffnen.

Niemand könnte dabei ein besserer Führer sein als Åke Hultkrantz. Er hat nun das Wort – er und die amerikanischen Natives, die er so genau kennt und so lebendig beschreibt.

Martin E. Marty

Vorwort

Es sind schon mehrere Bücher über die Stammesmedizin der nordamerikanischen Natives erschienen. Doch keines hat bisher das reichhaltige Material systematisch zusammengefaßt. Diese Aufgabe habe ich mir mit der vorliegenden Arbeit gestellt. Der rote Faden, der sich durch das Buch zieht, ist die These, daß Theorie und Praxis der Medizin der amerikanischen Natives nur richtig verstanden werden können, wenn man ihre religiösen Überzeugungen berücksichtigt. Gesundheit, Krankheit und Tod bilden ein Muster, das sich dem Beobachter nur erschließt, wenn er es aus der Perspektive der Religion betrachtet.

Ich habe mich auf bestimmte kulturelle Aspekte mehrerer Stammesgebiete Nordamerikas beschränkt, um anhand dieser Auswahl Themen wie Gesundheit, Krankheit, Geisteskrankheit, Leiden, Pflege, Ethik, Heilverfahren, Behandlung der Alten, Tod und Sterben zu erörtern. Überdies gibt diese Studie lebendige Schilderungen von besonderen Heilungsvorgängen und spannende Beschreibungen von Vorgehensweisen der Schamanen. All dies demonstriert, daß der Heiler der amerikanischen Natives vor allem eine psychosomatische Medizin mit direktem Bezug zur Religion praktiziert – eine Dimension der Medizin, die in der Praxis der Ärzte des Westens weitgehend fehlt.

Einführung

Wer die nordamerikanischen Natives einigermaßen kennt, weiß, daß der Medizinmann in den Stämmen, die als Jäger- und Sammler-Gesellschaften zu charakterisieren sind, eine entscheidende Rolle spielt. Dabei ist der Medizinmann – manchmal auch die Medizinfrau[1] – mehr als nur Doktor oder Arzt. Er verfügt nämlich über Kräfte, die die Grenzen des Normalen überschreiten. Er ist, mit anderen Worten, ein Mensch mit übersinnlichen Fähigkeiten, mit Verbindungen zu übernatürlichen Welten. Seine Fähigkeiten als Heiler sind das Geschenk höherer Mächte. In dieser Hinsicht unterscheidet sich der amerikanische Heiler grundlegend von seinem medizinischen Kollegen der euroamerikanischen Tradition. Bei den Ureinwohnern Nordamerikas sind Medizin und Religion nur die zwei Seiten einer Medaille.

Dies ist die Voraussetzung, die dem hier unternommenen Versuch zugrunde liegt, die Wechselwirkung zwischen Gesundheit, Medizin und Religion in den Kulturen der nordamerikanischen Natives zu beschreiben. Wir brauchen nicht lange nach den besonderen Gemeinsamkeiten der ärztlichen Theorie und Praxis einerseits, den religiösen Überzeugungen und Ritualen andererseits zu suchen – sie liegen auf der Hand. Aus einer übergeordneten Perspektive läßt sich erkennen, daß alles, was mit Gesundheit und Heilung zu tun hat, gleichzeitig religiöse Praxis ist. Leidet ein Mensch an irgendeiner Unpäßlichkeit oder wird schwer krank, so orientieren sich alle Maßnahmen, die seine Verwandten für ihn treffen, von vornherein an der übersinnlichen Welt. Natürlich führt man kleinere Beschwerden und Verletzungen nicht unbedingt direkt auf religiöse Ursachen zurück (oder man hält sie für so unbedeutend, daß diese Ursachen im Moment keine Rolle spielen). Die allgemeine Regel ist jedoch, daß jede Krankheit ihre Wurzel in einer gestörten Beziehung zum Übersinnlichen hat.[2]

Diese Überzeugung der Ureinwohner gibt jedem Versuch, Krankheiten im Bereich der nordamerikanischen Natives zu verstehen und beschreiben, seine besondere, für uns sehr spannende Färbung. Sicher haben wir es hier mit einem ganzen Kontinent zu tun, und es gibt, was die medizinischen Systeme und Verfahren anbelangt, große Unterschiede von Gruppe zu Gruppe. In manchen Gemeinschaften ist der Medizinmann Mystiker und Schamane; in anderen tritt er einfach als »weiser Mann« (oder »weise Frau«) ohne deutliche Beziehung zum Übernatürlichen auf, oder es handelt sich gar um medizinische Bruderschaften, deren Mitglieder in ihrer Kunst zwar ausgebildet sind, aber ohne dieses Charisma des Medizinmannes und seinen Einblick in übersinnliche Welten arbeiten. In manchen Gesellschaften führen Schutzgeister die Hände der Heiler, in anderen halten sich diese genauestens an von der Tradition vorgegebene Anweisungen. Da diese Unterschiede nun einmal bestehen – sie existieren übrigens auch in den Vorstellungen über Krankheit, moralisches Verhalten, Sexualität und das Leben nach dem Tod –, müssen wir uns notgedrungen mit verschiedenen indianischen Kulturen und Traditionen befassen. Unsere Reise wird uns durch große Teile Nordamerikas und in viele Umgebungen und Situationen mit immer neuen Gesichtern führen. Wir werden auf Welten stoßen, die zuzeiten, wenigstens von außen betrachtet, armselig und direkt langweilig wirken, während sie zu anderen Zeiten vor Leben geradezu sprühen. Und es werden uns reiche, ja glänzende Kulturen begegnen, deren medizinische Praxis dann doch ziemlich dürftig ist. Wir dürfen niemals vergessen, daß wir es mit vielen, über einen ganzen Kontinent verteilten Stämmen zu tun haben.

Die Medizin der amerikanischen Natives ist durch und durch traditionsbestimmt. Auch die Heiler, die ihre Anweisungen zur Therapie durch visionäre Eingebungen von »Geistern« erhalten, arbeiten nach traditionell vorgegebenen Mustern, stimmen doch derartige Erfahrungen und Instruktionen durch Inspiration stets mit den überkommenen Regeln und Normen des Stammes überein. Im einzelnen mag es große Unterschiede geben, das generelle Muster aber ist überall dasselbe. Wenn daher die Medizin der Ureinwohner grundsätzlich konservativ ist, so liegt das vor allem an ihrem sakralen, religiösen Charakter. Denn Religion ist ein den Konservativismus begünstigender kultureller Aspekt. Das gilt ganz besonders für die praktische Seite der Religion, den Ausdruck religiöser Überzeugungen in Ritus und Kult. Wer je einem lutherischen, römisch-katholischen oder griechisch-orthodoxen Gottesdienst beigewohnt hat, wird das bestätigen können. In diesem Punkt machen die Riten amerikanischer Natives keine Ausnahme. Sie mögen manchmal aufgrund visionärer Eingebungen im Einzelfall etwas abgeändert werden, aber im wesentlichen behalten sie ihre ursprünglichen Strukturen bei. Da also die meisten medizinischen Verfahren bei diesen Völkern an religiöse Rituale gebunden oder sogar selbst als religiöse Rituale anzusprechen sind, haben sie einen konservativen Effekt.

Und auch wo neuere Religionen diese festen Muster durchbrochen haben, im allgemeinen infolge eines durch die Ankunft der Weißen bedingten kulturellen Wandels, schränkt der Traditionalismus die neugewonnenen Möglichkeiten dann doch wieder ein. Ein gutes Beispiel dafür ist die Ausbreitung des »Peyotekults«, eines Ritus, der auf den Eigenschaften des kleinen Peyotekaktus aufbaut. Er drang Ende des letzten und während der ersten Hälfte unseres Jahrhunderts in bestimmte Gebiete Nordamerikas ein und gelangte auch in die Reservate der Natives, wo sich die traditionelle Religion unter dem Druck der christlichen Missionare mehr oder weniger auf dem Rückzug befand. Mit dem Peyotekult eroberte sich eine Mischung aus katholischen und mexikanischen Kultelementen große Teile der religiösen Welt. Doch wurden in der Folge die dazugehörigen Einstellungen und rituellen Formen mehr und mehr den traditionellen Mustern der nordamerikanischen Natives angepaßt. Da Peyote neben seinen übernatürlichen Eigenschaften vor allem auch als Heilmittel betrachtet wurde, prägte die therapeutische Praxis, die in den vom Peyotekult eroberten Gebieten vorherrschte, weitgehend das Gesicht der Peyote-Zeremonien.

Dies alles läuft darauf hinaus, daß wir, auch wenn wir uns mit der heutigen Medizin der amerikanischen Natives beschäftigen, immer auf Spuren alter Traditionen stoßen werden. Die Grundlagen der Heilkunde und Heilkunst der Natives sind heute dieselben wie gestern. Natürlich sind extremere Heilverfahren, die dem modernen Lebensstil zu sehr widersprechen, nicht mehr üblich: So sind z. B. die Seelenreisen in Trance verschwunden oder im Begriff, zu verschwinden. Ebenso wird man in der medizinischen Praxis der Natives gelegentlich aus der westlichen Medizin übernommene Methoden beobachten. Wenn Medizinmänner mit weißen Ärzten in Krankenhäusern zusammenarbeiten, wie es in Afrika und

Nordamerika durchaus vorkommt, besteht die Tendenz, daß die seelische Komponente der Heilung mehr betont wird, als es im Ursprungsmilieu der Medizinmänner der Fall gewesen wäre. Der Medizinmann ist dann vor allem Psychotherapeut.[3]

Wir legen hier solchen Nachdruck auf den Traditionalismus in der Medizin der amerikanischen Natives, weil wir bei der Beschreibung und Analyse dieser Medizin oft gezwungen sein werden, auf Quellen zurückzugreifen, die einige Jahrzehnte oder noch weiter zurückliegen. In diesen literarischen Quellen finden sich ausführlichere Berichte über die Medizin der nordamerikanischen Natives als wir sie uns durch aktuelle Beobachtungen erschließen könnten. Denn heute verbergen die Natives die traditionellen Heilverfahren gern vor den Blicken des Außenstehenden, weit mehr als früher. Der Grund dafür ist, daß sie von Anthropologen, die sie als bloße Beobachtungsobjekte behandeln, inzwischen mehr als genug haben. In manchen Fällen haben amerikanische Natives auch offensive Medizinprogramme als Reaktion auf die Übermacht der weißen Medizin entwickelt.

Daß sich die medizinischen Vorstellungen der amerikanischen Natives so konstant vererbt haben, hat zahlreichen Beobachtern sehr imponiert und auch, wie man weiß, Formen einer neuen euroamerikanischen »alternativen Medizin« ins Leben gerufen. Das ist ein interessantes Thema, dem wir in diesem Buch jedoch nicht weiter nachgehen können.

Obwohl sich also alte Muster gehalten haben, ändern sich die Inhalte der Medizin der amerikanischen Natives doch langsam. Das ist ein ganz natürlicher Vorgang in Kulturen, die, wie wir sehen werden, immer wieder aufgrund prophetischer Berufungen Reformbewegungen hervorgebracht haben. In unseren Tagen tragen auch panamerikanische Ideen dazu bei, die Medizin der Natives neu zu gestalten. Seit einigen Jahren arrangieren die Stoney (Assiniboin) in Alberta Zusammenkünfte für Medizinmänner, bei denen sich Praktiker aus den unterschiedlichsten Stämmen – Azteken, Navajo, Lakota, Irokesen und Slave – zum Gedankenaustausch treffen und über rituelle Vorgehensweisen diskutieren. Solche Trends deuten auf einen dynamischen Prozeß hin, bei dem wahrscheinlich viele alte Gewohnheiten auf der Strecke bleiben, aber auch neue medizinische Verfahren in den jeweiligen Stämmen Eingang finden werden. Es ist hier im Rahmen eines Überblicks über die Traditionen der Gesundheit, Medizin und Religion der amerikanischen Natives nicht möglich, auf all diese Änderungen näher einzugehen, von denen viele dem großen Publikum kaum bekannt sind. Aber in einem sehr weiten Sinne sind sie alle traditional, d.h. vom Geist der amerikanischen Natives geprägt. Andererseits ist es durchaus möglich, daß die panamerikanische Orientierung, die sie alle aufweisen, auf lange Sicht die Prägung durch die alten Stammesverbände und die ideologischen Grenzen verwischen und ein neues Mosaik erzeugen wird – ein einheitlicheres, weniger buntes Mosaik.

Meine Absicht in diesem Buch ist es, die Medizin der amerikanischen Natives, wie sie war und immer noch ist, im Kontext ihrer Stammesverbände darzustellen. Die Kapitel folgen einer Nord-Süd-Route über den nordamerikanischen Kontinent. Das ist, wie wir sehen werden, auch eine Reise in die Zeit, nämlich von den alten Jägergesellschaften zu den neueren kulturellen Fortschritten. Die beiden letzten Kapitel gehen auf die jüngsten Entwicklungen der Medizin ein, wie sie soeben angedeutet wurden.

Die folgenden Berichte sollen einen Überblick über

den Reichtum der medizinischen Tradition der amerikanischen Natives geben. Sie wollen darüber hinaus einen lebendigen Eindruck von der Rolle vermitteln, die die Religion in dieser traditionellen Medizin spielt und immer gespielt hat. Die Quellen, auf die wir uns dabei stützen, sind von sehr unterschiedlicher Qualität und beziehen sich nicht immer auf alle Aspekte des Komplexes Gesundheit und Medizin. So haben wir z. B. nur dürftige Informationen über Gesundheitsvorsorge und Hygiene, dafür um so mehr über Themen wie Heiler, Heiltechniken, Stufen des Lebens, Art des Sterbens und das Leben der Toten. In der Weltanschauung der amerikanischen Natives bilden all diese Vorstellungen jeweils ein Gefüge von Überzeugungen und Riten, mit anderen Worten ein religiöses System (Glaubenssystem, Ritensystem), das sich von religiösen Systemen anderer Stämme unterscheidet, ja ihnen manchmal widerspricht. Eine Untersuchung der nordamerikanischen Religionen ergibt: Je lockerer der gesellschaftliche Zusammenhalt eines Stammes ist, desto ausgeprägter und unabhängiger sind einzelne Komplexe ihrer Religion und desto leichter kommt es zu Konflikten zwischen diesen Komplexen. Ein Beispiel dafür sind die Jägergesellschaften.[4] Umgekehrt gilt: Je integrierter und gefestigter eine Gesellschaft ist, desto besser organisiert und aufeinander abgestimmt sind auch die religiösen Vorstellungen. Das beweisen die meisten Religionen in Ackerbaugesellschaften. Das System der Gesundheit und Medizin ist bei den Jägerindianern der Plains besonders stark ausgeprägt. Denn bei ihnen sind die physischen Anforderungen, die die Umwelt an sie stellt, extrem hoch.

Im Lauf der Zeit haben sich viele nordamerikanische Religionen mehr und mehr auf das Thema Gesundheit und Krankheit konzentriert. Das zeigt am besten die

Navajoreligion, aber auch die Plains- und Great-Basin-Gruppen sind gute Beispiele dafür. Das Leben in den Reservaten ließ die Frage der Nahrungsbeschaffung und des Sich-Behauptens im Krieg allmählich in den Hintergrund treten. Dafür gewann die Sorge um Gesundheit und Familie mehr und mehr an Bedeutung. Das war nur natürlich, seit die weißen Behörden die Verantwortung für die Befriedigung äußerer Bedürfnisse wie Ernährung und Sicherheit übernommen hatten. Aber ganz davon abgesehen: Gesundheit und langes Leben im Kreise der nächsten Angehörigen sind stets die tiefsten Sehnsüchte des Menschen gewesen.

Ich hege die Hoffnung, mit diesem Buch dem Leser bewußt machen zu können, wie ernst die amerikanischen Natives das Problem ihrer Gesundheit nehmen und daß sie Krankheit stets im Rahmen einer religiösen Perspektive sehen. Ist das übrigens nicht sehr folgerichtig? Die Frage nach der leiblichen und seelischen Gesundheit des Menschen ist eine existentielle Frage. Und sind nicht alle existentiellen Fragen im Grunde religiöse Fragen? Bei den amerikanischen Natives jedenfalls ist es so.

Wir wollen unsere Odyssee mit einem Blick auf die ethnographische Karte Nordamerikas und einem allgemeinen Bericht über die medizinischen Vorstellungen beginnen, die das Verhalten der Medizinmänner der Natives und ihrer Kranken bestimmen.

Überblickskarte der Indianerstämme

1 Ojibwa (und Saulteaux)
2 Chippewa (Zweig der Ojibwa)
3 Cree
4 Montagnais
5 Plains Cree
6 Irokesen
7 Tlingit
8 Haida
9 Tsimshian
10 Kwakiutl
11 Nootka
12 Küsten-Salish: Puyallup-Nisqually, Twana etc.
13 Washo
14 Paiute
15 Sheepeaters
16 Schoschonen des Ostens (der Plains)
17 Komantschen
18 Krähen
19 Lakota (Oglala Lakota)
20 Arapaho
21 Kiowa
22 Pawnee
23 Cherokee
24 Natchez
25 Creek
26 Yuma, Mojave
27 Taos
28 Hopi
29 Zuni
30 Navajo
31 Apachen
32 Pima
33 Papago

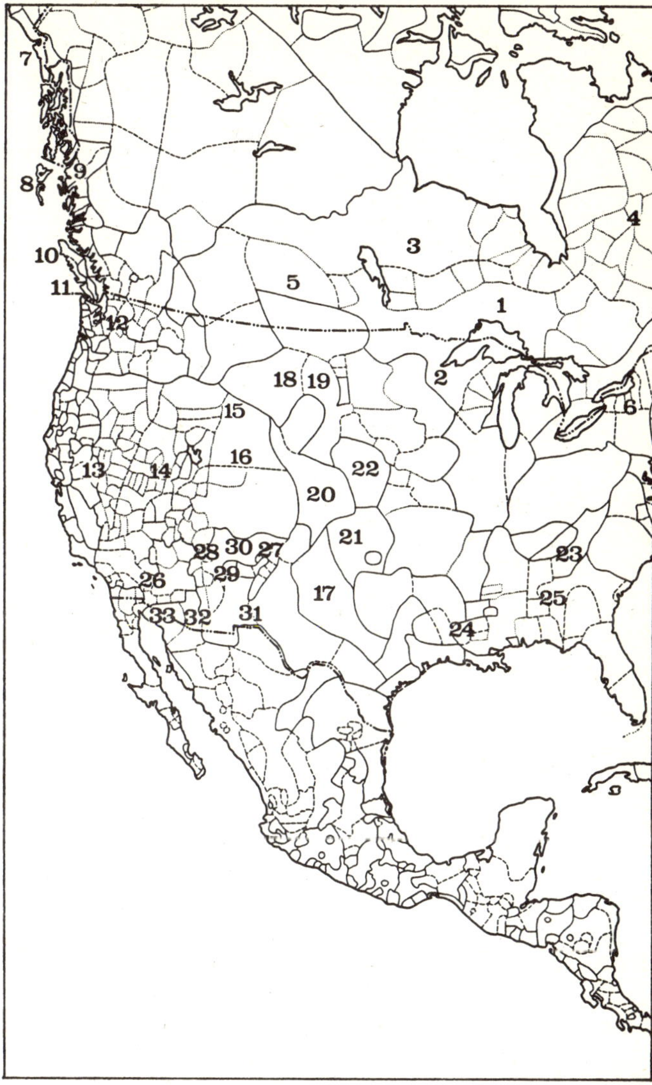
7
8
9
10
11
12
13
14
15
16
17
18
19
20
21
22
23
24
25
26
27
28
29
30
31
32
33
1
2
3
4
5
6

Das kulturelle und religiöse Umfeld

Irgendwann vor langer langer Zeit, vielleicht schon vor 30.000 Jahren, wanderten die Vorfahren der heutigen amerikanischen Natives in Nordamerika ein.[1] Damals bedeckten riesige Eisflächen die nördlichen Teile des eurasischen und nordamerikanischen Kontinents, nur da und dort unterbrochen von dünnen Streifen einer tundraartigen Grasvegetation, die Menschen und Tieren die Fristung des Lebens ermöglichten. In periodischen Abständen bildete sich am Beringmeer eine Landbrücke zwischen Nordostasien und Alaska. Über diese Brücke gelangten die Stämme von urmongolischem Typus, die in Nordchina und Nordostasien lebten, auf den Spuren der Rentiere, Mammuts oder Bären nach Amerika. Es war ihnen wohl kaum bewußt, daß sie einen neuen, unbesiedelten Kontinent entdeckt hatten, Tausende von Jahren vor Kolumbus, der glaubte, er sei in Indien gelandet.

Die kleinen Gruppen von Jägern, die so allmählich in die Neue Welt eindrangen, verstreuten sich über die Hochebenen und Täler. Bald änderte sich das Klima. Es wurde wärmer, und die Einwanderer stießen weiter nach Süden vor. Sie wurden seßhaft, es entwickelten sich unterschiedliche kulturelle und historische Traditionen, erkennbare soziale Strukturen und neue ökonomische Möglichkeiten. Immer noch waren die Einwanderer – die wir heute amerikanische Natives oder auch »Indianer« nennen (nach der Bezeichnung, die Kolumbus und die Konquistadoren ihnen irrtümlich gaben) – Jäger, doch ihre Kulturen differenzierten sich in dem Maße aus, wie sie sich neuen Bedingungen anpaßten. Viele ihrer uralten kulturellen Merkmale sind bis in unser Jahrhundert hinein erhalten geblieben, etwa typische Unterkünfte (Erdhütten, kegelförmige Zelte, sogenannte Tipis, Hütten aus Birkenrinde, sogenannte Wigwams, »Wickiups« aus Gras und Zweigen), bestimmte Arten von Federschmuck (unter anderem gefiederte Kronen als »Kriegshauben«), eine »demokratische« politische Struktur (jeweiliges Fehlen einer Zentralautorität und Vorrang von Stammes- bzw. Gruppen-»Volksversammlungen«), Jagdrituale und eine ganz auf Geisterglauben gegründete Religion.

Außerdem: Einige der frühen regionalen Jägerkulturen sind sich nach Form und Inhalt bis auf den heutigen Tag gleich geblieben. So waren die arktischen und subarktischen Jägerkulturen, die seit Tausenden von Jahren dem Inneren Alaskas und Kanadas ihren Stempel aufgedrückt hatten, zu Beginn des 19. Jahrhunderts noch intakt, als mit den Auswirkungen des euroamerikanischen Pelzhandels und der Industriekultur dann allerdings ein Wandel eintrat. Ganz eindeutig stellen die Kulturen des inneren Alaska und Kanada mit ihrer Verwendung von Schneeschuhen bei der Jagd auf Pelztiere, ihren Schlitten (Toboggans), Birkenrindenkanus, ihrem Schamanismus, ihren Tierzeremonien und ihrem Glauben an übernatürliche mächtige Tierwesen, die jeweils Herr einer Tierart sind, eine späte Fortsetzung eurasischer und amerikanischer paläolithischer Jägerkulturen dar. So dürften sie uns zumindest zum Teil auch materielle Kulturgüter und Vorstellungen überliefert haben, die charakteristisch für die ersten in Amerika eindringenden Gruppen waren.

Andere Jägerkulturen dagegen haben diese ursprünglichen Muster abgeändert. So unterscheidet sich die Lebensweise der an der arktischen Küste wohnenden Eskimos von der soeben beschriebenen. Sie stellt möglicherweise die Spezialentwicklung einer alten Fischerkultur an den Küsten des Nordpazifik dar. Ihre materiellen und geistigen Grundlagen sind völlig den harten Existenzbedingungen in einer Welt ewigen Eises und Schnees angepaßt: Kajaks, Harpunen, Kleidung, Iglus, Schamanismus, Jagdgewohnheiten und Geisterglauben zeugen von dieser Anpassung. Ein anderer Ableger dieser expansiven Fischerkultur findet sich an der nordpazifischen Küste. Dort haben Stämme aus dem Innern des Landes eine merkwürdige, ästhetisch jedoch sehr anziehende Kultur ausgebildet, die durch genau festgelegte soziale Rangordnung, komplexe Zeremonien und Symbole und herrliche Holzschnitzkunst charakterisiert ist. Fachleute haben lange darüber gerätselt, ob diese sonderbare, so gar nicht amerikanisch wirkende Kultur sich tatsächlich autochthon, ohne äußere Anregungen, entwickelt hat. Sicher ist jedenfalls, daß ihr auffälligstes Merkmal, die wohlbekannten hohen Totempfähle, die fast alle erst aus dem 19. Jahrhundert stammen, euroamerikanischen Einflüssen zu verdanken sind. Dennoch ist in diesem Zusammenhang auch behauptet worden, es müßten Beziehungen über den Pazifischen Ozean hinweg bestanden haben, besaßen doch diese Indianer große, seetüchtige Holzboote. Es gibt somit gute Gründe anzunehmen, daß sich die amerikanischen Jäger- und Fischerkulturen keineswegs abgeschirmt von der Außenwelt (*splendid isolation*) herausbildeten, was jedoch immer noch eine weitverbreitete Ansicht ist.

Hinter der Nordwestküste und dem Küstengebirge erstreckt sich das Gebiet des »Plateaus«, besiedelt von einer Bevölkerung, die mit den Stämmen an der Küste teilweise verwandt ist, doch im allgemeinen eine mehr kontinentale Jägerkultur repräsentiert. Am meisten ist sie durch ihren Glauben an Schutzgeister und ihre Wintertänze bekannt geworden.

Im Süden der Nordwestküste im engeren Sinn spielte die Fischerei eine Hauptrolle, und zwar die ganze Küste entlang bis hinunter nach Nordkalifornien (vielleicht sogar noch weiter südlich: Wahrscheinlich war die Indianerkultur der Santa Barbara-Gegend der letzte Ausläufer der nordpazifischen Fischerkultur). In Zentralkalifornien, wo in alter Zeit Eichenwälder die Hügel bedeckten und günstige klimatische Bedingungen herrschten, sammelten die Indianer Eicheln, Früchte, Beeren und wilde Samen und ergänzten diesen Speisezettel durch erjagtes Damwild. Wie die Indianer der Nordwestküste mit ihren reichen Reserven an Fisch, Beeren und Wild verfügten auch die Einwohner Zentralkaliforniens über einen Überfluß an Nahrung. Man hat sich gefragt, warum diese Indianer keinen Ackerbau kannten, obwohl sie doch in den vergangenen tausend Jahren immer wieder mit den Ackerbauindianern weiter südlich in Berührung gekommen waren. War etwa die Mojave-Wüste ein unüberwindliches Hindernis? Es sieht jedenfalls so aus, als ob es gerade dieser Überfluß an Nahrungsquellen gewesen wäre, der jede Initiative, mehr als notwendig zu arbeiten, lähmte. Und wer wollte ihnen das verübeln?

Die kalifornischen Indianer behielten viele Kulturelemente und Bräuche der Jägergesellschaften bei, bildeten aber innerhalb dieses Rahmens auch eigene Institutionen aus: Ein auf spontaner Anrufung der Geister beruhender Schamanismus, Pubertätsriten, Geheimbünde und erhabene Vorstellungen von einem höchsten Gott sind die auffälligsten Merkmale ihrer Religion. Die indianische Kultur in Kalifornien ist durch eine Vielzahl kultureller Strömungen und Einflüsse gekennzeichnet.

Weiter im Osten Kaliforniens schließen sich Wüsten und Halbwüsten an, die wenig Fleischnahrung boten, höchstens Kaninchen und gelegentlich Antilopen. Mit Pflanzennahrung war es kaum besser bestellt: Kiefernzapfen, Samen und Nüsse. Kein Wunder, daß die wenigen Bewohner des Great Basin zu den mittellosesten Exemplaren der menschlichen Rasse gehörten. Sie mußten in einer extrem ungastlichen Umwelt leben und wurden immer wieder von Hungersnöten heimgesucht. Manche dieser Indianer waren sogar gezwungen, sich von Schlangen zu ernähren. In sehr früher Zeit hatte dieses weite, in sich kaum gegliederte Land wahrscheinlich noch mehr Niederschläge, bot mehr Tieren, z. B. auch dem Bighorn-Schaf, Lebensmöglichkeiten und verfügte über ein besseres Klima als heute. Aber die zunehmende Trockenheit zwang die Indianer allmählich, sich drastisch einzuschränken, auf Großwildjagd zu verzichten und zu dürftigster Pflanzennahrung überzugehen. Ihre Religion war durch rudimentäre Nahrungsrituale und visionäre Erfahrungen charakterisiert.

Diese Lebensweise, bei der man in Wald und Busch umherstreifte und die Nächte in primitiven Unterkünften aus Zweigen verbrachte, war einst allen Bewohnern des sogenannten Großen Südwestens gemeinsam, des riesigen Gebietes, das sich zwischen dem mexikanischen Hochland im Süden und der Seenplatte im Norden, zwischen den südkalifornischen Küstengebirgen im Westen und den Rockies und Hochebenen im Osten erstreckte. Welche Veränderung in der Lebensführung muß das für Menschen bedeutet haben, die ursprünglich an eine Existenz in den reichen Jagdgründen des Nordens gewöhnt waren!

Doch sollte bald ein noch größerer Wandel eintreten, nicht zuletzt auch in diesen öden Landstrichen. Um

5.000 v. Chr. war ganz Nordamerika noch von Jägern und ihren Nachfahren, Fischern und Sammlern, besiedelt, als es plötzlich in Mexiko zur Geburt einer neuen Ära kam: Die Menschheit lernte, nicht nur zu verbrauchen, sondern auch zu erzeugen. Aus von Frauen gesammelten Samen, die zum Abfall gewandert waren, wuchsen Pflanzen, die man nun in fruchtbare Erde stecken, deren Samen man säen und deren Früchte man ernten konnte. Mais, Bohne und Kürbis wurden zu Grundnahrungsmitteln, was die Entstehung fester Siedlungen und eine größere Bevölkerungsdichte begünstigte. Rituale, die sich auf das Wachstum der Pflanzen bezogen, wurden wichtiger als die alten jahreszeitlich bedingten Jagdzeremonien oder verschmolzen mit ihnen. Im Lauf der Zeit entwickelten sich aus kleinen Heiligtümern und Kultzentren umfangreiche Gebäudekomplexe. Diener des Kultes oder Priester übernahmen Aufgaben, für die vorher Medizinmänner verantwortlich waren, und genossen hohes soziales Ansehen. Priesterorganisationen und hierarchische Systeme verbreiteten sich über weite Gebiete Nordamerikas. Amtsautorität ersetzte allmählich charismatische Autorität. Das bedeutete eine gewaltige Umwälzung.

In den ersten Jahrhunderten unserer Zeitrechnung eroberte das Weltbild der Ackerbaukultur mit seiner Vorstellung von einer geistigen, fein abgestimmten Harmonie des Kosmos die südlichen und östlichen Teile Nordamerikas. Im Südwesten, bis dahin Teil der Wüstenkultur des Großen Südwestens, bildete sich die uns gut bekannte Pueblo-Kultur heraus. In mancher Hinsicht stellt sie eine Anfangsphase der Ackerbaukultur dar, da sie weitgehend kollektivistisch orientiert ist, auf dem Prinzip der Gleichheit beruht und ihre Menschen in vielstöckigen Häusern aus Luftziegeln zusammenwohnen. Alle Zeremonien zielen auf Sicherstellung von Regen und Fruchtbarkeit ab und werden durch Mitglieder kompliziert aufgebauter Organisationen zelebriert. Im Südosten der Vereinigten Staaten drangen entwickeltere Formen der mexikanischen Hochkultur entlang der Küste und ins Innere des Landes vor. Ihre heiligen Könige, Plazas und Tempelhügel sind längst vergessen, doch läßt sich an der Art, wie die Indianer späterer Zeiten ihre Zeremonien und Heilrituale durchführen, ablesen, daß die Ursprünge dieser Zeremonien in dem komplexen sozialen und rituellen System jener alten Kulturen liegen müssen.

Aufs Ganze gesehen prägte die Ackerbaukultur auch den Nordosten in gewisser Weise. Der Maisanbau gab den dort ansässigen Kulturen ein etwas anderes Gesicht. Besonders die Irokesen des Staates New York machten sich einen Namen als die großen Ackerbauer dieser Region. Ihre halb matriarchalische Sozialstruktur, bei der sich das Leben in großen Langhäusern abspielte und alte Frauen eine beherrschende Stellung einnahmen, dürfte auf eine agrarische Kultur der Frühzeit zurückgehen. Trotzdem leistete im ganzen Nordosten auch die Jagd einen erheblichen Beitrag zum Lebensunterhalt, und der informierte Beobachter erkennt sehr wohl, daß sich hinter den Formen der Ackerbauzeremonien immer noch alte Jagdrituale verbergen.

Weiter westlich in den großen Savannen führten viele Stämme, unter anderen die Pawnee, ein Leben zwischen Maisanbau am Ufer der Flüsse und Jagdexpeditionen ins Innere. Ihre entwickeltsten Zeremonien erinnern an mexikanische Vorbilder. So bilden die Pawnee und ihre Verwandten, die Caddo, die besten Beispiele für Stämme, die in ihrem kulturellen und religiösen Leben die beiden Hauptstränge der Traditionen amerikanischer Natives miteinander verbinden: das Erbe der Jäger und das Erbe der Ackerbauern. Auch einige Sioux-Gruppen am Oberen Missouri passen in dieses Bild.

Dies war die Lage, als die Euroamerikaner auf der Bildfläche erschienen. Als unmittelbare Folge ihres Auftretens zogen sich die östlichen Stämme ins Innere des Landes zurück – typisch dafür sind die Absetzbewegungen der Shawnee- und Delaware-Indianer aus ihren heimatlichen Wäldern und Küstengebieten im Osten an die Peripherie der großen Waldflächen im Westen und in die Prärien und Plains. Auch breiteten sich Epidemien wie Waldbrände aus. Sie dezimierten um die Wende des vergangenen Jahrhunderts die Urbevölkerung von vielleicht zwölf Millionen auf weniger als eine halbe Million. Man kann sich denken, was diese verheerenden Seuchen für das individuelle, soziale und politische Leben der Indianer bedeuteten und daß sie deren Vorstellungen über Medizin und Gesundheit entscheidend beeinflußten. Andere mit dem Eindringen der Euroamerikaner einhergehende Faktoren, die zur Dezimierung der Ureinwohner beitrugen, waren kriegerische Auseinandersetzungen, der Alkohol, die Expansion der Pelzhandelsgesellschaften, die überall entstehenden weißen Siedlungen, die Tätigkeit der christlichen Missionare (wie sie sich vielerorts gestaltete), die Zerstörung der Natur und die Ausrottung von Tieren. Doch wenigstens brachten die Weißen den Natives auch ein wertvolles Geschenk mit: das Pferd.

Das Pferd revolutionierte das Leben der Natives in den meisten Gebieten südlich der kanadischen Wälder radikal, am nachhaltigsten in den Prärien und Plains, aber auch in Teilen des Südwestens, des Great Basin und des Plateaus. Das Eindringen der dem Druck der Weißen weichenden nördlichen und östlichen Stämme in die Prärien und Plains und die Tatsache, daß die Indianer in den Besitz von Gewehren und Pferden kamen, schufen die Voraussetzungen für die blühende Kultur der Plains-Indianer. Sie stellt eine Mischung aus alten Jägerkulten und -zeremonien, kosmologischen Vorstellungen, die von den ackerbautreibenden Stämmen übernommen wurden, und von den Weißen entlehnten materiellen und Kommunikationsmitteln dar. Wir wissen alle, daß die Cheyenne-, Krähen-, Lakota- (Sioux) und Schwarzfußindianer noch vor wenig mehr als hundert Jahren ihre Tage damit verbrachten, daß sie in den weiten Prärien Büffel jagten und Kriegszüge veranstalteten, um dann einmal im Jahr auch den Erntedanktanz, den Sonnentanz, zu zelebrieren. Der Indianer mit Federkopfschmuck, hoch zu Pferd und in einem Tipi wohnend, ist nur in der Plains-Kultur vorstellbar.

Auch andere Kulturen erhielten durch das Eindringen der Euroamerikaner zum Teil ein neues Gesicht. Im Südwesten übernahmen die räuberischen Navajo, athapaskische Eindringlinge aus dem hohen Norden, einen neuen Lebensstil von den Puebloindianern, als sich diese, während ab 1690 die Puebloaufstände aufflammten, unter die Navajobevölkerung mischten. Später wurden die Navajo zu Webern, Silberschmieden und Hirten, Berufe, für die spanische Vorbilder Modell standen. Wir werden noch sehen, wie sie die Zeremonien der Puebloindianer adaptierten, so daß sie schließlich ihren eigenen Bedürfnissen im Hinblick auf Gesundheit und Wohlbefinden entsprachen.

Seit 1825 gingen die Vereinigten Staaten dazu über, Indianerreservate einzurichten. Die verantwortlichen Politiker waren der Meinung, die relativ wenigen Indianer stellten eine Behinderung für den Zustrom der Einwanderer aus dem Osten dar und nutzten ihre riesigen

Ländereien nicht effektiv genug. Man wünschte, daß sie moderne landwirtschaftliche Techniken erlernten, und glaubte, das werde am besten in kleineren Reservaten gelingen. Die meisten dieser Reservate liegen auf Gebieten, die früher schon von den jeweiligen Stämmen der amerikanischen Natives genutzt wurden. Ende des 19. Jahrhunderts aber schien mit der Dezimierung der Büffel und nach dem Ende der grausamen Indianerkriege eine schnelle Neuansiedlung in Reservaten dringend geboten. Doch das Ziel der weißen Behörden – eine rasche Anpassung der Natives an Religion und Lebensstil der Weißen – wurde nicht erreicht. Bis auf den heutigen Tag haben sich die Indianer ihre besonderen geistigen Grundlagen und bis zu einem gewissen Grad auch den ihnen eigenen Lebensstil bewahrt. Es ist nicht so sehr die Anpassung an die Werte der Weißen, die gegenwärtig das Verhalten der amerikanischen Natives – deren Zahl übrigens wächst – bestimmt, als vielmehr das Wiederaufleben der alten Stammestraditionen und der Panindianismus.

Dieser kurze Überblick über die Entwicklung der Kultur der nordamerikanischen Natives zeigt schon, wie viele und wie unterschiedliche historische, soziale und ökologische Faktoren zusammenwirken mußten, um das heute vorherrschende vielschichtige Bild regional bestimmter Lebensweisen und lokaler Traditionen entstehen zu lassen. Eine Übersicht über die medizinischen Systeme der Natives in ihrer Beziehung zur jeweiligen Religion muß mit dieser Vielfalt rechnen. Wir haben es ja nicht mit nur einer Tradition der Heilkunst zu tun, sondern mit einem ganzen Kontinent solcher Traditionen, die von Volk zu Volk variieren. Jede Tradition ist in das besondere Muster eingebettet, das die jeweilige Kultur darstellt (man denke z. B. an Ruth Benedicts Klassiker »Urformen der Kultur«)[2], und arbeitet mit den speziellen

Ausdrucksmitteln, die diese Kultur bereitstellt. Dadurch wird die Aufgabe, eine »Natives-Version« von Gesundheit, Medizin und Religion zu schreiben, sehr erschwert.

Man könnte nun einwenden, wir sollten uns doch einfach auf die aktuelle Medizin der Natives konzentrieren, wie sie heute in den ihr ursprüngliches Gepräge immer mehr verlierenden Reservaten praktiziert wird. Doch täuschen wir uns nicht: Moderne Holzhäuser, westliche Kleidung und Lohnarbeit bedeuten noch nicht, daß auch das Denken schon verwestlicht wäre. Seinem Fühlen und Denken nach ist auch der durchschnittliche, in einem Reservat lebende amerikanische Native weiterhin ein Indianer, verwurzelt in uralten geistigen Traditionen, die mit denen des Westen konkurrieren. Die Traditionen der amerikanischen Natives profitieren übrigens stark von der modernen Relativierung aller Werte und dem Auftauchen neuer spiritueller Strömungen. Es bildet sich unter den amerikanischen Natives ein immer deutlicheres Bewußtsein von dem immensen Schatz heraus, den ihre über Jahrhunderte hinweg gesammelten Erfahrungen darstellen. Sie empfinden auch sehr intensiv, welchen Wert die vielen besonderen Stammestraditionen besitzen. Das bedeutet, daß etwa ein Cherokee das ihm von den Weißen zugebrachte Erbe zwar vielleicht durchaus schätzt, sich aber doch weit mehr von der Religion der nordamerikanischen Natives im allgemeinen und dem spirituellen Erbe seines eigenen Stammes im besonderen angezogen fühlt. Mit anderen Worten: Sogar in den sich fortlaufend modernisierenden Reservaten behauptet sich die alte Stammesmedizin in Theorie und Praxis. Gewiß ist sie im Lauf der Zeit und durch Kontakte über die Stammesgrenzen hinaus auch in gewissem Umfang verändert worden. Doch grundsätzlich folgt sie den alten historischen Trends. Das ist der Grund, weshalb es so wichtig ist, die medizinischen Systeme der Natives vor dem Hintergrund ihrer jeweiligen Kultur und Geschichte zu sehen.

Andererseits gibt es doch auch Prinzipien der Medizin der amerikanischen Natives, die die ethnischen und kulturellen Grenzen überschreiten. Mit ihnen wollen wir uns jetzt beschäftigen.

Wie in der Einleitung schon erwähnt, sind Gesundheit und Medizin im Denken der amerikanischen Natives Teil der religiösen Muster, die die Situation des Menschen in der Welt interpretieren. Gesundheit ist der Normalzustand des Menschen. Der Mensch ist gesund geschaffen, und daher ist Gesundheit ein Zeichen für Harmonie und Gleichgewicht zwischen der Welt des Menschen und der Welt des Übernatürlichen.[3] Wie wir noch sehen werden, gewichten die einzelnen Stämme diesen Sachverhalt unterschiedlich. Aber alle amerikanischen Natives sind sich darin einig, daß eine Beeinträchtigung der Gesundheit in Form einer Verletzung oder Krankheit zum Tod führen kann. Es ist das Betreten einer abschüssigen Bahn, an deren Ende der Übergang des Menschen in einen anderen Seinszustand, in dem er als Totengeist existiert, steht. Viele Stämme verfügen nun über ein sprachliches Mittel, das einen »fließenden« Übergang vom Leben zum Tod ausdrückt: Dasselbe Wort wird auf die menschliche »Seele« – oder eine der menschlichen Seelen (die »freie Seele«, den Doppelgänger) – und den »toten Menschen« angewendet. In anderen Stämmen jedoch wird der Nachdruck im Gegensatz dazu gerade auf den »Bruch« zwischen Leben und Tod gelegt: Für »Seele« gibt es ein bestimmtes Wort, für »toter Mensch« ein anderes. Manchmal existiert dann die Seele, nachdem sie an ihren endgültigen Wohnort im Jenseits gelangt ist, zwar nicht mehr im Diesseits, aber die individuelle Persönlichkeit als ihr Ausdruck kann in einer Erscheinung wiederkehren und wird dann als »Totengeist« bezeichnet. In einigen Stämmen der Athapasken hütet man sich jedoch, das Wort »Totengeist« auszusprechen. Solche Beispiele zeigen, daß »Tod« hier eine Verwandlung der Persönlichkeit in etwas radikal anderes oder gar Unaussprechliches und Gefährliches bedeutet.

Der amerikanische Native hat keine Angst vor dem Tod, ganz gewiß nicht. Seine kriegerische Vergangenheit und seine stoische Ruhe angesichts des drohenden Todes beispielsweise bei einer Hungersnot beweisen das zur Genüge. Doch liebt er andererseits das Leben, sein eigenes und das seiner Angehörigen, und ist, wie die meisten Menschen, durch die vielen vagen und widersprüchlichen Aussagen über das Leben nach dem Tod verunsichert. Vielen Kriegern der alten Zeiten war es wichtiger, sich bei plötzlicher Todesgefahr richtig zu verhalten, als sich über ihre Zukunft im Jenseits Gedanken zu machen. Die Ungewißheit über das Reich der Toten spiegelt sich in dem Sachverhalt, daß die meisten Stämme dieses Reich von der Welt der Götter unterscheiden. Man spricht meist davon, daß das Land der Toten von einem göttlichen oder geistigen Wesen regiert werde, das vielleicht der Bruder des mythischen Gründers der jeweiligen Kultur oder der erste Mensch ist. Nur bei wenigen Völkern leben die Toten gemeinsam mit den Göttern im Jenseits: Die Toten der Puebloindianer werden zu *Kachina*, Geistwesen, die in den Wolken wohnen und Regen und Fruchtbarkeit schenken, während die alten heiligen Herrscher der Königreiche an der Golfküste ins »Reich der Sonne« eingehen.

Die Kluft zwischen der Welt der Lebenden und der Toten findet auch ihren Niederschlag in der Unmenge schauerlicher Geistergeschichten, die in ganz Nordamerika, besonders unter der Jägerbevölkerung, verbreitet sind. Manchmal ist das Land der Toten ein dem Land der Lebenden sehr nahe gelegener Ort, voller pfeifender Geister und windzerzauster Zelte, wie bei den Schwarzfußindianern. Vorstellungen dieser Art stehen im Zusammenhang mit dem generellen Fehlen eines Ahnenkultes in Nordamerika. Eine Analyse des verfügbaren Materials ergibt, daß sich nur bei den Zentralalgonkin- und Puebloindianern – besonders bei den letzteren – Spuren eines Totenkultes zeigen. In Afrika, wo von den meisten Bantustämmen ein hochentwickelter Ahnenkult betrieben wird, besteht keine solche Kluft zwischen den Lebenden und den Toten. Die Toten sind dort, wie einmal gesagt wurde, Teil der Gemeinschaft der Lebenden.

Nicht Furcht vor dem Tod, sondern Vermeidung des Todes – das ist die selbstverständliche Haltung des amerikanischen Native. Es liegen uns Zeugnisse vor, daß Natives aus dem Westen Nordamerikas den »Todesstoff« wie die Pest mieden. Sie stürzten in Panik aus Hütten, in denen gerade jemand gestorben war, und betraten sie niemals wieder. Doch aufs Sterben selbst ist ein Native immer gefaßt. Bei den nomadisierenden Stämmen wurden alte Menschen mit einem kleinen Lebensmittelvorrat und Feuer zum Schutz vor wilden Tieren auf dem Weg zurückgelassen, wenn sie zu gebrechlich waren, um ihrer Gruppe auf den anstrengenden Wanderungen noch folgen zu können. Sie sahen ihrem unausweichlichen Schicksal gefaßt ins Auge. Sie hatten keine Angst davor. Ihre Zeit war abgelaufen – das war alles.

Sie wußten, daß der Tod am Anfang der Zeiten auf Geheiß eines göttlichen Wesens – der Schöpfer selbst oder irgendein ungeschickter Helfer des Schöpfers schuf ihn – oder als Ergebnis eines geistigen Kräftemessens zwischen zwei göttlichen Urwesen in die Welt gekommen war. Sie wußten ebenso, daß es im Leben unzählige Gefahren gab, die Krankheit und Tod verursachen konnten. Die Welt wimmelt von gefährlichen Geistern. Selbst die hilfreichen Geister, denen man sich in Visionen zu nähern sucht, können sich als böse Wesen entpuppen. Es gibt übelgesinnte Hexer, meist ehemalige Medizinmänner, die ihren Stammesbrüdern Verderben bringen wollen und zu diesem Zweck übernatürliche Mittel einsetzen. Es gibt Tabu-Orte und -Handlungen. Bricht man das Tabu, so kann das den Verlust der Gesundheit, Lähmung, sogar den Tod bedeuten. Auch kommt es vor, daß jemand vom Blitz getroffen wird oder ertrinkt, weil er den Zorn der Götter erregt hat. Welche Ursachen es auch sein mögen: Der Tod ist niemals etwas Natürliches. Er ist immer Ausdruck des Willens übernatürlicher Mächte.

Daher gibt es auch keinen zuverlässigen Schutz gegen den Tod. Gewiß schieben ein gutes Leben (gut im Sinne der Stammesideale), treusorgende Liebe für die Familie und die Teilnahme an lebenspendenden Riten wie den *Midewiwin* der Ojibwa, sowie die Verfügung über möglichst viele lebensrettende Schutzgeister unter Umständen das Ende etwas hinaus. Auf lange Sicht aber ist alles vergebens.

In früheren Zeiten waren die häufigsten Todesursachen Krankheiten und Unfälle. Das ist bis heute so geblieben. Auch Selbstmord und Mord kamen vor, doch nicht so oft wie jetzt. Der Tod auf dem Schlachtfeld war ein sehr ehrenvolles Ende. Man braucht nur an den Schlachtruf »Heute ist ein guter Tag zum Sterben!« zu denken. Doch fielen in alten Zeiten nur wenige Menschen im Kampf, außer in den Kriegen zwischen Indianern und Weißen. Es war üblich, ein Gefecht zwischen Stämmen zu unterbrechen, wenn ein Anführer oder einige Männer gefallen waren. Übrigens versuchte ein Krieger auch im wildesten Kampf sein Leben zu schonen, mochte ein Außenstehender auch einen anderen Eindruck bekommen, z. B. wenn er sah, wie ein kühner Krieger, sich allein auf seinen Schutzgeist oder sein Geisterhemd verlassend, auf seinem Pferd gegen die feindliche Übermacht losstürmte.

Leben stellte also für die nordamerikanischen Natives immer einen höchsten Wert dar. Tod war nur ein undeutlicher Traum, Leben dagegen greifbare Realität, Gegenstand aller Sorge und Hoffnung. Lebensgefahren mußte man mit Entschlossenheit und Tatkraft begegnen und sich dabei auch der Hilfe anderer, Freunde und Verwandter, versichern – aber vor allem erfahrener Fachleute. Deren Aufgabe war es, Krankheiten, die Hauptbedrohung des Lebens, vom Menschen fernzuhalten. Erinnern wir uns an den doppelten Ursprung der Kultur der amerikanischen Natives, die Jägerkultur einerseits, die Ackerbautradition andererseits. Die therapeutischen Methoden der Natives lassen sich nach demselben Prinzip einteilen.

Jäger sind, wie wir uns erinnern werden, Individualisten. Jeder ist auf seine eigene Geschicklichkeit und Kraft angewiesen. Die Fähigkeiten eines Mannes werden aber durch die übernatürlichen Mächte unterstützt, die er auf dem Weg über spontane Träume, visionäre Kontakte oder auch Vererbung, ja vielleicht sogar käuflich erworben hat. Diese übernatürliche Macht, der persönliche Schutzgeist, ist das auffallendste Merkmal der Jägerreligion der nordamerikanischen Natives. Natürlich dürfen wir auch die Bedeutung des Höchsten Wesens, der Gottheiten der Atmosphäre, der Stammeszeremonien und ähnlicher religiöser Überzeugungen der Ureinwohner nicht unterschätzen. Doch ist es die »visionäre Komponente«, wie man es nennen könnte, die all diese Mächte und Rituale miteinander verbindet und so den Rahmen für die religiösen Überzeugungen und Verhaltensweisen bildet. Sie spielt in Nordamerika dieselbe beherrschende Rolle wie der Schamanismus in Sibirien, der Ahnenkult in Afrika und die Initiationsriten in Australien. Alle Überzeugungen und Vorstellungen orientieren sich an der »visionären Komponente«. Alle Handlungen werden danach beurteilt, welches Quantum an übernatürlichen Kräften sie freimachen.

Nach denselben Maßstäben werden die Fachleute für den Umgang mit Krankheiten beurteilt. Da gibt es alte Männer und Frauen, die kaum oder gar nicht über übernatürliche Kräfte verfügen, doch weise und erfahren genug sind, um gelegentlich als Heiler zu arbeiten. Da gibt es die Medizinmänner, die ihre Heilerfähigkeiten von ihren Schutzgeistern ableiten. Und da gibt es in manchen Stämmen die Schamanen. Sie beweisen allein schon durch ihre Taten, wie eng sie mit übernatürlichen Mächten, die Menschen Rettung bringen können, im Bunde stehen.

Betrachten wir diese drei Klassen von Heilern bei den Jägerstämmen der amerikanischen Natives etwas genauer: die weisen Männer und Frauen, die wir hier der Einfachheit halber »Kräuterkundige« nennen wollen, die gewöhnlichen Medizinmänner, und die Schamanen, die eine besondere Art Medizinmänner darstellen – die Ekstatiker.

Der Kräuterkundige ist eine nicht mit Geistern in Verbindung stehende Person, die für unkomplizierte Wunden, schmerzende Glieder und Knochenbrüche zuständig ist. Er weiß durch Erfahrung und Tradition, wie man mit diesen Problemen fertig wird. Solche Menschen gibt es in Hülle und Fülle. Manchmal werden sie ebenfalls als Medizinmänner oder -frauen bezeichnet, was etwas irreführend sein kann, doch verfügen sie eben in der Regel nicht über die Inspiration des Medizinmannes. Ihre Mittel sind in der Hauptsache Heilkräuter, magische Formeln und Bewegungen sowie reinigende Essenzen wie Pflanzendünste und Brechmittel. Aber natürlich treten sie nicht immer als Kräuterkundige auf, z. B. wenn sie gebrochene Knochen schienen, Eiter entfernen oder zur Ader lassen. Doch auch in solchen Fällen ist unter Umständen die Anwendung von Heilkräutern als ergänzende Maßnahme angezeigt. Daher scheint uns aufs Ganze gesehen der Begriff »Kräuterkundiger« gut auf solche Heiler zu passen.

Angemerkt muß noch werden, daß diese Kräuterkundigen bestrebt sind, mit Ausnahme eventueller magischer Beschwörungen stets mit natürlichen Mitteln zu arbeiten. Wenn sie allenfalls zur Magie ihre Zuflucht nehmen, so liegt das daran, daß Krankheiten in letzter Instanz eben doch auf übernatürliche Ursachen zurückgehen.

Unter »Medizinmann« verstehen wir hier einen Heiler, der die übernatürliche Legitimation besitzt, einen Menschen gesund zu machen und dabei Anweisungen aus der übersinnlichen Welt folgt. Doch die Aktivitäten eines Medizinmannes brauchen sich keineswegs auf die Heilung von Krankheiten zu beschränken. Als die ersten französischen Kolonisten den Boden Neu-Frankreichs betraten – ungefähr das Gebiet um die Großen Seen –, bemerkten sie, daß »les hommes-médécine« nicht nur Heiler, sondern auch Zauberer waren, die »übernatürliche Phänomene« (wie sie selbst behaupteten) erzeugen konnten. Da ihre Funktionen aber hauptsächlich medizinischer Art waren, nannte man sie eben Medizinmänner. In der Sprache der amerikanischen Natives wird dieser medizinische Aspekt gewöhnlich nicht eigens hervorgehoben, sondern es werden Ausdrücke wie »Männer der

Kraft« oder »Männer des Geheimnisses« verwendet. Die Folge dieses Wortgebrauches war, daß der Begriff »Medizin« überhaupt die Bedeutung »übernatürliche Kraft« erhielt. Von dieser Bedeutung sind weitere Ausdrücke wie »gute Medizin«, »Medizinbeutel« und »Medicine Bow« (ein Bergrücken) abgeleitet. Kurz, ein Medizinmann ist nicht nur ein Heiler, sondern auch ein mit der Fähigkeit, mit übernatürlichen Kräften umzugehen, begabter Mensch. Es gibt aber keinen besonderen Ausdruck in der Sprache der Natives, durch den er speziell als Heiler ausgewiesen wäre.

Manchmal wurde der sibirische (tungusische) Begriff »Schamane« synonym mit unserem Wort »Arzt« angewendet. Doch das entspricht noch weniger den Tatsachen. Zwar gibt es Anthropologen, die es mit Begriffen nicht gar so genau nehmen. Für sie ist jeder Medizinmann auch schon ein Schamane. Man sollte aber diesen Begriff besser auf Personen beschränken, die über die für sibirische Schamanen typischen Kräfte und Fähigkeiten verfügen. Die Eigenschaft des Schamanen par excellence ist das Vermögen, sich in tiefe Trance beziehungsweise Ekstase zu versetzen. (Die beiden Worte werden hier alternativ verwendet, weil sie sich auf denselben Bewußtseinszustand beziehen, nur daß er einmal unter medizinischem, das andere Mal unter theologischem Aspekt gesehen wird.) In so einem Trancezustand reist der Schamane im Geiste vielleicht an weit entfernte Orte oder ruft die Geister herbei, von denen er sich Rat und Hilfe erhofft. Erstere Technik hat man auch als »Seelenreise« oder »Seelenausflug« bezeichnet. Sie ist für den echten Schamanismus charakteristisch, doch das Herbeizitieren von Geistern ist eine weitere Grundfunktion des Schamanen, die man auf keinen Fall übersehen sollte (ein Fehler, der z. B. auch Mircea Eliade unterlaufen ist).[4]

Im Zustand der Trance entdeckt der Schamane die Ursache einer Krankheit, ja er heilt den Kranken vielleicht sogar schon. Auch der gewöhnliche Medizinmann heilt den Kranken manchmal im Zustand leichter Trance, doch fällt er nicht in den tiefen Trancezustand, der die Voraussetzung für einen Kontakt mit der Welt des Übernatürlichen ist. Nur im Augenblick der Berufung für sein Amt hat der gewöhnliche Medizinmann vielleicht eine solche Begegnung mit höheren Mächten.

Die Methoden der Medizinmänner, einschließlich derer, die wir hier Schamanen nennen wollen, werden wir mit vielen Beispielen darstellen. Der gemeinsame Nenner der Heilungen bei Schamanen und Medizinmännern ist, daß jede Krankheit mit übernatürlichen Methoden beseitigt werden muß, da sie ja übernatürlichen Ursprungs ist. Der Medizinmann beziehungsweise Schamane hat in erster Linie religiöse oder, um genauer zu sein, religiösmagische Funktionen. Religiös sind seine Funktionen insofern, als er eine übernatürliche Legitimation für seine Arbeit besitzt und seine Heilungen mit Hilfe von Geistern erfolgen. Doch ist er zugleich auch ein Magier, weil er übernatürliche Kräfte handhabt. Allerdings ist der Begriff »magisch« für unsere Zwecke nicht ganz glücklich gewählt und recht unscharf. Besser sollten wir betonen, daß der Medizinmann oder Schamane unbedingt und immer im Dienst der Religion steht.

Außer daß sich der Jäger, der an einer Krankheit leidet, an einen fremden Helfer wendet, sucht er sein Glück vielleicht auch in einer Art »Selbstheilungsmethode«, wie man es, oberflächlich betrachtet, nennen könnte, die aber ebenfalls religiösen Hintergrund hat. Möglicherweise geht es ihm wieder besser, wenn er sich um die Erscheinung eines tröstenden Geistes bemüht, sich selbst Schmerzen zufügt, um das Mitleid eines Geistes zu erregen, oder Rituale durchführt, die ihm Heil und Segen bringen sollen. Häufig führt er solche Maßnahmen auch für kranke Familienangehörige oder Freunde durch. Der Medizinmann kann gleichfalls anwesend sein, doch ist seine Rolle dann unpersönlicher und ritualisierter.

Es ist möglich, daß jemand auch dadurch wieder gesund wird, daß er bekennt, irgendein Tabu verletzt zu haben (wie es bei den Eskimos und Lakota üblich war). Wie schon erwähnt, können Tabuverletzungen Strafen in Form von Krankheiten, Wunden und Lähmungen nach sich ziehen. In den meisten Fällen überwachen charismatische Führer solche Selbstbezichtigungen, die, wie man annimmt, vom Übel befreien.

Dieses Modell medizinischer Methoden, wie sie unter den vielen Jägervölkern Nordamerikas üblich sind, ist natürlich sehr allgemein und muß im folgenden jeweils spezifiziert werden. Auch ist zu bedenken, daß Sonderentwicklungen, die auf andere Einflüsse, z. B. von ackerbauenden Stämmen, zurückgehen, niemals ausgeschlossen werden können, vor allem nicht in den Plains und im Südwesten – wie im folgenden weiter ausgeführt.

Umgekehrt wird sich zeigen, daß sich auch Angehörige von Ackerbaustämmen oft an Heiler nach Art der Medizinmänner und sogar Schamanen wenden, obwohl solche Berufe für derartige Gemeinschaften nicht typisch sind. Wir haben es dann mit Relikten zu tun, die aus den alten Jägergemeinschaften überkommen sind. Es ist manchmal sehr leicht, das unter den Ackerbauritualen versteckte Jägermuster zu entdecken. Das selbe gilt für die medizinischen Vorstellungen und Anschauungen.

Das wesentliche Merkmal der Weltanschauung der Ackerbauern ist, wie wir gesehen haben, daß sie ihr Leben im Rahmen der Wachstumsprozesse der Natur und kollektiver Riten deuten. Das Schicksal des Menschen wird mit dem der Pflanze verglichen, die aus dem Boden hervorkommt, wächst, reift und schließlich geerntet wird. Das Ritual wird wichtiger als die Inspiration durch geistige Mächte (während die Anzahl der Geister sicher nicht kleiner geworden ist!). Bünde und Priesterhierarchien übernehmen die vielen Aufgaben, die bei den Jägervölkern noch dem einzelnen und seinen Schutzgeistern obliegen. Solche Entwicklungen haben natürlich auch Folgen für die medizinische Praxis.

Charakteristisch für diese Gemeinschaften ist es daher, daß die einzelnen Fachleute gegenüber den »Körperschaften«, den Expertengilden der für den Ritus und die Gesänge Zuständigen, zurücktreten. Inspiration wird durch Wissen ersetzt, von Geistern stammende Autorität durch Autorität der Hierarchie, die Weisheit der Geister durch erlernbare Formeln, Gesänge und Anwendung von Heilkräutern. Meist jedoch koexistieren inspirierte und nichtinspirierte Heiler und Heilerorganisationen friedlich nebeneinander, manchmal in der Weise, daß bestimmte Krankheiten von der ersten, andere von der zweiten Gruppe behandelt werden. Oder die inspirierten Heiler ermitteln durch ihre speziellen Techniken die Wurzel des Übels, während dann die Ritualisten mit Hilfe ihrer besonderen Methoden die Therapie übernehmen. Auch kommt es vor, daß die medizinische Praxis der Ritualisten öffentlich durchgeführt wird, während man im Familienkreis einen inspirierten Medizinmann zu Rate zieht. Viele Kombinationen sind hier möglich.

Aufs Ganze gesehen findet sich überall in Nordamerika das Jägerweltbild als feste Grundlage, die dann auch der Medizin ihr Gepräge gibt. In einigen Gebieten aber, vor allem des Südens, haben Ackerbaugemeinschaften mehr ritualistische Heilmethoden eingeführt. Diese sind in einem abstrakteren Weltbild verankert, bei dem statt des Willens übernatürlicher Geister ein eher unpersönliches Prinzip des Gleichgewichts die Welt regiert. Dieses Prinzip ist weitgehend ein Produkt der Ackerbaukulturen und, wie anzunehmen ist, aus Mexiko nach Nordamerika gelangt. Es macht sich in erster Linie in der Pueblo-Kultur des Südwestens und der Mississippi-Erdhügel-Kultur (mit Erdhügeln als Heiligtümern) im Südosten bemerkbar. Schon früher wurde ausgeführt, daß sich Einflüsse dieser Kulturen bis zu Randgruppen im Südwesten und Kalifornien, ja zu den Prärie- und Plains-Indianern erstreckten. Aufgrund der panindianischen Bewegung der letzten siebzig Jahre ist die Vorstellung einer kosmischen Harmonie zum Synonym für nordamerikanische Religion überhaupt geworden.

Im Sinne dieser Überzeugungen, die manchmal als »kosmotheistisch« (Hartmann), manchmal als »kosmomagisch« (Wheatley)[5] bezeichnet werden, stellen Krankheit und Schmerz Störungen der kosmischen Harmonie und Ordnung dar, in der sich Götter und Geister, Menschen und Tiere und die gesamte übrige Natur bewegen. Die Heilmethoden haben kein anderes Ziel, als die gestörte Ordnung wiederherzustellen und die betreffenden Menschen in sie zurückzuführen. Bei einigen Stämmen wird diese Wiederherstellung der Gesundheit abstrakt durch Rituale unterschiedlichster Art geleistet, bei anderen ganz konkret durch Dramenrituale vor Augen geführt. Wir werden beides veranschaulichen.

Der heutige Zustand der Medizin der amerikanischen Natives ist durch die Gesundheits- und Therapieprogramme charakterisiert, die zumindest zum Teil von euroamerikanischen Einflüssen, zum anderen Teil aber von panindianischen Methoden geprägt sind. Die letzten Kapitel befassen sich mit dem Spektrum dieser Phänomene.

Traditionelle Medizin im Nordosten

Wir beginnen unsere Reise durch Nordamerika in den nördlichen Breiten bei den Waldvölkern, deren Kulturen in so vieler Hinsicht die altsteinzeitlichen Traditionen des nördlichen Eurasien fortführen. Nicht willkürlich haben wir diesen Ausgangspunkt gewählt. Denn wie wir gesehen haben, ist dies das Gebiet, wo die ersten Indianer – und die ersten Medizinmänner – aus der Alten Welt auftauchten. Allein die Tatsache, daß ein kulturelles Kontinuum zwischen den Kulturen der kanadischen Indianer und Nordsibiriens besteht – die Gelehrten pflegen von einer »zirkumpolaren« beziehungsweise »zirkumborealen« Kultur zu sprechen – zeigt schon, wie uralt diese Traditionsschicht ist. Natürlich wäre es verfehlt, heute altsteinzeitliche Strukturen im Leben der kanadischen Indianer finden zu wollen. Doch gibt es Elemente und Spuren, die uns an jenes Kontinuum der Vergangenheit erinnern. Klimatische Bedingungen und ökologische Anpassungen haben dazu beigetragen, daß sie sich halten konnten. Die Vorstellungen von Gesundheit und Medizin lassen sich in vieler Hinsicht auf diesen uralten, umfassenden Horizont zurückbeziehen.

Alaska und Kanada sind in der Hauptsache von zwei großen indianischen Sprachfamilien bevölkert: den Athapasken und Algonkin. Erstere dominiert in Alaska und Westkanada, letztere in Ostkanada und Teilen des Nordostens der Vereinigten Staaten. Die Athapasken sind erst relativ spät eingewandert, vermutlich im Zeitraum zwischen dem siebten und zweiten Jahrtausend vor unserer Zeitrechnung. Man kennt ihre ursprüngliche Kultur nicht besonders gut, da sie, als die ersten Berichterstatter erschienen, durch den Pelzhandel schon weitgehend verfremdet war. Aus dem uns zur Verfügung stehenden Material ergibt sich aber, daß die Athapasken offenbar nur sehr lose mit der zirkumpolaren Kultur verbunden waren, wahrscheinlich deshalb, weil sie vor ihrer Einwanderung schon stark mit den aufblühenden Kulturen Ostasiens in Berührung gekommen waren.

Im Vergleich dazu sind die Algonkin für unsere Zwecke ergiebiger. Obwohl auch sie vom Pelzhandel beeinflußt wurden, haben sie doch viele ihrer alten Gewohnheiten, die oft den deutlichen Stempel der zirkumpolaren Kultur tragen, bis in jüngste Zeit beibehalten. Auch ihre religiösen Bräuche sind uns besser bekannt als die ihrer athapaskischen Nachbarn. Über zwei Stämme der Algonkin, die Cree und Ojibwa, gibt es vorzügliche Berichte. Diese Indianer bewohnen die nordwestlichen und südlichen Teile des sogenannten Kanadischen (oder Präkambrischen) Schildes, ein riesiges, aus Waldflächen, Seen und Sümpfen (und, im hohen Norden, aus Tundra) bestehendes Gebiet. Es umfaßt Manitoba, Ontario, einen Teil Minnesotas, Michigans, Wisconsins und den Süden Quebecs. Die Cree leben im Norden, die Ojibwa im Süden dieses Gebietes. In kultureller Hinsicht besteht kein großer Unterschied zwischen den Cree und den mehr nördlich siedelnden Ojibwa, während die Ojibwa der Großen Seen im Westen und in Minnesota und Michigan doch schon komplexere kulturelle Formen entwickelt haben. Die Cree, die einst als räuberische Nomaden die Wälder weit nördlich des Lake Superior durchstreiften, leben heute weiter im Nordwesten und haben sich mit den Ojibwa vermischt. Diese, aus dem Grenzland der Großen Seen stammend, nahmen die Gebiete in

Besitz, die die Cree bei ihrer Expansion nach Westen herrenlos zurückließen. In vielen Fällen kann man von einer »Ojibwaisierung« der ausgedehnten Creebevölkerung sprechen.

Die Ojibwa und Cree waren Großwildjäger. Sie folgten dem kanadischen Elch und dem Waldkaribu auf ihren Wanderungen und erlegten auch Bären, Biber und Wildgänse. Auch heute noch sind sie Jäger, doch haben sich ihre Bräuche durch den Pelzhandel und die moderne Verstädterung gewandelt. Mit Schneeschuhen, Toboggans und Kanus bahnen sie sich jetzt ihren Weg durch die Wildnis. Früher lebten die Leute im Sommer in mit Birkenrinde gedeckten, kegel- oder kuppelförmigen Zelten (*Wigwams*), im Winter in Hütten aus Stangen, über die Felle gebreitet waren. Heute sind diese Unterkünfte durch moderne Wohnungen ersetzt, aber das Ritual des »Bebenden Zeltes« (von dem später die Rede ist) wird immer noch in einem Zelt durchgeführt. Den größten Teil des Jahres leben die Indianer der nördlichen Bezirke in kleinen Gruppen, es sei denn, sie wohnen schon in größeren, stadtähnlichen Siedlungen. Im Süden des Gebietes ist durch Fischerei, Sammeln wildwachsender Früchte und mancherorts sogar ein wenig Maisanbau eine Vorratswirtschaft entstanden, die den durch die Jagd auf Elche, Damwild und Bären vorwiegend bestrittenen Lebensunterhalt ergänzt.

Die Sozialstruktur variiert je nach natürlichen und kulturellen Bedingungen. Im Norden hält sich die Gruppengröße immer im Rahmen des Umfangs einer Familie oder einer Arbeitsgemeinschaft, außer in den Sommermonaten, wo sich mehrere Gruppen in größeren Verbänden zusammenschließen. In diesen Gemeinschaften genießt der Schamane oft mehr Ansehen als der die Jagd leitende Anführer. In Minnesota und Wisconsin bildeten sich im Zusammenhang mit dem Clan-Totemismus jedoch größere soziale Einheiten heraus. Jedes Individuum gehört zu einem nach einem Landtier, Vogel oder Fisch benannten Clan. Diese Clans sind patrilineal und exogam organisiert. Ein, zwei oder mehr Clans bilden eine Phratrie. So besteht z. B. eine Fisch-Phratrie aus Clans, die sich nach verschiedenen Fischarten nennen, während etwa die Tauchvogel-Phratrie den Haubentaucher-, Gänse- und Kormoran-Clan umfaßt. Diese Organisation in Clans und Phratrien ist unter den einfacher strukturierten Stämmen nicht so häufig anzutreffen. Sie setzt eine komplexere Organisation voraus.

Auch das Aussehen der Religion variiert je nach kulturellem Niveau. Die Cree in den Wäldern des Nordwestens glauben an *Manitus* (Geister) überall in der Natur, an heilige Zeremonien im Zusammenhang mit den von ihnen gejagten Tieren (Tierzeremonien, insbesondere Bärenzeremonien), an hohe Tiergeister und schreckliche, menschenfressende Geister. Wie alle anderen Algonkin verehren sie ein Höchstes Wesen, Manitu oder Kitsche Manitu (Großer Geist) genannt. (Das ist der Große Geist, den wir aus unseren Indianerbüchern kennen.) Das Jagdglück wird von Schutzgeistern gewährt, die man sich auf dem »Weg der Visionen« in der Jugend erwirbt. Als Gabe des Geistes trägt jeder Jäger seinen eigenen Medizinbeutel mit sich, der ihn bei der Jagd unterstützt. Die Jäger haben auch spontane Träume, die ihnen von den Manitus geschickt werden. Schamanismus ist überall verbreitet.

Die Ojibwa des Südens bieten in mancher Hinsicht ein differenzierteres Bild, das ihre Kontakte mit entwickelteren Gesellschaften, halb Ackerbauern, halb Jägern (vielleicht auch mit dem Erbe der prähistorischen Hopewell-Kultur) widerspiegelt. Die Welt der Geister ist bei ihnen dieselbe wie bei den Gruppen weiter im Norden, nur daß menschenfressende Geister praktisch ganz fehlen. Auch gibt es die Vorstellung von einem kosmischen Kampf zwischen Donnervögeln und Monsterschlangen. Der Weg der Visionen ist ein Ritual für junge Männer. Der Ablauf ist genau vorgeschrieben. Man muß fasten, das Gesicht schwarz bemalen, vier Tage in völliger Einsamkeit in einer abgelegenen Waldhütte verbringen – zum Teil nur unter Aufsicht eines Erwachsenen. Bei der Rückkehr des jungen Mannes, der seinen »Weg der Visionen« mit Erfolg gegangen ist, werden wieder rituelle Feste gefeiert. Die wichtigste Feier ist das *Midewiwin*, das jährliche Fest der Großen Medizingesellschaft. Diese besteht aus Männern und Frauen, die eine Einweihung in einen oder mehrere Grade dieser Geheimgesellschaft erhalten haben. Ihr geheimes Wissen macht sie dann zu Heilern. Diese Organisation läßt eine teilweise Sozialisierung des Heilerberufes erkennen. Echte Schamanen können Mitglieder der Gesellschaft sein, aber auch selbständig arbeiten.

Wie diesem kurzen Überblick zu entnehmen ist, spielen die Themen Gesundheit und Medizin in der Welt der Cree und Ojibwa eine wesentliche Rolle. Ursprünglicher Schamanismus entfaltet sich vor allem im Norden, ist aber auch in den südlichen Gebieten zu Hause. Hier jedoch stoßen wir zusätzlich auf eine organisierte Zeremonie, an der alle Heiler, Schamanen und Medizinmänner, die die Methode des Aussaugens von Krankheiten anwenden, teilnehmen. Sie ist der Höhepunkt des rituellen Lebens und bildet in ihrem streng geregelten Ablauf ein Gegenstück zu anderen Großzeremonien Amerikas, etwa dem Sonnentanz der Plainsindianer oder den Kachina-Tänzen bei den Puebloindianern. Das beweist, welche Bedeutung Anschauungen über Gesundheit und Krankheit bei den nördlichen Stämmen besitzen.

Krankenpflege: ein Dokument aus dem 17. Jahrhundert

Alle Berichterstatter stimmen darin überein, daß sich die kleinen Gruppen der Cree und Ojibwa durch besondere Solidarität, Großzügigkeit und Hilfsbereitschaft auszeichnen. Herzliche Freundlichkeit, nicht zuletzt Kindern gegenüber, charakterisiert das emotionale Leben der Menschen in der Gruppe. Nur Stammesbrüdern gegenüber, die nicht kooperativ sind und sich nicht an die Stammesethik halten, verhält man sich abweisend. Man sieht auf sie herab und verspottet sie.

Die Hilfsbereitschaft und Freundlichkeit der Indianer, natürlich in den gebotenen Grenzen, spiegeln sich auch in der Behandlung kranker Menschen wider. Um zu zeigen, wie sich so etwas in den Tagen der ersten Begegnung der Europäer mit den amerikanischen Natives abspielte, möchte ich ein paar Abschnitte aus dem Bericht des bekannten Jesuitenmissionars Paul Le Jeune[1] zitieren. Zwischen 1630 und 1640 besuchte er die in Südlabrador lebenden Montagnais. Es handelt sich um eine Cree sprechende Gemeinschaft, deren alte Bräuche heute freilich zum größten Teil verlorengegangen sind. Sie gehören nicht zu den Cree im engeren Sinn, doch waren früher Brauchtum und Religion der beiden Stämme nahezu identisch.

Vater Le Jeune stellt fest, daß man sich kranken Kindern bei den Montagnais mit der größten Wärme und Hingabe zuwandte. Auch die Väter streichelten und trösteten ihre kranken Kleinen wie sonst nur die Mütter. Andererseits behandelte man kranke Erwachsene, was das Essen betrifft, nicht bevorzugt.

»Was das Essen anbelangt, so bekommt ein Kranker nicht mehr von dem Vorhandenen als alle anderen. Wenn sie frisches Fleisch haben, geben sie ihm seinen Anteil, nicht mehr. Ißt er es aber nicht gleich, so macht sich keiner die Mühe, ein Stückchen für ihn aufzuheben. Auch geben sie ihm nur das, was sie gerade in der Hütte haben, vor allem Räucherfleisch, nicht etwa irgendwelche Leckerbissen. Die bewahren sie für ihre Feste auf.«

An anderer Stelle berichtet Le Jeune, die Indianer gäben sich niemals besondere Mühe, Kranke zum Essen zu überreden. Wir können hinzufügen, daß es ihren Vorstellungen von taktvollem Verhalten ganz allgemein nicht entspräche, anderen etwas aufzudrängen oder gar sie zu nötigen. Als der gute Vater auf einer Reise einmal an Bauchweh litt und seine indianischen Gastgeber um ein wenig Wasser bat, boten sie ihm eine Schale mit geschmolzenem Schnee.

»Da dieser Trank meiner Gesundheit gewiß nicht zuträglich war, gab ich meinem Gastgeber zu verstehen, ich hätte nicht weit von hier einen See gesehen und hätte sehr gerne Wasser von dort. Er tat so, als ob er es nicht gehört hätte, weil der Weg dorthin ziemlich schlecht war. Und das passierte nicht nur dieses eine Mal, sondern immer, wenn ein Fluß oder Bach etwas weiter von unserer Hütte entfernt war. Wir mußten dann eben den in einem Kessel geschmolzenen Schnee trinken.«

Eine andere Lektion, die Le Jeune zu lernen hatte, bestand darin, Hunger und Unpäßlichkeit zu ertragen, wenn es im Winter nichts zu essen gab. Die Indianer meinten nur, er solle sich eben vorsehen und nicht krank werden. Besser sei es, angesichts aller Widrigkeiten zu lachen. Als Le Jeune trotzdem krank wurde, ermahnten sie ihn: »Sei doch nicht krank! Bist du erst einmal krank, wird es dir immer schlechter gehen. Und wenn die Krankheit sich noch verschlimmert, mußt du sterben. Schau doch, wie schön dieses Land ist! Liebe es! Wenn du es liebst, gefällt es dir, und wenn es dir gefällt, wirst du munter, und wenn du munter bist, wirst du gesund.«

Das rauhe Klima machte den Kranken sehr zu schaffen. Le Jeune berichtet, daß sie, solange sie essen konnten, auf Schlitten mitgenommen wurden, sobald die Gruppe weiterzog. Wer aber nicht mehr essen wollte, wurde zurückgelassen oder gar getötet – eine Tat des Mitleids, wie Le Jeune betont. Man setzte die Kranken bei einer Hungersnot auch aus, und alte Leute, die zu schwach waren, ihrem Stamm auf seiner Wanderung zu folgen, traf dasselbe Los. Bis auf den heutigen Tag stoßen Reisende immer wieder auf Spuren von Lagerfeuern, an denen zurückgelassene Kranke oder Alte ihre letzten Stunden verbrachten und schließlich Raubtieren zum Opfer fielen. Diese Praxis, Schwache zurückzulassen, war überall in den nördlichen Gebieten der Erde verbreitet. Denn dort waren die Jägervölker gezwungen, auf der Suche nach Wild weite Streifzüge zu unternehmen, besonders im Winter. Beweise dafür gibt es in Kanada, auf dem Plateau, im Basin und den Plains mehr als genug. Überall betrachtete man die Tötung der Kranken und Alten als etwas Gutes, durchaus im Interesse der Betroffenen. Es gibt Beispiele in ganz Nordamerika, von den Eskimos im Norden bis zu den Seri im Süden. Manchmal baten die Schwachen ihre Verwandten sogar selbst um den Todesstoß, oder sie begingen Selbstmord.

Der Glaube an ein Weiterleben nach dem Tode begünstigte dieses Verhalten. Gewiß, die Vorstellungen über das Leben im Jenseits waren bei den Ojibwa und Cree, wie bei anderen nordamerikanischen Ureinwohnern, nicht besonders klar und eher widersprüchlich. Nur wenigen Menschen war es gelungen, dem Jenseits einen Besuch abzustatten – Medizinmännern, Sehern, Kranken im Koma. Für sie war dieses andere Leben greifbare Realität. Doch genau wie bei anderen amerikanischen Natives glaubt der durchschnittliche Ojibwa und Cree nur das, was er selbst erlebt oder worüber ihm ein vertrauenswürdiger Seher berichtet hat. Er wird immer zweifeln, solange er nicht selbst einen visionären Blick in die Welt der Toten getan hat. Als einmal Le Jeune fragte, wie das Leben des getöteten Bibers im Seelenland aussehe, gab sein Gesprächspartner ärgerlich zurück: »Schweig, du bist wohl nicht ganz bei Trost. Du kümmerst dich um Dinge, die du nicht aus eigener Erfahrung kennst. Wäre ich jemals im Land des Jenseits gewesen, würde ich dir schon antworten.«

Trotzdem gibt es alte Traditionen bei diesen Völkern über das Schicksal der Toten, und persönliche Erfahrungen verweben sich mit dieser Tradition. Le Jeune erzählt, die Toten der Montagnais reisten zu einem großen Dorf in Richtung Sonnenuntergang. Dort verbringen sie ihre Zeit mit der Jagd, anscheinend wohlauf und guter Dinge. Praktisch jeder Mensch gelangt an diesen Ort (ausgenommen vielleicht die Verbrecher), das heißt zumindest jeder Montagnais. Es herrscht der Glaube, daß die Toten über die Milchstraße ins Jenseits reisen, was wohl beweist, daß das Land der Toten im Himmel liegt – eine Überzeugung, die auch noch die Montagnais unseres Jahrhunderts hegen.

Informationen speziell über die Cree stammen aus viel späterer Zeit als dieser Bericht des Jesuiten. Das Bild, das uns unsere Quellen nahelegen, macht es aber wahrscheinlich, daß die Cree denselben Glaubensvorstellungen über das Leben nach dem Tode anhingen wie die Montagnais. In unseren Tagen sind diese Denkinhalte zumeist von christlichen Ideen über Himmel und Hölle verdrängt worden.

Aus alledem läßt sich der Schluß ziehen, daß die tröstliche Vorstellung, es gebe nach dem Tod ein glückliches Leben im Jenseits, das die Ordnung des Lebens im Diesseits widerspiegelt, bis in unsere Tage hinein zur Rechtfertigung der Praxis, Kranke und Alte zurückzulassen oder zu töten, diente. Man mochte sich fragen, wie das Leben in der anderen Welt in Einzelheiten aussah. Aber alle waren davon überzeugt, daß es letzten Endes ein Reich des Glücks war. Daher würde es schwachen und kranken Menschen in dieser anderen Welt jedenfalls besser gehen als in dieser elenden Gegenwart, wo die Tage von Kampf, Kälte, Hunger und anderen Nöten randvoll ausgefüllt sind.

Es ist möglich, daß das Auftauchen der eschatologischen Ideen des Christentums diese Gewißheit, wenigstens zum Teil, erschüttert hat. Zwar ergänzte und bestätigte die christliche Lehre viele alte Werte der Indianer. Doch im wesentlichen bildete sie einen Komplex neuer, andersartiger religiöser Überzeugungen, die den Natives von Zeit zu Zeit übermittelt wurden. Es waren die Vorstellungen von Hölle und ewiger Verdammnis, die den Glauben der Algonkin, im Leben nach dem Tod könne man sich sicher fühlen, unterminierten. Vom 17. und 18. Jahrhundert an überlagerte so der eschatologische Dualismus des Christentums die Vorstellungen der Cree und Ojibwa über das jenseitige Leben. Leider wissen wir nicht, wie dieser Wandel den Brauch, Alte und Schwache zurückzulassen, beeinflußte. Die Annahme scheint gerechtfertigt, daß z. B. ein Sohn, der seine Mutter aussetzen mußte, dies nur in der Überzeugung tat, sie sei der ewigen Jagdgründe würdig.[2]

Gesundheit, Wohlbefinden und Krankheitsursachen

Den Cree und Ojibwa ist ihre Gesundheit immer sehr wichtig gewesen. Ihr Leben drehte sich vor allem um Jagdglück und Gesundheit. Abgesehen von den von den Weißen eingeschleppten Pockenepidemien und den Hungersnöten in harten Wintern, speziell bei den Cree, verbrachten sie ihre Tage meist in relativ guter körperlicher Verfassung und hatten, zumindest die Ojibwa, ein angenehmes Leben. Ein Missionar bei den südlichen Ojibwa, Rev. J.A. Gilfillan, bezeugt, er sei nur selten einem verkrüppelten, kranken oder geistig zurückgebliebenen Ojibwa begegnet.[3] Bei den Cree mochte das anders sein. Dort riefen Hunger und damit einhergehende Halluzinationen unter Umständen Identitätskrisen hervor. Der davon Betroffene – und die Menschen seiner Umgebung – glaubte z.B., er habe sich in einen *Witiko*, ein geheimnisvolles, kannibalisches Wesen, verwandelt. Man erzählte sich von ihm, er habe Menschenfleisch gefressen. Ob es wirklich Kannibalismus als allgemeines Phänomen gab oder nicht, sei hier dahingestellt. Wir wissen jedoch, daß einzelne Fälle von Kannibalismus in Zeiten der Not tatsächlich vorkamen. Der Glaube, es gebe Menschenfresser, dürfte als Verhaltensregulator gewirkt haben, worauf Morton Teicher hingewiesen hat.[4]

So ist also die Regel, daß ein durchschnittlicher Ojibwa auch gesund ist. Und alle nur erdenkliche Vorsorge wird getroffen, daß das auch so bleibt. Wir haben Berichte, daß die Leute früher häufig in Seen und Flüssen badeten und sich gründlich die Haare wuschen. Im Winter rieben sie sich Hände und Gesicht mit Schnee ein, tauchten jedoch nicht mit dem ganzen Körper ins eiskalte Wasser. Auf Wanderschaft tranken sie kein kaltes Wasser, wenn sie nicht wußten, daß es sauber war. Sie kochten es ab, warfen Zweige und Blätter von Pflanzen hinein, die sie für gesund hielten, und tranken dann den Sud (heiß oder kalt). Heutzutage sind Schwitzbäder als Mittel, Krankheiten vorzubeugen, weit verbreitet (bei den Cree des Westens und der Plains besonders). Auch andere Vorkehrungen zur Sicherung von Leben und Gesundheit werden getroffen: Man verläßt sich auf seine Zaubermittel oder auf die den Geistern dargebrachten Opfer (in der Regel sind das Lebensmittel, oder, noch wirksamer, Tabak), und zumindest ältere Leute bitten ihre Schutzgeister persönlich um Hilfe. Wichtig ist es, die Rituale sehr sorgfältig zu zelebrieren und vor allem die Menschen zu meiden, die Zauberer sein könnten. Schließlich gilt auch ein moralisch einwandfreies, an den Stammesnormen orientiertes Leben als Mittel, die Chance, von Krankheiten verschont zu bleiben, zu erhöhen.

Aber trotz aller Vorsichtsmaßregeln läßt sich Krankheit nicht immer vermeiden. Ein Mythos erzählt, eine Verschlechterung der Beziehungen zwischen Tieren und Menschen am Anfang der Welt sei die primäre Ursache für die Entstehung von Krankheiten gewesen. Die Menschen mußten Tiere essen, töteten aber mehr, als sie brauchten. Daraufhin beschlossen die Tiere in einer Versammlung, den Menschen Moskitos – und mit ihnen Krankheiten – zu schicken. Die dem Übel schutzlos preisgegebenen Menschen erhielten aber Hilfe von dem mythischen Heros Nanabozho. Er zeigte ihnen, wie man mit Kräutern heilt. Das hatte er vom Erdhörnchen gelernt. So kamen Krankheiten und Arzneien in die Welt. Und wie Christopher Vecsey in seinem Werk über die religiösen Traditionen der Ojibwa ausführt, betrachten diese zwar viele Krankheiten als naturgegeben, aber nicht als die ursprüngliche Norm: Sie sind alle erst im Lauf der Zeit entstanden und waren nicht von Anfang an da.[5]

Was die Verursachung der einzelnen Krankheiten angeht, so machen die Ojibwa keine strengen Unterschiede. Auf der Grundlage des uns zur Verfügung stehenden Materials lassen sich zwei wesentliche Erklärungsmodelle herausarbeiten:

1. Letzte Ursachen

Hier handelt es sich um übersinnliche Ursprünge. Die Wurzel der Krankheit bildet häufig ein Verbrechen oder eine Nachlässigkeit gegenüber der übernatürlichen Ordnung. Die Geister, die Manitus, wachen über diese Ordnung. Sie reagieren unweigerlich, wenn sich Menschen unmoralisch verhalten, z. B. rücksichtslos andere Menschen töten oder, was in dieser Jägerkultur fast noch verwerflicher ist, Tiere quälen und sie wahllos töten, ohne ihr Fleisch wirklich zu brauchen. In diesem Fall bestrafen die übernatürlichen Herren der Tiere den Missetäter und entziehen ihm das Jagdglück, weshalb nun seine Familie hungern muß, oder sie machen ihn krank. Behauptet jemand lügnerisch, ein bestimmter Geist sei sein Schutzgeist, so straft ihn der Geist auf ähnliche Weise. Auch wenn man den höheren Mächten nicht entsprechende Opfer bringt, können sie in Zorn geraten und den Übeltätern Krankheiten schicken.

Ein besonderer Typus von Gesetzesübertretung sind Tabuverletzungen. Tabus sind religiös oder gesellschaftlich sanktionierte Verbote, deren Mißachtung praktisch automatisch und auf geheimnisvolle Art Unglück nach sich zieht. Bei den Ojibwa gibt es zahlreiche rituelle Ordnungen, gegen die zu verstoßen gefährlich ist: Es handelt sich um das Verbot des Inzests, Vorschriften zum Umgang mit den Toten und die angemessene Behandlung erlegter Tiere. Z. B. muß man ihre Knochen an die richtigen Stellen legen und den Schädel hoch an einem Baum aufhängen. Manche Autoren sprechen bei der Übertretung dieser Gebote von »Sünden«, und das sind sie auch, wie ihre Folgen beweisen: Der Missetäter fühlt sich schlecht und schuldig. Manchmal aber ist sich jemand gar nicht bewußt, ein Verbrechen begangen zu haben, und wird trotzdem auf mysteriöse Weise krank. Dann wird er zum Ritus des Bebenden Zeltes vorgeladen, wo ihm die Geister seine Sünde offenbaren und er sie offen bekennen muß.

Eine subtilere Form der Tabuverletzung ist es, wenn ein Mensch ohne eigene Schuld von schädlichen Einflüssen verunreinigt wird. Dabei gibt es zwei Möglichkeiten. Eine Art der Verunreinigung geht von unreinen Stoffen aus, etwa Menstrualblut. Ein solchen Einflüssen ausgesetzter Mensch wird krank, ein heiliger Ort wird entweiht, und die Geister verlassen das verschmutzte Gebiet. Die andere Gefahrensituation ergibt sich aus Kontakten mit übernatürlichen Mächten. Wer ungeweiht heiligen Grund betritt oder versehentlich mit Geistern oder »Medizinmacht« in Berührung kommt, riskiert seine Gesundheit. Es ist bezeichnend, daß Tabus beide Aspekte aufweisen können: Verunreinigung einerseits, Entweihung heiliger Mächte andererseits. Der gemeinsame Nenner dabei ist, daß beide Taten gefährlich und verboten sind, und beide Krankheit und Verletzung zur Folge haben können.

In all diesen Fällen beobachten und ahnden die Manitus die Übertretungen der heiligen Ordnung und achten auf die sich daraus ergebenden Konsequenzen, die Krankheiten. Im Einzelfall allerdings wird nicht immer klar ausgesprochen, daß es der Wille der Geister oder ihres höchsten Gebieters, Kitsche Manitus, ist, der sich hier vollzieht. Die Übertretung scheint vielmehr eine Art von automatischer Wirkungskette auszulösen, wie wenn man es mit einer unpersönlichen Mechanik zu tun hätte. Beide Deutungen der Vorgänge, die persönliche und unpersönliche, existieren nebeneinander. Die zweite bezieht sich auf die aktuelle Erfahrung der Krankheit, die erste auf die eigentliche Ursache, die man sich theoretisch erschließt.

Aber nicht nur die Geister können Krankheiten hervorrufen. Auch Weise und Zauberer sind dazu imstande. Fast überall bei den nordamerikanischen Natives gehen sie aus den Reihen der Medizinmänner hervor. Es ist nämlich möglich, daß ein Medizinmann plötzlich mehr an seinem eigenen Vorteil als am Wohl anderer interessiert ist und seine Kräfte für sich selbst einsetzt, daß er aus irgendwelchen Gründen von seiner Aufgabe als Heiler abgelenkt oder sein Geist von bösen Schutzgeistern verwirrt wird. Bei den Ojibwa wendet sich so ein Zauberer dann gegen die Menschen und quält sie mit Hunger und Krankheit. Die Heimsuchung durch Hunger ist seltener – sie wird erzeugt, indem der Hexer durch Magie das Jagdglück eines Jägers zerstört. Häufiger bringen die Magier Krankheiten hervor. Sie tun das dadurch, daß sie einen Umriß ihres Opfers auf den Boden zeichnen und Gift auf das Organ träufeln, das sie verletzen wollen. Oder sie binden eine geschnitzte Holzfigur der Person, auf die sie es abgesehen haben, an einen Baum, und wenn die Schnur reißt, stirbt der Betreffende. Das ist regelrecht »sympathetische Magie«, wie wir sie auch von anderen Kontinenten her kennen. Man hört jedoch auch von als Bären verkleideten und für Bären gehaltenen Medizinmännern, die ihre persönlichen Feinde schädigen.

Schließlich können diese Zauberer ihren Opfern gefährliche Objekte introjizieren oder ihnen die Seele stehlen, um sie so ins Verderben zu stürzen.

Eine dritte Kategorie von Wesen, die Krankheiten erzeugen, sind die Toten. Vielleicht rächen sie sich an den Lebenden aus Neid, daß diese noch lebendig sind, oder sie zürnen ihnen wegen irgendeines Fehlers, z. B. weil sie das Begräbnisritual nicht richtig vollzogen haben. Doch sehnen sie sich in der Regel eher nach ihren lebenden Stammesbrüdern und ihrer Gesellschaft, als daß sie ihnen böse sind.

So können also hinter jeder Erkrankung eines Menschen Wesen mit übernatürlicher Macht und kosmische Kräfte stehen. Es ist nicht unmöglich, daß, wie wir oben gesehen haben, Geister, Hexer oder Gespenster direkt ins Leben eines Menschen eingreifen. Doch im allgemeinen liegen die unmittelbaren Ursachen einer Krankheit auf einer niedrigeren Ebene. Entweder wirkt ein pathogenes Objekt oder ein Geist als Krankheitserreger im Körper, oder eine Person verliert ihre Seele beziehungsweise eine ihrer Seelen. Manchmal weiß man auch einfach zu wenig über eine Krankheit und sieht nur, daß der Patient von irgendeinem Schmerz gequält wird, den man dann durch die richtigen rituellen Verfahren beseitigt. In diesen Fällen nimmt man häufig Zuflucht zur Großen Medizinloge, dem Midewiwin.

2. Instrumentale und unmittelbare bzw. manifeste Ursachen

Hier handelt es sich um verderbenbringende Objekte, Seelenverlust und Hexerei.

Meist bezieht sich das Heilverfahren selbst nur auf die Entfernung der Krankheit. Wo man auch die Art der

Krankheit feststellt (was nicht sehr häufig vorkommt), handelt es sich meist um irgendein totes Ding oder auch um lebende Wesen wie Würmer und Insekten. Wir verfügen über Zeugnisse der Plains-Cree im Süden Saskatchewans, aus denen hervorgeht, daß die vom Medizinmann diagnostizierte Krankheit »eine gelbliche, faulig riechende Substanz« ist. Wird sie näher untersucht, so »hat sie vielleicht die Gestalt eines seltsamen Insektes, gleicht einem Kieselstein oder ist auch nur ein abgerissener kleiner Zweig«.[6] Die mehr im Zentrum des hier von uns beschriebenen Gebietes lebenden Chippewa (Ojibwa) in Wisconsin erzählten vor nicht allzu langer Zeit einem Beobachter, es kämen manchmal, wenn der Heiler die Krankheit aussaugt, »Würmer oder sonstige Gegenstände, die die Krankheit verursachen«, aus dem Körper zum Vorschein.[7] Ein altes Manuskript mit Berichten über die Ottawa (Ojibwa des Südens) erwähnt als Krankheitsursachen »einen Knochen, eine Musketenschraube, einen Dorn, eine Fischgräte, Haare oder sonst etwas dergleichen«.[8] Demnach ist der verursachende Faktor manchmal etwas Lebendiges, manchmal ein toter Gegenstand. Vielleicht wird gar nicht genau zwischen beiden unterschieden, wie es auch fließende Übergänge zwischen persönlicher und unpersönlicher Magie gibt.

Der Glaube an Seelenverlust geht im allgemeinen von der Voraussetzung aus, daß es zwei Seelen gibt. Das bedeutet, ein Mensch besitzt zwei entgegengesetzte Seelen oder Seelensysteme, wobei die eine aus den Kräften besteht, die dem Körper Stärke und Beweglichkeit vermitteln, während die andere die Persönlichkeit in ihrer außerkörperlichen Gestalt darstellt, wie sie sich selbst im Traum erfährt oder andere Menschen sie träumend erleben. Die erstere Seele, die »Körperseele«, macht den Körper lebendig. Die andere, die »freie« oder »Traumseele«, geht im Traum auf Wanderschaft. Die Ojibwa besitzen also zwei Seelen, aber das Verhältnis zwischen ihnen ist nicht eindeutig.

Diagnosen eines Seelenverlustes kommen seltener vor, sind aber gut belegt. Diamond Jenness, hervorragender Kenner der Ojibwaindianer, berichtet, die Seele, deren Wohnung das Herz ist, sei imstande, aus dem Körper auszutreten. Bleibt sie aber zu lange weg, stirbt der Mensch. Offensichtlich erfolgt eine kurze Trennung der Seele vom Körper regelmäßig in den Träumen, während eine längere Abwesenheit der Seele, vielleicht bedingt durch ihre Unfähigkeit zurückzukehren, Krankheit und schließlich den Tod hervorruft, in seltenen Fällen auch Wahnsinn. Denn da die Seele auch die dem Menschen innewohnende Kraft der Intelligenz und Einsicht ist, bedeutet ihre Abwesenheit, daß die betreffende Person den Verstand verliert. »Ein Betrunkener«, so fährt Jenness fort, »oder ein Mensch, der gerade seinen Rausch ausschläft, befindet sich zeitweilig in der gleichen Lage. Seine Seele hält sich in einem gewissen Abstand von ihm auf, so daß er nur aus Körper und Schatten (Körperseele) besteht und sich später an nichts erinnert, was ihm im betrunkenen Zustand begegnet ist.« Was aber noch interessanter ist: Alkoholabhängigkeit hat sogar Folgen für die nächste Generation. »Bei seinem Sohn kann die Disharmonie zwischen Seele und Körper dazu führen, daß er stottert, besonders wenn der Vater nach jedem Gelage ein oder zwei Tage wie gelähmt und bewußtlos daliegt.« Dies ist einer der wenigen Fälle, wo in unserem Quellenmaterial über die Folgen erhöhten Alkoholkonsums gesprochen wird.[9]

In solchen Fällen ist ein Mensch für die Trennung seiner Seele vom Körper selbst verantwortlich. Doch wie erwähnt sind ebensooft gefährliche Mächte im Spiel, die eine Seele vom Körper losreißen können. So hat z. B. der Schamane eines Bebenden Zeltes die Macht, die Seele eines Schlafenden in seine eigene, viele Kilometer weit entfernte Hütte zu bringen. Kehrt dann die Seele nicht in ihren Körper zurück, wird man das Opfer tot auffinden. Auch die Toten in der jenseitigen Welt können die Seele eines Menschen zu sich holen oder in ihr Reich locken. Ähnliche Kräfte besitzen die Zauberer.[10]

Die Ojibwa auf der Parry-Insel beschreiben, wie der »Schatten« einer Person, seine Körperseele also, sich spalten und dadurch Krankheit verursachen kann. Ein Teil möchte vielleicht Seele und Körper des Kranken Gesellschaft leisten, während der andere den Wunsch hat, zu wandern oder zu jagen. Dadurch wird dieser Mensch zum Schauplatz widerstreitender Interessen oder, wie es Jenness psychopathologisch formuliert, ein Opfer der Neurose. Dies ist ein interessantes Beispiel für die Psychologie der Ojibwa.[11]

Heiler und Seher

Erkrankt jemand trotz aller Vorsichtsmaßnahmen, so sind verschiedene Reaktionen möglich. Sollten seine nächsten Angehörigen zu dem Schluß kommen, es handle sich um eine schwere Erkrankung, tun sie zunächst alles, die Gefahr zu verringern. Sie verbrennen z. B. Zedernzweige in der Hütte, um die Luft zu reinigen. Halten sie die Krankheit für ansteckend, so werfen sie Salbei in die Flammen.[12]

Der nächste wichtige Schritt ist, daß man einen Heiler kommen läßt. Das ist nicht ganz einfach. Denn es gibt mehrere Klassen von Heilern, und man muß unbedingt wissen, welcher zur aktuellen Situation paßt. Zum Glück verweisen Heiler, die sich für bestimmte Krankheiten nicht zuständig fühlen, auf erfahrenere Kollegen. Eine weitere Schwierigkeit besteht darin, daß manche durchaus als tüchtig bekannten Heiler nie eine Diagnose stellen. Sie veranlassen statt dessen den Patienten oder seine Verwandten, den Rat eines fähigen Sehers einzuholen, d.h. eines Schamanen, der die übernatürliche Gabe besitzt, die Ursache einer Krankheit aufzuspüren, oder Kontakte zu Geistern hat und ihnen die Information, um welche Krankheit es sich handelt, entlocken kann.

Die Ojibwa unterscheiden zwischen folgenden Kategorien von Heilern:

1. Kräuterkundige, die im Ruf stehen, Krankheiten durch Heilkräuter kurieren zu können. Es sind keine regelrechten Medizinmänner, sondern sie stützen sich auf Kenntnisse über die Heilkraft von Pflanzen.[13] Die meisten Kräuterkundigen sind Angehörige des Midewiwin, da das geheime Wissen über Heilpflanzen in dieser Gesellschaft weitergegeben wird. Sieht es so aus, als ob eine Krankheit eine natürliche Ursache hat, wird im allgemeinen der Kräuterkundige geholt. Wenn er nicht imstande ist, das Leiden zu lindern, ruft man einen richtigen, d.h. einen mit übernatürlichen Kräften im Bunde stehenden Medizinmann.

Übrigens sind die Kräuterkundigen auch Fachleute für Tätowierung und Aderlaß. Beide Maßnahmen stehen im Dienst der Heilung, haben aber keine unmittelbare Beziehung zum Übernatürlichen. Auf Tätowierungen griff man früher in Fällen von Muskelschmerzen, etwa bei Rheumatismus, Verrenkungen und Rückenbeschwerden, zurück. Der betroffene Körperteil wurde tätowiert. Die Kompetenz, zur Ader zu lassen, ist erblich. Das dazu erforderliche Wissen geht vom Vater auf den Sohn über. Von Spezialisten für den Aderlaß wird erwartet, daß sie gute Kenntnisse über den Blutkreislauf besitzen.[14]

2. Regelrechte Medizinmänner, die in erster Linie auch Seher sind.[15] Ihre außergewöhnlichen Kräfte haben sie sich auf dem mit Fasten verbundenen Weg der Visionen in der Pubertät erworben. Wie oben berichtet, verlangt man von dem Jugendlichen, daß er sich für einen bestimmten Zeitraum, gewöhnlich vier Tage und Nächte, in eine einsame Hütte zurückzieht, die sein Vater oder Großvater im Dickicht des Waldes für ihn errichtet hat. Sein Gesicht wird mit Holzkohle geschwärzt, damit er das Mitleid der Geister erregt. Jetzt fastet er und wartet, bis sich ihm in einer Vision ein Geist zeigt. Manche Visionen sind unglaublich stark. Sie reißen den Träumenden mit sich fort bis in den Himmel, wo er dann die mit einem mächtigen Geist gekoppelten übernatürlichen Kräfte erhält. Manchmal überträgt ein solcher Geist dem Visionär auch Heilerkräfte. In diesem Fall wird er Medizinmann, sobald er erwachsen ist. Es gibt relativ junge Medizinmänner, doch lassen die meisten Menschen lieber ältere Heiler kommen, Männer über fünfzig oder sechzig.

Seine Heilkraft bezieht der Medizinmann in der Regel vom »Donner«. Auf den Ruf der Verwandten eines Kranken begibt er sich mit seiner Rassel und Pfeifen aus ausgehöhlten Vogelknochen an dessen Bett. Zuerst kommt die Diagnose. Er kniet auf dem Boden nieder, singt seinen Heilgesang, den ihm der Schutzgeist, der ihm in der Vision erschienen war, beigebracht hat, und klappert mit der Rassel. Nicht lange, und er sagt zu den Anwesenden, er höre jetzt den Geist oder die Geister kommen, die ihm seine Kräfte verliehen haben. Vielleicht ist es der Donner, in mindestens einem Bericht ist aber auch von Kolibris und Königsfischern die Rede. Alle Anwesenden hören plötzlich einen dumpfen Schlag, der anzeigt, daß bis zu vier Geister in die Rassel geschlüpft sind. Die hilfreichen Geister öffnen dann dem Heiler die Augen, so daß er den Gegenstand sieht, der die Krankheit verursacht hat.

Darauf beginnt die eigentliche Heilung. Der Medizinmann nimmt die hohlen Knochen so in den Mund, daß einer davon aus den Lippen hervorsteht. Mit diesem Knochen versucht er den bösen Gegenstand aus dem Körper herauszusaugen. Dann spuckt er alle Pfeifen in ein mit Wasser gefülltes Gefäß. Gut sichtbar für alle Umstehenden schwimmen die Knochen darin herum, zusammen mit einer kleinen Feder oder irgendeinem anderen Ding, etwa einem Wurm: Das ist die Krankheit.

Es gibt noch viele Varianten dieses Vorgehens. Z. B. pustet der Medizinmann durch einen hohlen Knochen auf die kranke Stelle, schlägt die Trommel und singt dazu, ahmt den Schutzgeist nach (»er hält seinen Kopf schräg wie eine Amsel, kurz bevor sie ihren Schnabel in die Erde senkt, um einen Wurm hervorzuholen«)[16], trinkt Wasser aus dem Gefäß und so weiter. Manchmal bringt er auch ein Tabakopfer, ehe er mit der Séance beginnt.

3. Schamanen (*Jessakid*), die gewöhnlich Zauberer oder auch Beschwörer genannt werden.[17] Sie führen das Ritual des Bebenden Zeltes durch. In erster Linie Diagnostiker, befassen sie sich doch auch aktiv mit der Therapie. Wie der normale Medizinmann leitet der Schamane seine Kräfte von geistigen Gaben ab, die er in Visionen erhalten hat. Die Übertragung dieser Kräfte geschieht schon in früher Jugend, und der Schamane muß bis zum Zeitpunkt seiner vollen Mannbarkeit warten, ehe er seinen

Beruf ausüben darf. Die Séancen sind sehr anstrengend. Wir erfahren, daß sie nur zwei oder dreimal in einem Sommer durchgeführt werden können. Wird der Beschwörer zu alt, muß er seinen aufreibenden Beruf ganz aufgeben. Er ist ihm physisch einfach nicht mehr gewachsen.

Der Jessakid arbeitet im allgemeinen in einem Bebenden Zelt, um die Art der Krankheit herauszubekommen, manchmal geht er auch zur Heilung des Patienten über. Häufig spielt er jedoch nur noch eine passive Rolle, sobald seine Geister auf der Bildfläche erscheinen. Ein Ojibwa von der Parry-Insel berichtet: »Wir hörten, wie die *Manidos* [Geister] einem anderen Geist in der Hütte zuriefen: ›Nichts zu machen. Das Kind muß sterben.‹ – Tatsächlich starb das Kind.«[18] Hier ist der Schamane völlig von seinen Geistern abhängig. Seine Aufgabe ist nur, sie zu rufen, aber dann ist er auf ihre Hellsichtigkeit, ihre medizinische Kenntnis und Unterstützung angewiesen.

Abgesehen vom Ritual des Bebenden Zeltes befaßt sich der Schamane mitunter (aber nicht sehr oft, jedenfalls nicht mehr in jüngster Zeit) mit der Rettung einer verlorengegangen Seele. Wir hören von einem Schamanen in Nordmichigan, der es unternahm, die Seele eines kranken Menschen aus der Gewalt eines Hexers zu befreien. Dieser war in Gestalt eines Raben erschienen und hatte die Seele geraubt. Im Trancezustand verwandelte sich der Schamane – besser, seine Seele – in einen Falken und schwang sich in die Luft, um die Seele zu suchen. Noch rechtzeitig, also bevor der Patient starb, fand er sie und kehrte mit ihr zurück. Schließlich blies er sie durch den Mund des Mannes wieder in den Körper hinein.[19] Ein Schamane der Saulteaux (im Umkreis des Winnipeg-Sees) mit dem Beinamen »Streifenkauz des Nordens«

wurde zu einem schwerkranken Mädchen gerufen. Kurz nach seiner Ankunft starb es. Aber er gab nicht auf. Er legte sich neben das Kind und band ihm ein Stück roten Garnfadens ums Handgelenk. Dann verfiel er in derart tiefe Trance, daß sich kein Glied mehr regte. Seine Seele folgte nun dem Mädchen auf seinem Weg ins Totenreich. Dort spürte er es mit Hilfe des roten Garnfadens in der Menge der Toten auf und brachte es ins Land der Lebenden zurück. Die Zuschauer sahen plötzlich, wie er sich leicht bewegte. Zur gleichen Zeit bewegte sich auch das Mädchen. Er bewegte sich heftiger, das Mädchen tat es ihm nach. Es wurde schließlich wieder lebendig. (Wir würden sagen, es handelte sich hier um einen Fall von Scheintod.) Aber nur sehr mächtige Schamanen können sich auf solche Wagnisse einlassen. »Streifenkauz des Nordens« war für seine besonderen Kräfte bekannt.[20]

Meist betätigen sich Schamanen nur als Diagnostiker und überlassen die eigentliche Heilung dem »Heiler«. Wenn ein Heiler zu einem Kranken gerufen wird, läßt er vielleicht zuerst einen Beschwörer für die Diagnose holen, eher er mit der Heilung beginnt.

4. Als mächtigster Heiler gilt der *Wabeno*. Nur ist schwer auszumachen, warum das so ist.[21] Denn wie der gewöhnliche Medizinmann und Schamane empfängt er seine Gaben während einer Vision von einem Geist. Danach geht er bei einem älteren Wabeno in die Lehre, der bereit ist, ihm seine Kenntnisse als Kräuterkundiger zu übertragen. Ungeachtet ihres Berufes als Geistheiler sind die Wabeno nämlich in erster Linie Fachleute für Pflanzenheilkunde. Es heißt, das entsprechende Wissen sei einst durch eine Vision zu den Menschen gekommen, aber dann von Generation zu Generation weiter überliefert worden. Ein tüchtiger Wabeno hat oft bei mehreren guten Lehrern

gelernt, die sich die Ausbildung allerdings auch etwas kosten lassen.

Der Kandidat darf seinen Heilerberuf nicht ausüben, bevor er nicht auf einem großen Fest seine Fähigkeiten unter Beweis gestellt hat. Bei einer solchen Gelegenheit wird getrommelt, getanzt und gesungen, wobei man vom Kandidaten besondere Leistungen erwartet: Er hält glühende Kohlen in der Hand, taucht die Hände in kochendes Wasser und verschluckt Messer.

In seiner Heilkunst vereinigt der Wabeno die Rollen des Kräuterkundigen und des saugenden Heilers. Es wird berichtet, daß er bei der Heilung zuerst den Ort der Krankheit ausfindig macht, um danach ein mit Kräuterarznei bestrichenes Stück Birkenrinde oder Blatt auf diese Stelle zu legen. Hierauf schlägt er die Trommel und singt. Dann entfernt er das Blatt wieder, wobei aber auch ein Stock oder Knochen mitgeht. Das ist die Ursache der Krankheit, die von einem Hexer in den Körper des Patienten gezaubert wurde.

Wir haben Anlaß zu der Vermutung, daß die Wabeno ursprünglich einen Magierbund bildeten. Er wurde um etwa 1800 gegründet, um der Verringerung des Wildbestandes entgegenzuwirken. Damals bedienten sich die Wabeno anscheinend einer Geheimsprache. Heute sind sie jedoch nur noch als Heiler bekannt.

Medizinmänner, Beschwörer und Wabeno: Sie alle haben die Prüfung des Weges der Visionen hinter sich. Indessen sind nicht alle der Midewiwin-Organisation angehörenden Heiler notwendigerweise auch Seher. Sicher: Die meisten sind Medizinmänner, seltener Beschwörer, ja sogar gewöhnliche Kräuterkundige. Doch ihre Funktion als Mitglieder der Midewiwin-Loge beruht nur auf ihrer Kenntnis der traditionellen Lehren der Loge.[22] Die Kandidaten für den *Mide*-Orden müssen sich nicht nur die Lehren über den Aufbau der Welt aneignen, wie sie in den Mythen und Legenden der Loge enthalten sind, sowie die heiligen Rituale und Symbole der Loge selbst, sondern es wird von ihnen auch erwartet, daß sie lernen, wie man Krankheiten mittels einer Zeremonie, die Tod und Wiedergeburt darstellt, heilt. Wir werden uns die Zeremonie bald etwas näher ansehen. Hier ist es zunächst wichtig festzuhalten, daß der Heilerberuf Teil des zeremoniellen Systems der Midewiwin ist und daß nicht übernatürliche Eingebung, sondern Einweihung in die Lehren und Traditionen des Ordens die Grundlage für die medizinische Praxis bildet. In der Tat legen die Mide-Priester, ähnlich wie die Kräuterkundigen und die Wabeno, größten Wert auf die Kenntnis der Heilkräuter. Deshalb überrascht es nicht, daß auch die Kräuterkundigen, ja praktisch alle Heiler, Mitglieder des Mide-Ordens sind. Die Wabeno dagegen scheinen einen Konkurrenzorden zu bilden und gehören daher nicht zur Mide-Loge.

Die Mitglieder des Midewiwin-Systems genießen offensichtlich kein außergewöhnliches Ansehen. Wir stoßen zwar auf Aussagen, daß ihre Heiltätigkeit (im Rahmen des Midewiwin-Systems) oft die letzte Rettung für einen Kranken darstellt. Aber die meisten Menschen wenden sich doch an frei praktizierende Ärzte. Was im Midewiwin-System so wichtig ist, das sind die Initiationsriten mit ihrer Symbolik von Tod und Auferstehung. Diese Riten garantieren einem Kranken Gesundheit und Wohlstand – oder ein glückliches Leben in der Welt jenseits des Grabes. Das Midewiwin-System ist also mehr als ein bloßes »Krankenhaus«. Es ist, wie später noch ausgeführt werden wird, ein umfunktioniertes rituelles Jahresfest.

Als solches ist es vielleicht noch gar nicht so alt. Seine

Anfänge als Ärztebund gehen auf eine Zeit zurück, als die meisten Ojibwa im Süden ihres jetzigen Gebietes südlich des Lake Superior konzentriert waren. Deshalb ist es nicht so erstaunlich, zu entdecken, daß die mehr nomadischen Cree des Nordens das Midewiwin nicht kennen. (Tatsächlich ist bei den nordwestlichen Cree das Wort »Midewiwin« gleichbedeutend mit dem Ritual des Bebenden Zeltes.) Auch Wabeno gibt es nicht bei den Cree. Sowohl der Midewiwin- als auch der Wabeno-Orden spiegeln also eine komplexere soziale Struktur wider. Cree-Heiler sind gewöhnliche Kräuterkundige, »saugende« Medizinmänner oder Beschwörer mit Hilfe des Bebenden Zeltes.

Betrachten wir nun die auffälligsten Heilmethoden dieser Algonkinindianer, das Bebende Zelt und das Midewiwin, etwas genauer.

Das Bebende Zelt

Die Zeremonie des »Bebenden Zeltes« ist eine schamanische Séance, ein Brauch, der aus Westsibirien über die Eskimogruppen nach Nordamerika gelangt ist, wo er besonders bei den Algonkinindianern, nämlich den Cree, den Montagnais-Naskapi und den Ojibwa, praktiziert wird. In leicht abgewandelter Form findet er sich auch bei den Plateau- und Plainsstämmen (siehe unten die Arapaho-Geisterhütte) und sogar in Südamerika und Südostasien. Es handelt sich also um ein konstitutives Schamanenritual.[23] Vielleicht hat dieser Brauch sogar das Vorbild für die modernen spiritistischen Sitzungen der westlichen Welt abgegeben. Manche Ethnologen sind hier anderer Meinung, jedoch mit, wie ich glaube, irrigen Argumenten. Das Ritual des Bebenden Zeltes ist ein klassisches Beispiel für einen Schamanenritus, bei dem die Seelenreise des Schamanen nicht die Hauptsache ist. Der Schamane schickt hier nämlich seinen Hilfsgeist auf Wanderschaft, weniger seine eigene Seele. (Im Gegensatz dazu stellen allerdings die Séancen der Eskimos ein gutes Beispiel für Seelenreisen dar.) Auch ist die Ekstase des Schamanen, in die er dabei fällt, nicht unbedingt sehr tief. Aber eine Rolle spielt sie durchaus. Es wäre ein Irrtum zu glauben, wie es manche Forscher tun, daß Trancezustände ganz fehlen. Das Bebende Zelt der Algonkin zeigt uns recht gut, welche Stellung der Schamane in dieser Kultur einnimmt.[24]

Wenn ein Beschwörer oder Schamane aufgefordert wird, eine Krankheit mittels des Bebenden Zeltes zu diagnostizieren oder sogar zu heilen, besteht der erste Schritt darin, daß man ein solches Zelt errichtet. Das ist eine Aufgabe, die der Familie des Kranken und seinen Freunden, nicht dem Schamanen selbst, obliegt. Starke Stangen von verschiedenen Bäumen werden zwischen einem halben und einem ganzen Meter tief in den Boden gerammt, so daß sie einen Kreis bilden. Sie werden dann an der Spitze fest zusammengebunden, woraufhin Zeltleinwand darübergespannt wird. Die Konstruktion hat also die Form einer zylindrischen oder halbkugelförmigen, tonnenähnlichen kleinen Bude, groß genug, einen sitzenden Mann, den Medizinmann, aufzunehmen. Die Zuschauer postieren sich vor diesem Gebilde und harren der Dinge, die da kommen sollen.

Der Schamane betritt nun, praktisch nackt, die Hütte, um seine Beschwörungen vorzunehmen. Er murmelt Gesänge und schüttelt die Rassel. Man fesselt ihn mit starken Lederriemen. Aber das hindert ihn nicht daran, seine Geister anzurufen – die Geister der Luft, die Geister der Tiere. Derweil singt die Menge draußen rhythmisch zu den dumpfen Schlägen einer Trommel. Immer erregter wird der Gesang. Er steigert sich zu schrillem Gekreische, wenn der wichtigste Hilfsgeist des Schamanen, gewöhnlich Mikenak, die Schildkröte, eintrifft. Das Publikum hört jetzt eigenartige Geräusche. Ein Zeuge berichtet vom »Knirschen von Schneeschuhen im Schnee, den dumpfen Schlägen einer Axt, die ins Holz dringt, dem Reiben und Schaben eines Paddels am Kanurand und dem leisen Klatschen, wenn es ins Wasser taucht«.[25]

Offenbar ruft nämlich der Hauptgeist noch eine Anzahl kleinerer Geister, die auch komische Rollen spielen können, herbei – Humor und Ehrfurcht vertragen sich gut in der Religion der amerikanischen Natives.

Ein Mistassini (östlicher Cree) erzählt, man sehe dann, wie die Tatzen eines Bären, der Kopf eines Bibers und ein zappelnder Fisch aus der Leinwand des Geisterzeltes hervorkämen. Die Zuschauer sehen es ganz deutlich, mit eigenen Augen, und starren atemlos auf diese Stelle. Der Gläubige kommt hier wirklich auf seine Kosten.

Während all dieser Ereignisse und überhaupt bei der ganzen Séance schwankt das Zelt in geheimnisvollen Schwingungen. Die Leute, die das Zelt errichtet haben, wissen genau, daß das nicht mit rechten Dingen zugehen kann. Der Mann drinnen verfügt unmöglich über die dazu erforderlichen Kräfte. Wissenschaftler, die sich vorher von der Dicke der Stangen überzeugt hatten, sind sich in diesem Punkt jedenfalls nicht einig. Ein Beschwörer der Ojibwa, der sich zum Christentum bekehrt hatte, erzählte dem deutschen Forscher J.G. Kohl, das Phänomen des Hin- und Herschwingens sei ein vollkommenes Geheimnis und bestimmt nicht von irgendwelchen Manipulationen des Schamanen verursacht.[26] Natürlich ist es nicht undenkbar, daß ein Schamane unbewußt auch einmal ein falsches Spiel treibt. Wie das aber in diesen

Fällen funktionieren soll (und wie sich z. B. auch die hervorlugenden Tiere erklären lassen), ist und bleibt ein Rätsel. Welche Erklärung man sich auch ausdenken mag, die Tatsache, daß das Zelt bebt, bestärkt die Zuschauer jedenfalls in ihrem Glauben.

Jetzt werden dem obersten Hilfsgeist Fragen gestellt. Er gibt durch den Mund des Schamanen Antwort. Einige Zeugen der Vorgänge haben behauptet, es sei der Geist, der spreche. Das muß aber höchstwahrscheinlich doch so verstanden werden, daß der Schamane nur wiedergibt, was er vom Geist gehört hat. Andererseits berichten manche Forscher auch, es finde ein Dialog zwischen dem Schamanen und dem Geist statt, wobei der Schamane vom Boden aus und der Geist – der die verzerrte Stimme des Schamanen annimmt – von der Spitze des Beschwörungszeltes aus spricht. Die meisten Fragen und der Großteil des Gesprächs betreffen Prophezeiungen in bezug auf verschwundene Menschen und Gegenstände sowie Vergangenes und Zukünftiges. Auch Krankheiten, ihr Ursprung und zu erwartender Verlauf, sind Themen, auf die sich das Hellsehen richtet. Ebenso kann die Heilung selbst eine wichtige Rolle bei der Séance spielen.

Nun konferieren die Geister, die sich im Bebenden Zelt der Ojibwa ihr Stelldichein geben, untereinander über den Zustand des Kranken. Kommen sie zu dem Schluß, er sei behext worden, so macht sich einer von ihnen unter gewaltigem Beben des Zeltes auf den Weg und holt die Seele beziehungsweise den Schatten des Übeltäters, um ihn vor Gericht zu stellen. In dem Augenblick, in dem der Geist die Seele hereinbringt, bebt das Zelt von neuem. Jetzt drohen die Geister dieser Seele mit dem Tod, falls sie nicht geständig ist. Sie kann nicht fliehen, da der mächtige Donner oben an der Spitze des Zeltes Wache hält. Und plötzlich tritt der Besitzer der

Seele, der sich unter den Zuschauern befindet, mit beschämt gesenktem Kopf hervor. Er wird gezwungen, den Geistern eine bestimmte Geldsumme zu zahlen und die Krankheit wieder aus der Welt zu schaffen. Erst dann wird seine Seele freigelassen.

Die Geister entfernen sich wieder. Das Zelt beruhigt sich, und der Schamane kriecht heraus, rätselhaft von seinen Fesseln befreit. Ein paar Zuschauer sagen, die Riemen hingen oben in der Zeltspitze. Dort werde man sie finden. Wie aber der Schamane von ihnen befreit wurde, kann niemand erklären. Er ist völlig erschöpft und muß zu seinem Wigwam zurückgeführt werden. Am nächsten Tag wird er für seine Dienste bezahlt. Die Aufgabe ist erfüllt: Dem Kranken geht es bald besser – jedenfalls erwartet man das.

Das Bebende Zelt ist auch der Schauplatz, an dem Sünden und Tabuverletzungen gestanden werden, von denen man annimmt, daß sie Krankheiten verursacht haben. Hält man diese Verursachungstheorie für richtig, so unterbleibt die Suche nach anderen Heilmitteln. Saugoperationen oder Auflegen von Kräutern z. B. wären dann nutzlos. Der Schamane ruft stattdessen seine Schutzgeister an, und der Patient wird herbeizitiert und aufgefordert, seine Übertretungen zu bekennen. Doch kann sich dabei auch herausstellen, daß der wahre Schuldige gar nicht der Kranke selbst, sondern seine Eltern sind. In diesem Fall verlangt man von ihnen ein Schuldbekenntnis. Sind sie schon tot, so ist es die Aufgabe der Schutzgeister des Schamanen, sie aus der anderen Welt zum Verhör herbeizuholen. Wie A.J. Hallowell betont, wird durch solche Vorgänge die Moral der gesamten Gemeinschaft gestärkt. Die Leute erkennen, wie man sich richtig verhält, und werden in den Moralkodex eingeübt.[27]

Midewiwin: ein Ärztebund

Das Midewiwin oder der Große Ärztebund läßt sich am besten als Bruderschaft charakterisieren, in die sich die Mitglieder einkaufen. Sie durchlaufen dann, jeweils unter Entrichtung einer Gebühr, die vier Grade der Gesellschaft. Jeder Grad besitzt seine eigenen Merkmale, z. B. eine immer wieder andere Gesichtsbemalung des Kandidaten und bestimmte Formen seines Medizinbeutels. Es fällt auf, daß nur wohlhabende Ojibwa Mitglieder dieser Gesellschaft sind.

Es ist allerdings etwas gewagt, das Midewiwin als Ärztebund zu bezeichnen, wenn man unter ärztlicher Tätigkeit vor allem therapeutische Aktivitäten verstehen will. Wir stehen hier vor einem recht komplizierten Phänomen. Viele Ethnologen sind der Ansicht, das Midewiwin habe seinen Ursprung in einer Vermischung dreier Kulturen vor etwa dreihundert Jahren. Damals seien die Kulturen der mehr südlich lebenden Indianer des zentralen Algonkingebietes, der Stämme der nördlichen Plains und der weißen Einwanderer aufeinandergestoßen. So etwas ist durchaus möglich, doch sollte man es lieber so darstellen, daß sich eine damals schon existierende Vereinigung durch die Berührung mit anderen Kulturen zu ihrer gegenwärtigen Gestalt und Funktion wandelte. Aus ihren kosmischen Symbolen, ihren Schöpfungsmythen und Ritualen ergibt sich, daß es sich ursprünglich vielleicht um eine Korporation handelte, die jährlich zusammentrat, um bestimmte, mit dem Lauf der Jahreszeiten zusammenhängende Zeremonien durchzuführen. In ihrer heutigen Form ist es ein vom Großen Geist oder dem Gründerheros der Kultur gestifteter Orden, der den initiierten Mitgliedern ein glückliches und langes Leben garantieren soll. In diesem Zusammenhang haben dann die Heileraktivitäten besondere Bedeutung gewonnen – möglicherweise als Reaktion auf die von den Weißen eingeschleppten verheerenden Epidemien. Die Mide-Mitglieder sind Fachleute für Kräuterheilkunde, und die entsprechende heilige Weisheit wird innerhalb des Ordens weitergegeben. Überdies können Außenstehende, die krank sind, dadurch ihre Gesundheit wiedergewinnen, daß sie in die Gemeinschaft initiiert werden. Auf diese Weise wird die Heiltätigkeit Bestandteil der Gesamtmaßnahmen zu einem glücklichen und langen Leben. Doch außerhalb des Ordens betrachtet man die Mide-Angehörigen nicht unbedingt als medizinische Experten im engeren Sinn. Auch ist das Midewiwin eine allesumfassende Institution – die Ojibwa sagen, es sei nichts anderes als eben ihre Religion.

Viel könnte über diese komplexe, rätselhafte Organisation noch gesagt werden. Ihre Rituale sind von zahlreichen Forschern beschrieben worden (Hoffman, Densmore, Jenness, Kinietz, Hilger, Landes und andere).[28] Einige haben sich besonders mit den Zeichnungen auf Rindenrollen befaßt, die den Teilnehmern am Ritual als Gedächtnisstütze dienten (Kohl, Dewdney).[29] Aber heute ist Midewiwin fast ganz in Vergessenheit geraten. Nur an geheimen, sehr abgelegenen Orten ist diese Tradition teilweise wiederaufgelebt.

Uns interessiert hier dieser Heilerorden in seiner Funktion als Ärztebund. Wie auch beim Sonnentanz der Plains-Indianer (siehe unten), traten dabei im Lauf der Zeit therapeutische Aspekte in den Vordergrund. Das läßt sich leicht an der Art und Weise erkennen, wie neue Kandidaten initiiert wurden. Nach Diamond Jenness bittet ein junger Mann oder eine junge Frau (Frauen haben in der Tat dasselbe Recht, dem Orden beizutreten, wie Männer), die sich der Vereinigung anschließen wollen, ein Mitglied, ihn oder sie zu einem Fest einzuladen. Der Kandidat wird daraufhin einem Mentor zugeteilt, von dem er (oder sie) mehrere Monate lang unterrichtet wird. Tagsüber erfolgt die Belehrung in der Einsamkeit der Wälder, nachts in einem leerstehenden Wigwam. Zu Beginn jeder Unterrichtsstunde wird den Göttern ein Rauchopfer dargebracht. Die Beschaffung des Tabaks wie auch die Kosten des Unterrichts werden von der Familie des Kandidaten übernommen. Die Jahreszeremonie des Großen Ärztebundes findet zur Mittsommerzeit statt. Ort der Rituale ist ein langes, rechteckiges Gebäude ohne Dach, errichtet aus Stangen und Zweigen. Es gibt einen östlichen und westlichen Ausgang an den beiden Enden. Innen, in der Mitte des Raumes, wird eine Matte für die Kandidaten und ihre Mentoren ausgelegt. Draußen, rechts vor dem östlichen Eingang, befindet sich eine kuppelförmige Sauna, in der der Kandidat an jedem der vier Abende, die der Initiation vorausgehen, ein Dampfbad nimmt. Schwitzbäder als Reinigungszeremonien vor einem Ritual sind üblich. Sie befreien den Betreffenden von allem inneren und äußeren Schmutz, was Bedingung zur Teilnahme an dem Ritual ist.

Die Kandidaten und die Mide-Mitglieder begeben sich nun mit ihren Familien zum Initiationsgebäude. Nicht initiierte Verwandte sind im heiligen Raum nicht zugelassen. Doch auch sie versammeln sich in Scharen vor dem Eingang. Denn hier wird ein großes Fest gefeiert, und die gesamte Gemeinde nimmt daran teil. Am Tag der Initiation muß schönes klares Wetter herrschen, sonst wird die ganze Zeremonie verschoben. Die Mide-Mitglieder betreten jetzt, geschmückt mit ihren Ordensinsignien – perlenbestickten Beuteln, die an perlenbestickten Schärpen hängen – den Raum. Nach einiger Zeit formieren sich die Kandidaten und ihre geistigen Ziehväter zu einem Prozessionszug und umwandern das Gebäude viermal in Richtung des Sonnenlaufs. Hierauf betreten sie das Innere, um den gleichen Rundlauf im Innern viermal zu wiederholen und dann ihre Plätze einzunehmen: die alten Mitglieder an den Wänden, die Kandidaten und Mentoren auf der Matte in der Mitte.

Jetzt eröffnet der Hauptpriester die Zeremonie, indem er auf eine Wassertrommel schlägt und einen Gesang anstimmt. Der erste Kandidat kniet vor ihm nieder. Dabei ruft einer der Priester »hwa, hwa, hwa, hwa, hwa«, während er gleichzeitig seinen Medizinbeutel aus Otterfell mit beiden Händen umfaßt hält und so tut, als stoße er ihn dem Initianden in die Brust. Der Kandidat zittert heftig, der Mentor und ein Helfer halten ihn fest. Dasselbe geschieht noch ein zweites und drittes Mal, wenn ein zweiter und dritter Priester den Kandidaten »erschießen«. Schließlich »erschießt« ihn der Hauptpriester, und der Initiand stürzt wie tot zu Boden. Einige Mide-Priester legen ihm ihre Medizinbeutel auf den Rücken. Da fällt dem Kandidaten plötzlich eine heilige Muschel, ein *Migi*, aus dem Mund, und er gibt wieder Lebenszeichen von sich. Der Hauptpriester tanzt mit dem Migi durch den ganzen Raum, zeigt ihn allen Mitgliedern und legt ihn in den Mund des Kandidaten zurück. Wieder scheint das Leben aus ihm zu weichen. Und zum zweiten Mal berühren ihn die Priester mit ihren Medizinbeuteln. Er erwacht erneut zum Leben und erhebt sich. Von nun an ist er ein Mitglied der Gemeinschaft und verfügt über eine neue Existenz und Gesundheit. Mit Gesängen und Rauchopfern an die Geister der sechs Richtungen (den vier Himmelsrichtungen und Himmel und Erde) wird die Initiationszeremonie beendet.

Das Programm geht aber noch weiter. Dem neuen Mide wird ein Medizinbeutel für seine heilige Muschel überreicht, und er »erschießt« einen oder mehrere seiner Mide-Brüder.

Wie erwähnt, kann diese Initiation auch die Funktion einer medizinischen Behandlung übernehmen. Es gibt Beispiele, wo Mide-Mitglieder einen Kranken in den Logenraum brachten und initiierten, wodurch er gesund wurde. Wir erfahren von Fällen, wo die Krankheit so schwer war, daß kein anderes Mittel half. Die Mide-Mitglieder »umstanden den Kranken und berieten sich, genauso, wie es ein europäisches Ärzteteam tun würde. Dann verabreichten sie ihm die Arznei, auf die sie sich geeinigt hatten, und unmittelbar darauf initiierten sie den Patienten in ihren Orden«.[30]

Wir haben gesehen, daß sich die Mide-Angehörigen auf Heilpflanzen spezialisierten. Auch zeigt sich, daß die kleine weiße Muschel, der Migi – eine Salzwasserart, *Cypraea moneta* (Geldkaurimuschel) –, Krankheiten sowohl verursachen als auch heilen kann. Eine ähnliche Vorstellung findet sich in Nordkalifornien, wo der Gegenstand der Krankheit, der »Schmerz«, gleichzeitig der Schutzgeist des Medizinmannes ist. Im Midewiwin ist der Migi, der in die Brust des Kandidaten eindringt, Sinnbild für Macht. All dies führt zu dem Eindruck, daß der Geist, der Krankheit erzeugt, auch die Fähigkeit besitzt, die Krankheit zu beseitigen und dem einzelnen zu Diensten zu sein. Das ist gar nicht so schwer zu verstehen: Derselbe Geist, der als Schutzgeist eines Medizinmannes wirkt, kann von diesem auch zu Zauberzwecken eingesetzt werden. Dafür gibt es bei den Ojibwa viele Beispiele.

Das Midewiwin ist also ein kollektivistisches System der Therapie. Seine Autorität bezieht es mehr aus von Mund zu Mund überlieferter Tradition als aus Inspiration und Vision. Damit ist es ein typisches Element einer komplexen Kultur an der Grenze zwischen einer von der Jagd und einer vom Ackerbau bestimmten Lebensweise. In dieser Hinsicht unterscheidet es sich grundlegend vom Bebenden Zelt, das als charakteristisches Merkmal der alten Jägerkulturen der nördlichen Wälder gelten kann. Wir haben hier ein gutes Beispiel vor uns, wie Medizin und Heilung in kulturelle Formen eingebettet sein können. Noch beweiskräftiger für die These dieses Buches ist die Entdeckung, daß die beiden Hauptriten der Cree und Ojibwa in direkter Beziehung zur medizinischen Behandlungspraxis stehen. Das ist ein überzeugender Beleg dafür, daß Gesundheit in diesen beiden Völkern in einem ganz besonderen Verhältnis zur Religion steht.

Traditionelle Medizin an der Nordwestküste

Am Rande der weiten kanadischen Wälder, entlang der nebelverhangenen Küste des Nordpazifik mit ihren gewaltigen Gebirgen und tief eingeschnittenen Fjorden, ihren Inselgruppen, die sich in das üppige Grün der Büsche und Wiesen, Fichten und Zedern hüllen, und ihrem Regenklima mit milden Wintern und warmen Sommern, leben die Stämme der Nordwestküste. Sie unterscheiden sich in mancher Hinsicht von ihren Verwandten in den Wäldern. Erstens ist ihre Kultur unglaublich reich gegliedert und besticht durch ihre großartige Holzkunst. Zweitens gibt es gute Gründe, kulturelle Prägungen zu vermuten, die auf asiatische und Südsee-Ursprünge zurückgehen. Drittens ist die hauptsächliche materielle Grundlage dieser Kultur eher die Fischerei als die Jagd. Und viertens haben sich auf dem materiellen Unterbau der Fischerei weitgehende soziale Differenzierungen entwickelt. So haben wir hier im Unterschied zur Jägerkultur im Landesinneren mit relativer Uniformität und einseitig zirkumborealem Charakter eine der stärker profilierten kulturellen Traditionen der nordamerikanischen Ureinwohner vor uns.

Die Nordwestküste ist von amerikanischen Natives besiedelt, die verschiedenen Sprachfamilien angehören. Weit oben im Norden, von der Yakutatbucht bis zur Dixonstraße, leben die Tlingit. Wahrscheinlich besteht eine Sprachverwandtschaft zu den Athapasken-Indianern des Landesinneren. Ihre Nachbarn im Süden sind die auf den Königin-Charlotte-Inseln wohnenden

Haida, die möglicherweise ebenfalls mit den Athapasken verwandt sind (obwohl das weniger wahrscheinlich ist). Auf dem Festland südlich der Tlingit-Gebiete leben die Tsimshian. Zusammen bilden die Tlingit, Haida und Tsimshian die Nordgruppe der Nordwestküstenstämme. Ihnen allen ist eine Organisation in Form matrilinearer, exogamer Clans gemeinsam.

Die Zentralgruppe dieser am Meer lebenden Natives besteht aus mehreren Stämmen, unter anderem den Bella Coola, die gegen das Landesinnere zu wohnen und zur Familie der Salish gehören, und den gut bekannten, Wakash-Dialekte sprechenden Kwakiutl und Nootka auf der Vancouverinsel und dem ihr gegenüberliegenden Festland. Im Osten und Süden der Vancouverinsel siedeln eine ganze Anzahl kleinerer Gruppen, die vor allem der Sprachfamilie der Salish angehören. Zu beachten wäre noch, daß auch das auf diesen Breiten liegende Landesinnere, wo die Kultur der Plateau-Indianer vorherrscht, von Salish-Gruppen bewohnt ist.

Wenig weiß man über die Vorgeschichte der Nordwestküste. Doch ist zu vermuten, daß sich um 7000 vor unserer Zeitrechnung eine Fischerkultur an den Küsten des Nordpazifik vom Amur im Westen bis zum Columbia River im Osten ausbreitete. Ein besonderes Merkmal dieser Kultur war das Fischen im Meer mit Harpunen. Sie differenzierte sich in Amerika weiter aus, und zwar in die Kulturen der Aleuteneskimos und die der Nordwestküste. In ihren südlichen Teilen, im Gebiet der Salish und sonstiger kleinerer Stämme, war diese Fischerkultur der Nordwestküste weniger ausgeprägt. Und die drei nördlichen Stämme: Tlingit, Haida und Tsimshian, nahmen eine eigenständige Entwicklung. Dieses Mosaik aus Stämmen und Kulturen wurde von Elementen aus Übersee ergänzt. Mit ziemlicher Sicherheit stachen nämlich diesen Indianern auffällige Gegenstände im Strandgut japanischer Schiffe, möglicherweise auch aus anderen Weltgegenden, ins Auge, und sie eigneten sich diese Funde an. Man denke etwa an die Kuli-Hüte nach Art der Südchinesen, wie sie an der Nordwestküste getragen werden, oder die auf den Totempfählen eingeschnitzten Bilder von Geistern, die an Südsee-Bräuche erinnern. Allerdings ist hier größte Vorsicht geboten. Ganz sicher ist nämlich nur, daß Totempfähle in ihrer klassischen Form erst nach 1770 dort auftauchten, als, laut Kapitän Cook, europäische Werkzeuge aus Eisen an der Nordwestküste eingeführt wurden.

Gewiß unterschieden sich die Stämme an der Nordwestküste ihrem Lebensstil nach beträchtlich. Aber es gibt doch ein ausgeprägtes, qualitativ hochstehendes kulturelles Muster, das überall in den nördlichen und zentralen Küstengegenden dominiert, während die Kultur der kanadischen Südküste etwas weniger reich gegliedert ist. Ich möchte hier zwei Gruppen unter ethnomedizinischem Gesichtspunkt etwas genauer beschreiben, nämlich die Tlingit und die Küsten-Salish. Erstere bewohnen den nördlichsten Abschnitt der Küste. (Infolge des im 19.Jahrhundert aufkommenden Pelzhandels schlugen Teile der Tlingit auch im Osten der Kordilleren als Pelzjäger ihre Zelte auf, doch sollen sie hier außer Betracht bleiben.) Die Tlingit sind einer der klassischen Stämme des Nordwestens, in alten Zeiten berühmt für ihre Tapferkeit im Krieg und ihren hochentwickelten Schamanismus. Die Küsten-Salish im Süden sind für uns so interessant, weil ihre schamanische und medizinische Praxis Züge bewahrt hat, die bis zu den ersten amerikanischen Einwanderern zurückverfolgt werden können. Viele dieser Züge haben sich bei den Küsten-Salish eigenständig weiterentwickelt und zeigen jetzt ein Gepräge, das in vieler Hinsicht von der Schamanenpraxis der Stämme der Nordwestküste abweicht. Überdies stammt das Quellenmaterial für die Tlingit, auf das wir uns stützen müssen, meist aus älterer Zeit – obwohl es heute Bemühungen gibt, den alten Schamanismus wiederzubeleben –, während die therapeutischen Verfahren der alten Küsten-Salish auch gegenwärtig noch praktiziert werden.

Grundlegend für die Kultur der Nordwestküste, wie sie sich auch in den letzten Jahrzehnten des 19. Jahrhunderts noch präsentierte, war der Überfluß an Nahrung. Die Ernte des Meeres, das Fleisch einer ganzen Reihe von Landtierarten und viele Beerensorten machten den Speisezettel lang und abwechslungsreich. Man fing alle Arten von Fischen, besonders aber Lachse. In großen Kanus aus Holzplanken fuhren Stämme wie die Nootka und Kwakiutl aufs Meer hinaus, um mit Harpunen nach Eskimoart Seehunde und Wale zu jagen. (Die Tlingit allerdings verschmähten Walfleisch.) Auch Landtiere wie Hirsche, Bären und Bergziegen wurden gejagt, doch nicht in gleichem Umfang. Die Frauen pflückten Beeren.

Wie zu erwarten war, bauten diese Indianer auch Häuser aus Holzbalken, oft in einer Reihe nebeneinanderstehend, die Giebel zum Strand gerichtet. Viele dieser Häuser waren mit Totemsymbolen bemalt, und auf den Plätzen davor wurden Totempfähle aufgerichtet. Diese Pfähle stellten in der Regel Abbildungen eines Ahnen und des Geistes dar, der diesem seine Privilegien und die Namen des Clans übermittelt hatte. Auch andere Geister, die der Ahn vielleicht später erworben hatte oder die bei der ersten Erscheinung des Schutzgeistes mit aufgetaucht waren, waren in Form von Symbolen auf dem Pfahl vertreten. Man glaubte, diese Geister zeigten sich in Gestalt von Tieren, weshalb man ihre charakteristischen Tiereigenschaften auf dem Pfahl abbildete. Auch an den auf den Strand gezogenen Zedernkanus sah man Verzierungen mit totemistischen Emblemen.

Jeder Ort, ja auch schon jede Ansammlung von Häusern konstituierte eine politische Einheit. Repräsentant dieses Gemeinwesens war die mächtigste Familie oder der Clan. Ihr gehörten auch die Jagdgründe, Fischgewässer und die Stellen, wo Beeren wuchsen. (Im Süden wurden die Familien von größeren Verwandtschaftsverbänden abgelöst.) Symbolisiert wurde die Familie oder das Geschlecht vom Totemtier. Jede Familie besaß eine Reihe von Titeln (»Namen«) und Zeremonien, die vom Häuptling »verwaltet« wurden. Die Häuptlingswürde war erblich. Die nördlichen Stämme, zu denen die Tlingit gehörten, hatten matrilineare Vererbung, d.h. daß eine Person ihre Titel und Rechte von ihren Verwandten mütterlicherseits erbte. Die südlichen Stämme, unter anderem die Salish, organisierten sich in großen Familienverbänden, während es bei den nördlichen Stämmen Sippen (Clans) gab, mehrere zu einer größeren Einheit verbundene Familien, die auf einen gemeinsamen Ahn zurückgeführt wurden. Andere Stämme teilten sich außerdem in zwei große Hälften: Bei den Tlingit z.B. waren das die »Adler« (manchmal auch »Wölfe«) und »Raben«. Ein Mann heiratete immer eine Frau aus der anderen Hälfte, und die beiden Hälften halfen einander, wenn es darum ging, Sippenembleme zu schnitzen oder Zeremonien, etwa Leichenbegängnisse, abzuhalten. Die Tlingit glaubten, Menschen der Rabenhälfte seien besonders klug und vorsichtig, während die der Wolfshälfte heißblütiges und kriegerisches Temperament hätten – genau wie die entsprechenden Tiere. Jede Siedlung verfügte im allgemeinen über Leute aus beiden Hälften.

Zusätzlich zu den komplexen verwandtschaftlichen Beziehungen gab es noch eine soziale Rangordnung, eine

Einteilung der Menschen in »Adlige«, d.h. die Häuptlinge mit ihren nächsten Verwandten, »Gemeine« und Sklaven.

Sogar heute noch genießen die Angehörigen der höchsten Ränge bei den »Gemeinen« ein gewisses Ansehen. Bei den Sklaven handelte es sich ursprünglich um Kriegsgefangene. In alten Zeiten durften Sklaven oder ihre Nachkommen ohne weiteres weggegeben, ja auch getötet werden, wenn es ihrem Herrn so gefiel. Einem Mann mit großem Namen, Reichtum und vielen Sklaven wurde hohe Achtung erwiesen. Diese Sozialstruktur mutet uns allerdings sehr unindianisch an. Speziell die soziale Rangordnung hat Wissenschaftler zu der Vermutung veranlaßt, es seien hier Elemente nichtamerikanischer Herkunft eingedrungen. Trotzdem könnte das System durchaus genuinen Ursprungs sein.

Die Übertragung von Titeln und Eigentum auf einen Menschen erfolgte beim sogenannten *Potlatch*. Es handelte sich hierbei um eine Zeremonie, durch die eine Transaktion von Geschenken durchgeführt und bestätigt wurde. Mitglieder der einen Hälfte wurden von einem Angehörigen der anderen Hälfte eingeladen, als seine Gäste ihre Tänze vorzuführen, woraufhin sie vom Gastgeber eine große Zahl von Geschenken erhielten. Das Geltungsstreben des Gastgebers nahm häufig groteske Formen an – im Wunsch, zu zeigen, über welchen Überfluß er verfügte, ging der Eigentümer manchmal so weit, Teile seines festen Besitzes zu zerstören und sogar Sklaven zu töten. Aber die Prozedur sicherte die Autorität des Gastgebers und erhöhte sein Ansehen. Neuere Untersuchungen haben ergeben, daß der Ursprung des Potlatch wahrscheinlich in Begräbnisfeiern zu suchen ist. So war z. B. bei den Tlingit der Potlatch oft Bestandteil des Trauerrituals für einen toten Häuptling. Bei solchen Gelegenheiten errichtete man Totempfähle als Denkmäler über den toten Häuptlingen und ihren Totems, also ihren Schutzgeistern. Manchmal enthielten diese Pfähle auch kleine Behälter mit den sterblichen Überresten des Häuptlings.

Auch heute noch ist Religion ein Grundelement des Lebens der Indianer der Nordwestküste. Geister wohnen überall – im Meer, in den Wäldern, auf den Bergen. Die meisten Geister stehen mit Tieren in Verbindung, und manche sind das innerste Wesen der Tiere selbst. Das ist der Hintergrund für den großen Walkult, der hier dieselben Züge annimmt wie der Bärenkult bei den Waldstämmen des Nordens. Die Küsten-Salish praktizierten übrigens auch den Weg der Visionen der Plateau-Salish beziehungsweise der Waldstämme. Doch hat sich bei bestimmten Stämmen der Weg der Visionen, der im übrigen Nordamerika so weit verbreitet ist, auf ein bloßes Dramenritual reduziert, durch das eine Person demonstriert, wie sie ihren Clangeist erwirbt. Diese rituellen Dramenspiele fanden vor allem bei den südlicheren Völkern, z. B. den Kwakiutl, statt. Andererseits sieht es so aus, als ob der gemeine Mann im Norden überhaupt niemals persönliche Schutzgeister besessen hätte. Bei den Tlingit z. B. waren solche Geister nur für die Medizinmänner reserviert.

An diesen Unterschieden läßt sich einiges über die Rolle der Medizinmänner ablesen. Bei den Küsten-Salish sind sie kaum von anderen Visionären zu unterscheiden, doch genießen sie wegen ihrer medizinischen Fähigkeiten immer noch gehörigen Respekt. Bei den Kwakiutl haben die Medizinmänner eine besondere Stellung. Sie gehören einer Art Körperschaft an und wetteifern miteinander, wer das größere Geschick im Heilen besitzt. Auch die Tlingit betrachten die Medizinmänner als

Klasse für sich. Nur Medizinmänner dürfen den Weg der Visionen gehen. Nur sie erhalten in Trance Besuch von Geistern. Während bei den Kwakiutl ein Medizinmann mehr oder weniger »Eigentum« des Dorfhäuptlings ist, ist der Medizinmann der Tlingit ein freier Mann und erinnert sehr an den sibirischen Schamanen. Tatsächlich behauptete der gut informierte Anthropologe John R. Swanton, die Medizinmänner oder Schamanen der Tlingit hätten mehr Macht als ihre Kollegen von der Pazifikküste.[1]

Man kann die medizinische Praxis der Tlingit, in deren Zentrum immer der Medizinmann steht, als Fortsetzung des sibirischen Schamanismus betrachten. Das paßt zu anderen kulturellen Merkmalen, durch die die Tlingit und andere Stämme des Nordens mit Sibirien verbunden sind.

Gesundheit, »gutes Leben« und Initiationsriten bei den Tlingit

Die Tlingit sind immer wieder als einer der kriegerischsten Stämme der Nordwestküste bezeichnet worden. Das ist vielleicht ein Vorurteil. Denn möglicherweise sind sie das nicht von Natur aus, sondern sahen sich nur gezwungen, ihre Unabhängigkeit, oft auf gewaltsamem Wege, gegen die Russen zu behaupten, die ihr Land bis zum Jahre 1867, als ganz Alaska an die Vereinigten Staaten verkauft wurde, besetzt hielten. Es gelang ihnen viele Jahre lang, die kulturelle Eigenständigkeit zu bewahren. Zum Zeitpunkt, an dem ihr Land an die Amerikaner überging, hatte das griechisch-orthodoxe Christentum kaum Fuß bei ihnen gefaßt. Sie blieben ihren Schamanen auch noch treu, als der Schamanismus ihrer südlichen Nachbarn, der Haida und Tsimshian, in vieler Hinsicht schon der Vergangenheit angehörte. Zweifellos ist es unter anderem der relativ großen Bevölkerungszahl der Tlingit zu verdanken, daß sie den fremden Einflüssen gegenüber praktisch immun blieben. Auch übten sie sich von Kindheit an darin, Schwierigkeiten zu meistern und sich gegen Unterdrückung zu wehren.

Doch auch das ist bereits Geschichte. Die Tlingitkultur in ihrer früheren Form existiert nicht mehr. In den Herzen der Menschen aber ist sie nicht vergessen. Viele Tlingit versuchen sie wiederzubeleben, insbesondere im Bereich der Schnitzkunst und der Gemeinschaftszeremonien, und auch der alte Schamanismus wirft noch seine Schatten und bewirkt, daß es hie und da zu ekstatischen Erlebnissen kommt.

Gewiß, die alten Methoden, die jungen Menschen aufs Leben vorzubereiten, sind verschwunden. Trotzdem sollen sie hier Erwähnung finden, da die gesamte Einstellung zu Gesundheit und Leben, wie sie den Tlingit auch heute noch teilweise eigen ist, auf diesen Bräuchen beruhte.

Die Geburt eines Kindes war eine schwere Prüfung, wenigstens für die Mutter. Ein Beobachter früherer Zeiten, Heinrich Johann Holmberg, berichtet, er habe an einem kalten Dezembertag des Jahres 1850, als er mit dem Segelschiff von Sitka nach Kalifornien unterwegs war, Frauen in den bewaldeten Hügeln oberhalb der Siedlung vor Schmerz schreien hören.

Nach Aussagen einiger an Bord dienender Tlingit befanden sich diese Frauen in den Wehen. Sie hielten sich zahlreich in den Wäldern auf, und ihre Schreie zeugten von ihren Qualen.[2] Die Information, die Holmberg erhielt, daß nämlich niemand diesen Frauen half, weil sie als unrein galten, können wir hier getrost übergehen; sie ist unglaubwürdig. Denn ein Schriftsteller aus der gleichen

Zeit, Veniaminoff, ein russischer Priester, erzählt uns, daß es sehr wohl Hebammen bei den Tlingit gab.[3] Doch ist gut möglich, daß die Geburten wirklich draußen in der öden Wildnis erfolgten. 1882 inspizierten zwei andere Beobachter, Aurel und Arthur Krause aus Berlin, eine »Geburtshütte« der Tlingit aus Schnee. Sie entdeckten darin eine Mutter mit ihrem Neugeborenen. Offensichtlich pflegten die Mütter mit ihren Säuglingen an die fünf Tage in solchen primitiven, aus Schnee oder Zweigen gefertigten Unterkünften zu verbringen.[4] Bei den Tlingit, wie auch sonst in ganz Nordamerika, herrschte tatsächlich die Auffassung, eine Frau im Wochenbett sei unrein und müsse von den Wohnungen der Menschen ferngehalten werden. Ein Aufenthalt in so einer eiskalten Hütte im winterlichen Alaska muß eine Qual für die Frauen gewesen sein, dürfte aber auch zur Abhärtung beigetragen haben.

Das Neugeborene wurde dann von Hebammen in Obhut genommen, die es in kaltem Schneewasser wuschen und in eine Wiege aus Moos betteten. Man ließ das Kind nicht trinken, bevor es nicht dazu gebracht worden war, sich zu erbrechen. Man stellte sich nämlich vor, dadurch werde es alle innere Unreinheit los, die in Zukunft Krankheiten hervorrufen könnte. Mit anderen Worten: Man glaubte, ein Kind werde vielleicht schon mit »Krankheitsstoffen« geboren – eine Auffassung, die mit dem auch heute noch lebendigen Reinkarnationsglauben zusammenhängen dürfte. Es wird berichtet, ein gerade heiratsfähig gewordenes Mädchen habe nach dem Tod eines Verwandten, den es sehr liebte, gefastet und darum gebetet, der Tote möge durch ihren Leib wiedergeboren werden. Wenn sich, dem Glauben der Tlingit entsprechend, herausstellte, daß sich in einem Kind ein Verstorbener wiederverkörperte, so konnte sich in ihm ja noch der Stoff befinden, der den Betreffenden hatte sterben lassen. Und dagegen mußte etwas unternommen werden.

Voraussetzung für diesen Glauben war die Vorstellung, daß die Krankheit eines Menschen nach dem Tod an ihm haften blieb. Deshalb wurde jeder Leiche, die man aus einer Öffnung in der Rückwand des Hauses, wo sich der Tod ereignet hatte, fortzuschaffen pflegte, ein lebender Hund nachgeschickt, eine Art Sündenbock, der noch die allerletzten Reste der tödlichen Krankheit auf sich nahm. Aber natürlich konnte sich niemand völlig gewiß sein, daß der Todesstoff damit vollständig vernichtet war. Um hier ganz sicherzugehen, veranlaßte man die in der Gestalt des Neugeborenen reinkarnierte Person, alle Unreinheit, die noch zurückgeblieben sein mochte, zu erbrechen.

Man traf alle nur erdenklichen Maßnahmen, um sicherzustellen, daß das Kind kräftig und stark wurde. Seine ersten Atemzüge wurden in einem Beutel aufgefangen, der auf einen vielbegangenen Weg gelegt wurde, so daß möglichst viele Leute drauftreten mußten. Dadurch wollte man erreichen, daß das Kind nicht so viel schrie, wenn es älter wurde. Die Nase des Kindes malte man rot an, um ihm Kraft zu verleihen, und wenn es ein Junge war, legte man seine Nabelschnur unter ein Adlernest. Das würde ihn zu einem tapferen Mann machen.

Sobald das Kind laufen konnte, wurde es täglich im Meer gebadet, ohne Rücksicht auf die Jahreszeit. Ethnologen sehen hierin die Ursache, weshalb so wenige Kinder über die ersten Lebensjahre hinauskamen. Andererseits erklärt das auch, warum die wenigen Überlebenden dermaßen abgehärtet waren. Es ist bekannt, daß die Tlingit auch im kältesten Winter täglich im Meer baden. Weigerte sich ein kleiner Junge, im kalten Wasser unterzutauchen, wurde er von seinem Onkel mit einem Rohrstock geschlagen. Die Prügel waren aber, so erfahren wir, in Wirklichkeit keine Strafe, sondern nur ein Mittel, den Körper abzuhärten.

Dieselbe Übung wurde von den Erwachsenen praktiziert. Die Gebrüder Krause beobachteten, wie sich Männer am Strand mit nacktem Oberkörper gegenseitig mit Holunderzweigen auspeitschten. Sie schreiben weiter, man tue das, »um stark und hart zu werden«.[5] Ein anderer Beobachter, Veniaminoff, berichtet, diese Morgenübung werde abends in der Hütte wiederholt. Derselbe Autor erwähnt, junge Männer schnitten sich mit scharfen Steinen ins Fleisch von Brust und Händen, bis das Blut floß, liefen dann ins Meer hinaus und blieben im Wasser, bis sie fast gefühllos waren.[6]

Man muß aber unbedingt hervorheben, daß die anscheinend so harte Behandlung der kleinen Jungen nur zu ihrem Besten gedacht war. Aurel Krause schreibt, man umgebe »die kleinen Kinder mit rührender, geradezu zärtlicher Fürsorge. Niemals sahen wir, daß man sie schlug, und nur selten wurden sie mit barschen Worten zurechtgewiesen«.[7] Krauses Beobachtung bestätigt, was wir auch von anderen Stämmen der amerikanischen Natives wissen. Ganz sicher führte aber diese Freundlichkeit der Eltern nicht zu Disziplinlosigkeit und Ungehorsam der Jüngeren den Älteren gegenüber, insbesondere den Eltern und dem Onkel mütterlicherseits, dessen Erbe sie in dieser matrilinealen Gesellschaft einmal antreten würden. Welche Absicht aber steckte hinter der Abhärtung der Kinder und Jugendlichen? Sollten sie lernen, ihre Affekte in der Öffentlichkeit zu zügeln, wie wir das in so vielen Gemeinschaften amerikanischer Natives beobachten? Tatsächlich belegen unsere Quellen einen solchen emotionalen Gleichmut in bestimmten Situationen aufs deutlichste. Der wirkliche Grund für diese Abhärtungsprozeduren aber war doch ein anderer. Wir finden ihn bei den Tlingit, aber auch bei den Irokesen, den Sioux und vielen anderen Stämmen.

Man war nämlich davon überzeut, daß ein Tlingit, der ein gutes Leben führen wollte – ein Leben im Einklang mit der Tradition, ein Leben, das der Existenz Sinn gab –, von Jugend an auf den Krieg vorbereitet werden mußte. Auf den kriegerischen Geist der Tlingit wird in unseren Quellen immer wieder angespielt, und auch die großen Kriegskanus und Waffen (vom nordostsibirischen und japanischen Typ), die heute noch in Museen zu besichtigen sind, bestätigen diese Mentalität. Diese Vorliebe der Tlingit für den Krieg könnte mit ihrer sozialen Struktur zusammenhängen. Es sieht ganz danach aus, als ob die Gegensätze zwischen Häuptlingen, Adligen, »Gemeinen« und Sklaven zu inneren Spannungen und Aggressionen geführt hätten, die dann teils durch rituell geregelten Wettbewerb, etwa den Potlatch, wieder abgebaut, teils aber auch durch heimlichen Mord und sogar offenen Krieg abreagiert werden mußten. Im Krieg »schrecken sie vor Grausamkeiten nicht zurück«, behauptet Holmberg.[8] In einem solchen kulturellen und sozialen Milieu mußte die Abhärtung des einzelnen ein Hauptprinzip der Erziehung sein. Zum Nahrungserwerb brauchte man solche Eigenschaften nicht: Es standen reichlich Nahrungsquellen zur Verfügung, und außerdem konnten die auf dem Kriegspfad gemachten Sklaven bei der Nahrungsbeschaffung eingesetzt werden.

In diesem Zusammenhang fällt auch ein Licht auf die Bedeutung der Gesundheit. Eduard Blaschke, ein Arzt, der zwischen 1830 und 1840 in Sitka arbeitete, schreibt, wegen ihres Lebens im Freien und ihrer täglichen Bäder im Meer, selbst im Winter, seien die Tlingit sehr abgehärtet und kaum anfällig für Krankheiten. Wer als Baby die eisigen Winterbäder überstanden hatte, mußte eine eiserne Gesundheit besitzen und erreichte oft ein hohes Alter. Dennoch klagte Dr. Blaschke über die Alkoholabhängigkeit der Tlingit. Die Weißen hatten den Alkohol eingeführt, was hier wie überall bei den amerikanischen Natives katastrophale Folgen hatte. Nimmt man die Epidemien hinzu, die ab 1780 immer verheerender wüteten, so wird verständlich, warum nach diesem Zeitpunkt die Tlingit allgemein unter dem Fluch von Krankheiten und schwacher Gesundheit zu leiden hatten, trotz ihrer Bemühungen, gesundheitsfördernde Bedingungen zu schaffen.[9]

Vielleicht sollten wir hier aber doch noch bemerken, daß die Mittel zur Gesundheitsvorsorge kaum dem modernen Standard entsprachen. Wenn man Babys in eiskaltes Wasser taucht, können Krankheiten und manchmal auch der Tod unmöglich ausbleiben. Nur sehr allmählich wurde Urin als Waschmittel (ähnlich machten es die Eskimos) durch Seife ersetzt. Aurel Krause bemerkt, daß die Tlingit ihrer persönlichen Körperhygiene nur wenig Aufmerksamkeit schenkten. Doch erwähnt er die für sie charakteristischen Dampfbäder. Man baute Schwitzhütten aus Stangen, über die Wolldecken gehängt wurden. Wie überall in Nordamerika wurde der Dampf dadurch erzeugt, daß man Wasser über heiße Steine in der Hütte goß. Nach dem Dampfbad stürzte sich der Tlingit ins kalte Meer.[10]

Einmal abgesehen von den gewagten Badegepflogenheiten bei den Kleinkindern bewiesen die Tlingit große Liebe für ihren Nachwuchs. Die Kleinen wurden bis ins vierte Lebensjahr mit Muttermilch ernährt. Zur Zeit der Pubertät wurde das Mädchen in eine kleine, dunkle Hütte aus Zweigen gesperrt und mußte dort einige Monate verbringen, bis jedermann davon überzeugt war, daß es seine Unreinheit losgeworden war. Es trug dabei einen Hut mit herabhängender Krempe, damit seine Augen nicht den Himmel trafen und ihn ebenfalls unrein machten. Sein Gesicht wurde mit Ruß und Holzkohle bestrichen. Solange das Mädchen unrein war, konnte sein Blick das Glück eines Jägers, Fischers oder Spielers zerstören und Gegenstände in Stein verwandeln.

Tabus dieser Art waren in Nordamerika weit verbreitet und sind es manchenorts heute noch. Besonders tief war dieser Brauch bei den Athapasken Alaskas und Westkanadas, sowie ihren Nachkommen im Südwesten, den Apachen, verwurzelt. Möglicherweise sind die Tlingit, wie oben erwähnt, mit den Athapasken verwandt, und es ist eine Überlegung wert, ob sie vielleicht deshalb so streng über die Einhaltung der Pubertätsriten der Mädchen wachten. Entsprechende Riten für Jungen gab es nicht. Der Weg der Visionen war nur für jene bestimmt, die Schamanen werden wollten. Daß man so großen Wert auf die Zeremonien für Mädchen legte, könnte auch mit dem hohen sozialen Status der Frau zusammenhängen. Bei den Tlingit besaßen die Frauen nämlich großen Einfluß, außer natürlich, es handelte sich um Sklavinnen. Sklaven hatten überhaupt keine Rechte, sie konnten getötet werden, wann es ihrem Eigentümer paßte.

Viele Tlingit der alten Zeiten erreichten ein hohes Alter. Manche von ihnen, Häuptlinge und Edle, erfreuten sich großen Ansehens, hatten zahlreiche Titel in Form besonderer Namen, besaßen Ländereien und Privilegien, vor allem beim Vollzug von Zeremonien und mythischen Ritualen. Beim Tod wurden die Leichen meist verbrannt, außer die der Schamanen, die in kleinen Leichenhäusern aufbewahrt wurden, und die Sklaven, die man einfach ins Wasser warf. Wir haben schon erwähnt, daß man allgemein an die Reinkarnation glaubte. Auf jeden Fall wurde ein Name des Neugeborenen immer von einem toten Vorfahren übernommen. In Ergänzung zu diesem Reinkarnationsglauben war man vom Fortleben des Verstorbenen in einem Reich des Übernatürlichen überzeugt. Die meisten Toten begaben sich in ein Land der Seligen hoch droben im Himmel, manchmal als das Reich der Sonne, des Mondes und der Sterne bezeichnet. Irgendwo in noch größerer Höhe befand sich ein »Aufstieg« genannter Ort, an den Personen, die eines gewaltsamen Todes gestorben waren, gelangten. Ertrunkene hielten sich in der Unterwelt auf, im Land der »Landottern«.

Eine solche Differenzierung der letzten Bestimmungsorte der Verstorbenen je nach Todesart ist bei den amerikanischen Natives sehr gebräuchlich. Es gibt keine »Sühnetheorie«. Wir erfahren nur von Ermordeten, die sich an ihrem Mörder nicht gerächt hatten, weshalb sie nicht zum Ort des Aufstiegs gelangen konnten. Sie wurden willenlos von den Wolken mit fortgezogen, weil sie ihre Pflicht nicht erfüllt hatten.

Die guten und bösen Taten eines Menschen werden also nach der Eschatologie der Tlingit nicht gerichtet, jedenfalls nicht in tieferem Sinne. Auf die Frage, welches Los Menschen, die soziale Normen verletzt haben, nach dem Tod erleiden, geben unsere Quellen keine Antwort. In anderen nordamerikanischen Kulturen ist es das Schicksal solcher Menschen, daß sie im nächsten Leben aus der Gemeinschaft der Stammesbrüder ausgeschlossen bleiben. So dachten wahrscheinlich auch die Tlingit.

Aber Vergehen gegen die Gemeinschaft wurden auch schon in diesem Leben, und zwar auf ganz andere Weise, bestraft. Ein Dieb mußte zurückgeben, was er gestohlen hatte, oder den Wert des Gestohlenen ersetzen. Mord wurde durch Mord gesühnt. Eheliche Untreue, die charakteristischerweise nur bei Frauen als Vergehen galt, hatte keine anderen Folgen, als daß die Ehe geschieden wurde und der Mann die Geschenke zurückforderte, die er dem Schwiegervater gemacht hatte. Aber im großen und ganzen zeichneten sich die Frauen der Tlingit durch Bescheidenheit und Treue aus. Das änderte sich erst, als sie von Goldsuchern und Abenteurern aus Europa umworben wurden.

In einer Status- und Klassengesellschaft wie der der Tlingit sind natürlich keine demokratischen Gesinnungen zu erwarten. Wenn die Einwohner eines Dorfes trotzdem durch ein starkes Band der Solidarität zusammengehalten wurden, so stand ein enormer sozialer Druck dahinter. Krause betont, daß sich bei den Tlingit sogar in die Beziehungen zu Freunden und engen Verwandten immer eine große Portion Ichbezogenheit mischte. »Für jeden geleisteten Dienst, für jede kleine Gabe erwartet man einen Ausgleich.« Das ist der psychologische Hintergrund des Wettbewerbs beim Potlatchfest. Krause berichtet, wie eines Morgens ein Schamane von Haus zu Haus ging und die Angehörigen des Bärenclans bat, ihm beim Bau eines neuen Hauses zu helfen. Das Ergebnis war, daß ihm alle angesprochenen Männer halfen, daß sie aber, als das Haus fertig war, vom Schamanen zu einem Fest eingeladen wurden und Geschenke bekamen.[11]

Die soziale Schichtung und die sich daraus ergebenden gegenseitigen Verpflichtungen regelten das Zusammenleben. Der Wert eines Lebens war nur relativ, Sklaven galten nicht viel. Freilich gab es immer auch Sklavenbesitzer, die gut für ihre Sklaven sorgten und sie gelegentlich auch freiließen. Wir müssen diese von der unseren verschiedene Auffassung vom Wert des Lebens im Auge behalten, wenn wir uns jetzt der medizinischen Theorie und Praxis der Tlingit zuwenden.

Das Wesen der Krankheit

Unsere Quellen geben uns keine direkten Auskünfte darüber, welche Ansichten die alten Tlingit über die Natur der Krankheit an sich hatten. Doch können wir aus dem vorhandenen Material Rückschlüsse auf ihre Vorstellungen über die Krankheitsursachen ziehen. Es sind natürliche und übernatürliche Ursachen. Eine Möglichkeit, sich diesen Dingen zu nähern, ist, die Funktion der Medizin in der Tlingitgemeinschaft zu untersuchen.

Wie andere Stämme amerikanischer Natives besaßen die Tlingit Arzneien, die auch dem Anspruch einer modernen Erfahrungsmedizin hätten standhalten können. Z. B. benutzten sie gegen Husten einen warmen Aufguß von süßem Kerbelkraut (*Osmorhyza brevistyla*). Einer Rippenfellentzündung rückte man mit einem Wermutabsud (*Artemisia vulgaris*) zuleibe, den der Patient im Schwitzbad zu sich nahm. Bauchschmerzen wurden mit einem Wurzelextrakt des Spitzkiels (*Oxytropis*) behandelt. Hautkrankheiten heilte man, indem man den Betreffenden mit einem Aufguß des amerikanischen Lorbeers (*Kalmia glauca*) abwusch. Verletzungen wurden mit verschiedenen Kräutern, unter anderem Ginseng (*Panax horridum*) behandelt. Und so ging es weiter. Solche Arzneien konnten natürlich sowohl von Medizinmännern als auch von Laien, die das Rezept kannten, angewendet werden.[12]

Das schließt jedoch nicht aus, daß man glaubte, natürliche Krankheiten könnten von übernatürlichen Mächten verursacht sein. Wir wissen außerdem, daß man bestimmten Naturheilmitteln eher übernatürliche als natürliche Kräfte zuschrieb, etwa vielen Kräutern, die gegen Erkältungen oder als Schmerzmittel eingesetzt wurden. Das gilt auch noch heute. Z. B. wird die sogenannte

»Duftmedizin«, eine Pflanze, die auf hohen Bergen gedeiht und stark riecht, »bei allen möglichen Krankheiten auf dem Körper verrieben, oder man pustet ihre Blätter auf die Fallen des Jägers, um diese besonders wirksam zu machen«.[13] Die Wirkung dieser »Medizin« hängt sicher nicht von ihren therapeutischen Qualitäten, sondern von ihrer übernatürlichen Kraft ab. Ein anderes Beispiel: Es gibt eine »Medizin, die unterwürfig macht«. Der Besitzer benützt sie, um sich Tiere und Menschen zu unterwerfen. »Um diese Medizin zu aktivieren, spuckt der Besitzer Teile davon vor sich auf den Boden, während er unterwegs ist«, schreibt der Anthropologe John Swanton.[14] Es ist klar, daß manche Medizinen überhaupt magische Mittel sind, nicht nur Arzneien im engeren Sinn.

Wir dürfen z. B. annehmen, daß die in der Umgebung Sitkas lebenden Natives erkannt hatten, wie heilsam das Baden in den heißen Schwefel-, Salz- und Magnesiumquellen, die in der Nähe sprudelten, war. Aber wir wissen nicht, ob man die günstige Wirkung dieser Bäder auf die Qualität des Wassers oder einen Eingriff geistiger Mächte zurückführte. Wahrscheinlicher ist die zweite Alternative. Auch an die Schwitzbäder ließe sich hier denken, die hygienische und gesundheitsfördernde Funktionen hatten (wenn man es nicht zu oft machte), durch die sich aber auch übernatürliche Mächte kundtaten.

Wirklich gefährliche Krankheiten aber entstanden nach Überzeugung der Tlingit durch Zauberei. Das uns zur Verfügung stehende Material zeigt, daß Zauberei etwas ganz anderes war, als daß irgendwelche Geister Krankheiten auslösten. Zauberei war über ganz Nordamerika verbreitet, und die amerikanischen Natives führten zahlreiche Krankheiten auf die Machenschaften von Zauberern und Hexern zurück. So glaubten die Tlingit, daß praktisch alle schweren Krankheiten durch Zauberei bedingt seien. Daher war es die wichtigste Aufgabe des Schamanen, den jeweiligen Hexer zu entlarven.

Die Hexer besaßen einen inneren Trieb, anderen zu schaden.[15] Die Tlingit sagen, die Zauberer hätten ihre ruchlose Kunst von dem zwielichtigen Halbgott Rabe gelernt, als dieser noch auf Erden weilte. Der Hexer versucht, einen Gegenstand in seine Gewalt zu bringen, der der Person, die er schädigen will, gehört, etwa ein Büschel Haare, abgeschnittene Fingernägel oder ein paar Tropfen Speichel. Hierauf begibt er sich auf einen Friedhof, legt diesen Gegenstand in ein Grab mit einer Leiche oder der Asche eines Verstorbenen und verflucht ihn. Nach einiger Zeit wird dann die Person, auf die er es abgesehen hat, krank, und zwar gerade an dem Körperteil, von dem der geraubte Gegenstand stammt. Es ist auch möglich, daß der Hexer eine Figur vom Körper seines Opfers anfertigt und diese so behandelt, wie er es seinem Opfer wünscht. Z. B. macht er sie dünn wie ein Skelett oder verkrüppelt ihr die Hände. Kommt der Betreffende zur Überzeugung, er sei verhext, so wendet er sich an den Schamanen. Vielleicht gibt der unerträgliche Schmerz oder eine Trübung des Bewußtseins den Ausschlag für eine solche Überzeugung – wir wissen es nicht genau.

In vielen Teilen Nordamerikas sind Hexer nichts anderes als Schamanen oder Medizinmänner und -frauen, die ihre Kräfte zur Befriedigung ihrer eigenen Ichsucht mißbrauchen. Bei den Tlingit war der Schamane eine sehr gefürchtete Person, da er eine potentielle Gefahr darstellte und jederzeit zum Hexer werden konnte. Holmberg erwähnt, ein machtbesessener Schamane könne die ihm dienstbaren Geister in Menschen hineinzaubern, die ihm und seiner Kunst mißtrauen. Das ist ein Akt, der einer Behexung gleichkommt.[16] Wir haben auch den Bericht über einen Schamanen aus Sitka, dessen Avancen von einem Mädchen zurückgewiesen wurden. Er rächte sich und klagte es an, den Häuptling krank gemacht zu haben. Das Mädchen wurde glücklicherweise von den Russen gerettet, und der Schamane mußte sein Dorf für einige Zeit verlassen, als die Wahrheit ans Licht kam.

Zauberei war eine höchst gefährliche Angelegenheit und wurde mindestens noch bis zur Mitte des 19. Jahrhunderts mit dem Tode bestraft. Es kam vor, daß die eigenen Verwandten einen Hexer töteten, wenn der Schamane ihn als solchen erkannt hatte. Typisch für diese Kultur ist andererseits, daß Hexer von hohem Rang aufgrund ihrer Position nicht verfolgt wurden. Man forderte sie nur insgeheim auf, die von ihnen behexte Person wieder zu heilen. Wir erfahren nicht, wie sie das taten, falls sie sich überhaupt dazu bereit erklärten.

Der Schamane der Tlingit und seine Heilverfahren

Nach den Angaben unserer zuverlässigsten Expertin für das Leben der Tlingit, Frederica de Laguna, war ihr Schamane »der Mittler zwischen Mensch und Natur. Er heilt die Kranken, regelt das Wetter, ruft Kriegs- und Jagdglück herbei, beschafft Nachrichten über weit entfernte Abwesende, macht Leute ausfindig, die verlorengegangen und von den ›Landottermenschen‹ gefangengenommen worden sind, und bringt sie zu ihren Familien zurück, deckt die üblen Machenschaften von Hexern auf und macht diese unschädlich. Schließlich demonstriert er auch öffentlich seine Kräfte und zieht höchste Ehrfurcht und Bewunderung auf sich. Er ist die mächtigste Persönlichkeit seiner Familie, manchmal der ganzen Sippe.«[17]

Auch Frauen konnten Schamanen werden, besonders

nach der Menopause, doch kennen wir auch Beispiele sehr junger weiblicher Schamanen. Aber es gab nicht sehr viele, und man schrieb ihnen weniger Kräfte zu als ihren männlichen Kollegen.

Heute gehört der Beruf des Schamanen im allgemeinen der Vergangenheit an (allerdings habe ich von Männern gehört, die auch noch in den letzten Jahren versuchten, Schamanen zu werden). Die großen Schamanen jedenfalls sind um die Jahrhundertwende ausgestorben.

Der Schamane der Tlingit besaß einen hohen Rang. Er wurde geachtet, ja gefürchtet, wie wir gesehen haben. Sein bloßer Anblick schon ließ das Blut in den Adern gefrieren. Aurel Krause schreibt, man erkenne »den Schamanen, der hier *Ichta* heißt, an seinem wilden, schmutzigen Äußeren und seinen Haaren, die in zottigen Strähnen herabhängen oder in einen Knoten hinten am Kopf zusammengebunden sind und niemals mit einer Schere und einem Kamm in Berührung kommen«.[18] Aus anderen Schilderungen wissen wir, daß die Haare des Schamanen ihm bis zu den Füßen hinabreichten. Sie hingen ihm wirr um den Körper, und es hieß, sie gerieten in schwingende Bewegung, wenn sich die Geister näherten. Man glaubte, in ihnen stecke das Leben des Schamanen, weshalb sie nicht geschnitten werden durften. Das hätte seinen Tod bedeutet. Er trug Kleider aus gegerbtem Leder oder Flechtwerk und Halsketten aus Tierknochen, etwa des braunen Bären, die seine Schutzgeister verkörperten. Auch hing ihm ein kleiner Schleifstein am Hals, mit dem er sich am Kopf zu kratzen pflegte.[19] Vervollständigt man das Bild durch die Rasseln, Trommeln und Masken, so läßt sich denken, daß selbst in der rauhen Umgebung der Tlingit der Schamane einen furchterregenden Eindruck machte.

Ein Schamane erbte seinen Beruf von seinem Onkel

mütterlicherseits (bei den Tlingit zählte die Herkunft mütterlicherseits), zuweilen auch vom Vater. Aber nicht jeden jungen Mann, der erbberechtigt war, erwählten sich die Geister auch zum Schamanen. Es gibt den Bericht über einen Schamanen mit zwei Söhnen. Der eine wollte unbedingt Schamane werden, bekam aber niemals einen Geist auch nur zu Gesicht, während der andere von den Geistern geradezu verfolgt wurde, obwohl er keine Lust hatte, ihrem Ruf zu gehorchen. Endlich gab er doch nach und gehörte bald zu den großen Schamanen, für die die Yakutatbucht berühmt war.

Zwar war also das Schamanenamt erblich, doch übernahm der Schamane seine Vorfahren nicht automatisch als Schutzgeister. Auch ist nicht sicher, ob die Schutzgeister, die ihn beriefen, mit den Hilfsgeistern seiner Séancen identisch waren. Möglich ist das durchaus. Mit Hilfe dieser Geister machte der Schamane seine Erfahrungen in der unsichtbaren Welt, die für alle anderen ein Geheimnis blieb. Diese Erlebnisse ermöglichten ihm seine Wundertaten, einschließlich der Krankenheilungen. Ein Schamane mußte Macht über mehrere Geister besitzen. Er mußte in der Lage sein, sie bei Bedarf zu »materialisieren« und zu kontrollieren. Anders als die Schamanen anderer Stämme, etwa der Haida und Tsimshian, verfügte der Schamane der Tlingit also über eine ganze Reihe von Geistern. Manchmal waren es sieben oder acht Hauptgeister und eine Anzahl geringerer Helfer. Wir kennen drei Klassen von Geistern: die Geister des Himmels, die sich im Nordlicht zeigen, die Geister der Erde, welche im Norden leben, und die Geister des Meeres. Die beiden letzteren treten als Land- beziehungsweise Seetiere in Erscheinung, die Geister des Himmels sind im Krieg gefallene Helden, und die Erdgeister sind die Seelen der Menschen, die eines natürlichen Todes gestorben sind. Das scheint freilich im Widerspruch zu der Aussage zu stehen, es gebe auch besondere Tiergeister. Auch heißt es, bestimmte Tiergeister bevorzugten bestimmte Schamanen. Wenn z. B. ein Tiergeist das Totemtier einer Sippe ist, erscheint er vor allem den Schamanen dieser Sippe.[20] Die Tiergeister – oder besser: die übernatürlichen Wesen in Tiergestalt – sind die Herren der Tiere.

Beim Tod eines Schamanen suchten sich seine Schutzgeister einen Nachfolger in der engeren Verwandtschaft. Vor allem seine Neffen, die in die Nähe des Grabes gerieten, liefen Gefahr, von den Geistern besucht zu werden. Die Geister manifestierten sich in Form von Krankheiten, die erst verschwanden, wenn die auserwählte Person einwilligte, der neue Schamane zu werden. Sehr oft litt der so Erkrankte unter Schwindelanfällen, verlor das Bewußtsein, oder es trat ihm Schaum vor den Mund. Es war absolut sinnlos, sich gegen die Wahl der Geister zu sträuben. Wir haben den Bericht über einen jungen Mann, der von den Geistern berufen wurde, woraufhin er zu Boden stürzte. Weißer Schaum stand ihm vor dem Mund. Er weigerte sich entschieden, den Geistern zu gehorchen, und schien sich auch wieder zu erholen. Doch ein Jahr später fiel er der Tuberkulose zum Opfer.[21]

Manchmal erschienen die Schutzgeister eines verstorbenen Schamanen einem seiner Verwandten ganz unerwartet im Traum. Dieser durfte sich dann äußern, welche besonderen Fähigkeiten er sich wünschte, z. B. die Kraft, Wunden zu heilen. Andere Menschen suchten bewußt und absichtlich nach schamanischen Kräften draußen in den Wäldern. Wie jene, die von den Geistern schon auserwählt waren, lebten sie eine Zeitlang einsam in der Wildnis, litten Hunger und Durst und reinigten sich durch Askese. Sehr wichtig war hier, daß sich der Anwärter sein Haar, den Sitz der Lebenskraft, nicht kämmte. Der Kandidat blieb mindestens eine Woche lang und oft bis zu einem Monat in den Wäldern. Das hing von der Zeit ab, die die Geister brauchten, um ihm erscheinen zu können. Dabei lebte er ausschließlich von Wurzeln. Wenn es soweit war, sandte der Häuptling der Geister einen Landotter aus, in dessen Zunge, wie man wußte, alle Geheimnisse des Schamanismus verborgen waren. Wenn sich der junge Mann und das Tier begegneten, sagte der Mann viermal »oh!« und tötete das Tier. Dabei fiel der Otter auf den Rücken, und im offenen Rachen wurde die Zunge sichtbar. Der Kandidat schnitt sie heraus und versteckte sie so gut, daß niemand sie finden konnte. (Er hätte den Verstand verloren, wenn sie jemand entdeckt hätte.) Die Zunge war von nun an sein Talisman, seine »Medizin«. Je mehr solcher Zungen von verschiedenen Tierarten ein Schamane besaß (in der Regel waren es acht), desto größer war seine Macht. Wenn er die Zungen nicht tief im Wald versteckt hielt, bewahrte er sie sorgfältig zusammen mit Adlerklauen und anderen Gegenständen in seinem sogenannten Medizinbeutel auf.

Wir wissen nicht, welche Erlebnisse der Kandidat bei seinem ersten Treffen mit den Geistern hatte. Alles, was wir sagen können, ist, daß er vier Gesänge von seinem Hauptgeist lernte. Kehrte dann der Novize aus den Wäldern nach Hause zurück, so sang er diese Lieder seinen Verwandten vor, die sie ebenfalls auswendig lernten. Wenn später ein Geist dem Schamanen in einer Vision seinen Besuch ankündigte und der Schamane ihn in einem Kanu heranpaddeln sah, legte er seine Festkleidung an, um ihn würdig zu empfangen: Er setzte einen breiten, hohen Hut auf, schlang eine Tanzdecke um seinen Körper, zog Gamaschenhosen an und warf sich noch eine Chilcat-Decke um. Auch bemalte er das Gesicht mit roten Streifen.

Gelang es einem Schamanenanwärter nicht, die Geister in der Einsamkeit herbeizurufen, begab er sich ans Grab eines verstorbenen Schamanen und verbrachte die Nacht dort bei dem Toten. Gegebenenfalls nahm er auch noch einen Zahn oder Fingerknochen des Toten in den Mund. Das erleichterte es ihm, die Geister zu beschwören und durch sie den geheimnisvollen Landotter in seine Gewalt zu bringen. (Die Landotter gelten als über gefährliche Kräfte verfügende Menschen, die sich in Tiere verwandelt haben.) Dieses Beisammensein mit den Toten erinnert an die Hexer, die sich ja auch, wie es heißt, früh im Morgengrauen im Friedhof bei den Toten ein Stelldichein geben. Für die Tlingit besitzen die Toten die Weisheit der anderen Welt, der sich die Ärzte und die Zauberer gleichermaßen zu bedienen suchen.

Der Schamane mußte so viele Geister erwerben wie nur möglich, da seine Macht von der Zahl der ihm dienstbaren Geister abhing. Jeder Geist verschaffte dem Schamanen andere Fähigkeiten. Hatte er aber einmal eine Schar von Schutzgeistern zusammengebracht, mußte er sie sehr vorsichtig behandeln. Denn sie konnten ihn ohne weiteres töten. Jeder Geist nennt ihm seinen Namen und übergibt ihm seine besondere Melodie, und der Schamane übernimmt vielleicht seinen eigenen Namen von seinem Hauptschutzgeist – was auf eine geheimnisvolle Identität mit diesem Geist hinweist. Der neue Schamane lernt, wie man die Geister mit Trommel und Rassel herbeizitiert. Bis er diese Kunst beherrscht, muß er zwischen drei und zwölf Monaten üben. Die Geister erscheinen, sobald der Schamane in Trance fällt. Er erkennt einen nach dem anderen und setzt jeweils die Holzmaske des Geistes auf, der sich gerade nähert. Vorher weiß er nicht schon, welche Geister kommen und in welcher Reihenfolge. Masken und Schmuck wählt er nach dem Aussehen der Geister. Legt er die einem bestimmten Geist entsprechende Maske an, so gleicht er ihm nicht nur äußerlich, sondern erhält auch Inspirationen von ihm oder wird von ihm sogar in Besitz genommen und spricht, tanzt und handelt, als ob er der Geist selbst wäre.[22]

Manchmal erscheinen dem Schamanen auch seine Ahnengeister. Bei solchen Gelegenheiten gewinnt er derartige Macht, daß er diese Geister in Personen seiner Umgebung zaubern kann, die nicht an seine Taten glauben. Diese Menschen verlieren das Bewußtsein und werden von entsetzlichen Krämpfen geschüttelt.

Zur Initiation eines neuen Schamanen versammelten sich die Leute im Haus des verstorbenen Schamanen und tanzten beim Dröhnen der Trommel ihre Zeremonientänze, beschienen vom flackernden Feuer, das in der Mitte des Raumes brannte. Die Gebrüder Krause, die einem solchen Zeremonienabend im Jahre 1882 beiwohnten, berichten, daß an einem Gerüst hinter dem Leiter der Zeremonie »alle Insignien der Schamanen aufgehängt waren, eine Unmenge von Zähnen, Schnabelspitzen und alle möglichen Rasseln, die sie um den Hals trugen, ferner ihr Hermelinkopfschmuck, der über den Rücken herabfiel, die Tanzschurze aus Bergziegenwolle, verschiedene Masken und vieles andere«.[23] Die Krauses fügen hinzu, es seien auch zwei alte Schamanen zugegen gewesen, die man an ihrem langen, unordentlichen Haar und phantastischen Kopfschmuck erkannt habe. Und eine Kiste mit den Insignien des verstorbenen Schamanen wurde durch den Rauchabzug im Dach in den Raum hinabgelassen.

Unter unaufhörlichen Gesängen und dem Gedröhn der Trommel sprang plötzlich ein junger Mann, der bis dahin in der Menge verborgen gewesen war, durch die Flammen hindurch auf die hölzerne Trommel zu. Er fiel zu Boden und verlor unter konvulsivischen Zuckungen das Bewußtsein. Da warf man ihm eine Halskette des verstorbenen Schamanen über den Kopf, und er kam wieder zu Bewußtsein. Gleich darauf verschwand er in der Menge. Dieselben dramatischen Ereignisse wurden auch an den übrigen Tagen der Zeremonie wiederholt. Bei dem jungen Mann handelte es sich natürlich um den neuen Schamanen, der auf diese Weise initiiert wurde. Sein Verhalten war eindeutig ein Ritual, das den Vorgang von Tod und Wiedergeburt symbolisierte. Vielleicht kann man es auch als Rückkehr des alten Schamanen in den Körper seines Nachfolgers interpretieren.

Jetzt mußte der neue Schamane sein Haar lang wachsen lassen. Denn seine Kraft wohnte wie bei Simson in den Haaren, und es war riskant für ihn, sein Haar irgendwelchen Gefahren auszusetzen. Sonderbarerweise hören wir auch von Hexern, die versuchten, möglichst ihr Haar zu schützen. Bedeutet das, daß auch solche Hexer Schamanen waren, eben böse Schamanen?

Auf den neuen Schamanen kam eine Vielzahl von Pflichten zu. Die wichtigste war, die Rituale an den Tagen des Neumonds und Vollmonds im Winter zu zelebrieren. Seine Aufgabe war es ferner, das Dorf vor Krankheit und Unglück zu schützen. In mancher Hinsicht war er auch ein Magier und mußte gutes Wetter machen (durch Baden), Regen schaffen (durch Befeuchten seiner Haare) und Robben und Fische herbeilocken (indem er mit all seinen Insignien bis auf den Grund des Meeres hinabtauchte). Wir werden uns hier jedoch auf seine Heiltätigkeit konzentrieren, die die wichtigste seiner Funktionen darstellte und auch am häufigsten in Anspruch genommen wurde. Immer, wenn jemand ernstlich erkrankte, trat der Schamane als Seher und Heiler in Erscheinung.

Die Winterzeremonie, die an die Wintertänze der Salish-Stämme (siehe unten) erinnert, war mehr als nur ein Heilritual. Sie hatte den Zweck, im kommenden Jahr der ganzen Gemeinschaft Gesundheit und Glück zu bringen, war also eine Art Jahresfest des Stammes, ähnlich wie der Sonnentanz der Plains-Indianer. Hier jedoch interessieren uns vor allem die Aktivitäten des Schamanen als Seher und Heiler. Um diese Aufgaben wahrzunehmen, muß er in Trance fallen. Zu diesem Zweck versammeln sich bei Sonnenuntergang die Teilnehmer an der Zeremonie in einem besonderen Haus, das man zuvor gründlich geputzt hat. Männer und Frauen beginnen zu singen, eine Trommel wird geschlagen. Gekleidet in seine rituelle Tracht, umkreist nun der Schamane in Richtung des Sonnenlaufs das Feuer, wobei er unaufhörlich zum Rauchloch im Dach hinaufblickt. Wild fliegen die Haare, eine Tiermaske bedeckt das Gesicht. Einige der Sänger schwingen ihre Dolche und tun so, als verfolgten sie ihn. Bei manchen Varianten der Zeremonie wird er in einem Netz gefangen und die ganze Prozedur dreimal wiederholt. Jedesmal setzt er eine neue Maske auf, verkörpert also einen anderen Geist. Hierauf spricht er, hinter einem Vorhang versteckt, z. B. die Diagnose irgendeiner Krankheit aus. Die Stimme hämmert wie im Stakkato. Bei anderen Varianten steht er plötzlich still und schreit laut auf, zum Zeichen, daß der Geist in ihn gefahren ist. Totenstille breitet sich aus, und der Geist stellt die Diagnose.

In den soeben beschriebenen Fällen hat der Schamane nur diagnostische Aufgaben. Aufgrund seiner Besessenheit in Trance ist er (oder sein Geist) in der Lage, die Krankheitsursache zu nennen. Solche Besessenheit im echten psychologischen Sinne begegnet uns bei den indianischen Schamanen nicht häufig. Immerhin aber gibt es Beispiele von der Nordwestküste – vielleicht weil wir hier nicht weit vom asiatischen Schamanismus entfernt sind, wo Besessenheit immer wieder vorkommt. Daß der Schamane der Tlingit wirklich besessen war, steht außer Zweifel. Wir haben gesehen, daß er sich, nachdem er sich die Maske eines Geistes aufgesetzt hatte, auch wie der Geist selbst benahm. Eine Forscherin unserer Tage, Frederica de Laguna, schildert eindrucksvoll, wie der Schamane »der Reihe nach von mehreren Geistern besessen war, mit ihrer Stimme und ihren Worten redete und immer die Maske, Stirnmaske oder Gesichtsbemalung trug, die dem jeweiligen Geist entsprach«.[24] Gewiß, es könnte sich auch einfach um ein Rollenspiel gehandelt haben. Doch wenn wir bedenken, daß ähnliche Situationen bei den Haida auftreten, bei denen schamanische Besessenheit gut bezeugt ist, dürfte diese Möglichkeit ausscheiden.

Wir verfügen über Beschreibungen von Heilséancen, bei denen mit höchster Wahrscheinlichkeit Zustände schamanischer Besessenheit auftraten. Nach diesen Berichten arbeitete der Schamane mit seinen Assistenten – oft waren das seine Neffen – zusammen, von denen einer zu gegebener Zeit sein Nachfolger wurde. Wir erfahren weiter, daß einer der Helfer bei der Zeremonie über das leibliche Wohl seines Meisters wachte, während ein anderer die Schamanentrommel schlug, ein großes, mit Robbenfell bespanntes Tamburin von knapp einem Meter Durchmesser. Der Schamane selbst schüttelte die Rassel, die manchmal die Gestalt eines Vogels hatte und mit Zeichnungen verziert war, welche wahrscheinlich Schutzgeister darstellten. Die Assistenten des Schamanen also hantierten mit seinen Paraphernalien und sangen seine Gesänge. Der Hauptassistent war dafür verantwortlich, daß die richtige Melodie gewählt wurde. Denn jeder Geist des Schamanen hatte seine eigene Liedweise, und hätte man falsch gewählt, wäre der gerufene Geist ausgeblieben. Wenn sich der Geist näherte, klang das so, als ob es sich im Inneren des Schamanen abspielte. Der Schamane gab nämlich Töne von sich, daß man den Eindruck hatte, es wäre sein Tiergeist. »Sie behaupten, er spreche nicht selbst, sondern sein Geist rede. Doch klingt es höchst sonderbar. Niemand versteht diese Sprache. Man denkt, es ist ein Tier.« Der Assistent versuchte darauf, die Worte des Geistes zu übersetzen. Nachdem sich der Geist wieder entfernt hatte, erzählte der Schamane den Leuten, was er gesehen und gehört hatte.[25]

Im Zustand der Besessenheit gab der Schamane der Tlingit – beziehungsweise sein Geist – Auskunft über die eigentliche Ursache der Krankheit. Nach den uns vorliegenden Zeugnissen sieht es so aus, als seien vor allem Hexer und böse Geister für Erkrankungen verantwortlich gewesen.[26] Der Schamane konnte, wenn die Ursache festgestellt war, mit seiner Arbeit aufhören, konnte sich jetzt aber auch selbst mit der Heilung des Kranken befassen.

Handelte es sich bei dem Übeltäter um einen Zauberer, so sprach der Schamane laut und deutlich seinen Namen aus. Hierauf setzte er seinen Kopfschmuck auf, eine aus den Hörnern der Bergziege oder den Klauen des Bären verfertigte Krone. Eine solche Krone trug er vor allem dann, wenn er es mit durch Zauberei verursachten Krankheiten zu tun hatte. Im nächsten Schritt tat er so, als ob er einen Gegenstand, ähnlich einem Speer, aus dem kranken Körperteil des Patienten zöge, wobei er mit den Lippen ein schmatzendes Geräusch machte. Manchmal war der Schuldige ein anderer Schamane, der einen Geist in den speerähnlichen Gegenstand hineingezaubert hatte. Sobald nun der Schamanenheiler den »Speer« herausgezogen hatte, warf er ihn in ein Gefäß mit Wasser und blies ein paar Adlerdaunen darüber. Befand sich der Zauberer unter den Umstehenden, wurde er gezwungen, ein Geständnis abzulegen. Andernfalls wurde zur Hexenjagd aufgerufen. Die ganze Gemeinschaft beteiligte sich daran. War der Hexer gefangen und hatte seine Schuld bekannt, schnitt man ihm das Haar ab, in dem seine Macht saß, folterte ihn, wie einige Quellen berichten, und verurteilte den armen Sünder zum Tode. Anderen Berichten zufolge ließ man den Missetäter jedoch nach einem Schuldbekenntnis laufen.[27] Insgesamt aber ist klar, daß das Geständnis den Zauber brach, wodurch Heilung der Krankheit eintrat. Stimmt diese Interpretation, so war der »Speer« nur ein Symptom der Krankheit, nicht ihre wahre Ursache.

Wenn sich aber herausstellte, daß irgendwelche Geister an der Krankheit schuld waren, mußte man zu anderen Mitteln greifen. Aurel Krause erzählt von einer Séance, bei der der Patient, ein fünfjähriger Junge, auf einer Matte am Feuer saß, neben ihm ein Schamane, dessen graue Haare ihm bis auf die Knie herabfielen. Der Schamane trug eine Krone aus Holzstöcken, die man so gebogen hatte, daß sie den Hörnern der Bergziege glichen. Im übrigen war er nackt bis zu den Hüften. Er bewegte den Oberkörper in gewaltigen konvulsivischen Zuckungen und schwitzte entsetzlich. Dabei sang er laut, sich ab und zu durch wildes Stöhnen unterbrechend, und schwang eine hölzerne Rassel in Form eines Schädels. (Es hat den Anschein, daß die Rasseln in Tierform die Hilfsgeister des Schamanen darstellten.) Plötzlich packte er die Hände des Jungen, legte sie sich auf die Hüften und dann auf den Bauch und sprach laut den Namen verschiedener

Tiere aus – vielleicht waren das die Krankheitserzeuger. Hierauf führte er den Jungen mehrere Male in beiden Richtungen um das Feuer, wozu seine Assistenten unter monotonen Gesängen mit dünnen Stöcken auf einem Brett den Takt schlugen. Endlich erklärte der Schamane, die Macht der Geister sei gebrochen und der Junge wieder gesund.[28]

In diesem Fall mußte also der Schamane die Macht böser Geister brechen und sie austreiben. Ein solcher Exorzismus konnte übrigens auch durch andere Mittel erfolgen. W.S. Libbey beobachtete 1886, wie in einer Heilséance einer der Schamanenhelfer dem Kranken Adler- und Schwanendaunen ins Gesicht und auf die Haare pustete, um die bösen Geister zu vertreiben, und daß der Medizinmann selbst hastige Bewegungen mit den Händen machte, um diese Geister zu verscheuchen.[29]

In anderen Fällen mußte der Schamane einen Fremdkörper, der in eine Person hineinpraktiziert worden war, entfernen. Er ging dabei so vor, daß er auf die entsprechenden Teile des Körpers pustete oder den Gegenstand heraussaugte und mit geschnitzten Figuren über den Körper hinstrich. Wir erfahren auch, daß ein Schamane einen »Speer« aus einer Wunde zog, ihn ins Wasser warf und Daunenfedern eines Adlers darüberblies – dieselbe Prozedur, mit der eine Person geheilt wurde, deren Krankheit durch Zauber verursacht war. Es ist nicht immer leicht zu entscheiden, ob eine solche Operation auf der Diagnose »Zauberei« oder »durch Geister introjizierter Fremdkörper« beruhte.

Schließlich kommen auch »Geisterangriffe« vor, die zur Folge haben, was man gewöhnlich als »Seelenverlust« bezeichnet. Mit anderen Worten: Die Seele, die freie Seele eines Menschen verirrt sich oder wird von Geistern gestohlen, mit dem Ergebnis, daß er krank wird.

Wir wissen, daß sich solche Fälle bei den Tlingit ereigneten, doch gibt es keine Beschreibungen von weißen Augenzeugen darüber, nicht einmal Berichte von den Tlingit selbst. Den wenigen Hinweisen läßt sich immerhin soviel entnehmen, daß die verlorene oder gefangene Seele irgendwo in der Nähe des Betroffenen herumwanderte oder sich schon auf dem Weg zum Reich der Toten befand. Bei den Haida, einem mit den Tlingit verwandten, südlich von ihnen wohnenden Stamm, gab es Schamanen, die dann nach einer Fastenzeit in die Wälder hinausgingen, um die verlorene Seele zu suchen. Wir haben Gründe anzunehmen, daß auch Schamanen der Tlingit es so machten. Denn sowohl die Haida- als auch die Tlingit-Schamanen besaßen kleine Instrumente aus Knochen, sogenannte »Seelenfänger«, mit denen sie die verlorenen Seelen einfingen. War das geglückt, wurde die Seele zum Patienten zurückgebracht und wieder in den Körper hineingeblasen.

Doch ist bei den Tlingit nichts von schamanischen Seelenreisen zu hören, die unternommen werden, um die flüchtige Seele eines Patienten auf ihrem Weg ins Jenseits zurückzuholen. Offenbar waren solche »Exkursionen« der Schamanen nicht die Regel. Wurde jedoch die Seele eines Menschen, während er im Meer badete oder durch die Wälder streifte, von einem Landottermann gestohlen (ein nicht ungewöhnliches Ereignis), so hatte der Schamane die Möglichkeit, seinen Schutzgeist auszusenden, der die Hilfsgeister bei der Suche nach dieser Seele anführte und sie ausfindig machte. Mehr konnte er nicht tun.

Andererseits konnte er aber seine Geister auch zur Nachrichtenbeschaffung über irgendwelche Leute aussenden, ja er war imstande, zu diesem Zweck seine eigene Seele auf Wanderschaft zu schicken. Bei solchen Gelegenheiten fiel er in tiefe Trance und lag wie tot da.

Die Behandlung von Patienten durch den Schamanen

fand gewöhnlich bei Nacht und im Hauptraum des Holzhauses des Kranken statt. Immer aber hatte man zuerst versucht, ob nicht von Frauen verabreichte Naturheilmittel der Natives schon Hilfe brachten. Nur bei sehr schweren oder komplizierten Krankheiten, gegen die gewöhnliche Arzneien nichts ausrichteten, wurden Schamanen gerufen. Diese überließen ihren Patienten Talismane, die die Gesundheit förderten, verfügten über medizinische und chirurgische Kenntnisse und konnten z. B. auch Eiter aus dem Körper des Kranken ausfließen lassen. Überdies zeigten sie Frauen, wie man Wunden nähte.

Der »geheilte Heiler« der Küsten-Salish

Während die Tlingit ein typisches Beispiel für die Kultur, Religion und therapeutische Praxis der im Norden lebenden Stämme der Nordwestküste sind (mit Ausnahme der Kwakiutl-Indianer von der Vancouverinsel und den ihr gegenüberliegenden Gebieten), bieten die Küsten-Salish an der mittleren und südlichen Nordwestküste das Bild einer einfacheren, sozusagen normaleren Natives-Kultur. Gewiß, auch sie hatten in früherer Zeit eine hierarchische Sozialstruktur mit erblichem Sklaventum und Besitzunterschieden, doch war das Leben des einzelnen nicht ganz so stark durch seinen Rang bestimmt und der Stand des Häuptlings weniger unantastbar. In vieler Hinsicht gewinnt man den Eindruck, die Küsten-Salish hätten einst gleichsam die Fundamente gelegt, auf denen dann die nördlicheren Stämme, einschließlich der Tlingit, ihre reich differenzierten Kulturen entfalteten. Doch legt das archäologische Material auch die Vermutung nahe, die Küsten-Salish seien ursprünglich Vertreter einer südlicheren Tradition gewesen, unabhängig von der nördlichen, eher zirkumpolaren Kultur.

Charakteristisch für die Dörfer der Salish waren ihre bunt zusammengewürfelten, einfachen Blockhäuser mit Pultdächern im Unterschied zu den Giebelhäusern mit Satteldächern, die so typisch für die Holzbauweise der Wakash und überhaupt des Nordens sind. An den Holzpfosten der Eingänge fehlten die Clanwappen der nördlichen Stämme, und die Holzschnitzereien waren einfacher und weniger häufig als bei den anderen Küstenstämmen. Die Siedlungsweise war patrilokal, d.h. neue Familien wurden in die Gemeinschaft des Hausvaters eingebunden. Dagegen gab es bilaterale Vererbung, und es zeigt sich, daß die Familiengeschlechter bestimmte Rechte vom Vater oder von der Mutter her weitervererbten. Früher kamen auch Potlatchfeste vor, doch waren sie zumindest südlich des Pugetsunds kein Mittel zum Prestigeerwerb, wie das unter den nördlichen Stämmen üblich war. Aufs Ganze gesehen waren auch die Zeremonien der Küsten-Salish weniger strukturiert als bei anderen Gruppen des Nordwestens.

Clangeister fehlten ganz oder waren von sehr untergeordneter Bedeutung. Dagegen erwartete man sich das Heil von individuellen Geistern (die auch Schutzpatrone der Gemeinschaften, zu denen der einzelne gehörte, sein konnten). Es gab Schutzgeister getrennt für beide Geschlechter. Wie wir noch sehen werden, haben diese religiösen Vorstellungen in jüngster Zeit eine Renaissance erlebt. Auch Tänze, in denen in einer Winterzeremonie die Schutzgeister gefeiert werden, sieht man wieder häufiger. Im Lauf der Zeit wurden Initiationsriten, durch die die jüngeren Stammesbrüder in die Gemeinschaft aufgenommen wurden, und der Weg der Visionen zum Erwerb von Schutzgeistern miteinander kombiniert. Daraus entstanden interessante Formen des Ritus, bei denen spirituelle Erfahrungen durch Rituale bestätigt wurden.

Es ist reizvoll, die hauptsächlichen Heilverfahren und Gesundheitsprogramme der Tlingit in der Vergangenheit mit der heute noch lebendigen Medizin der Küsten-Salish zu vergleichen. Dabei stellt sich heraus, daß die Küsten-Salish über einen größeren Variantenreichtum der hygienischen und therapeutischen Praxis verfügen und den Übergang zu den mehr im Landesinnern wohnenden Plateau-Salish bilden, deren Medizin eher kontinental geprägt ist (im Sinne des im vorigen Kapitel beschriebenen Typus). Da der Weg der Visionen, der zum Erwerb des Schutzgeistes führte, bei den Küsten-Salish fast von jedermann beschritten wurde, war die Grenze zwischen einem gewöhnlichen Visionär und einem Anwärter auf die Position des Medizinmannes relativ fließend. Ein genauer Beobachter, Dr. Wolfgang Jilek, dem wir die Klärung dieser Sachverhalte verdanken, unterscheidet folgende zwei Typen: Der Medizinmann oder Schamane unterzieht sich einem langen, strengen Weg der Visionen und empfängt in der Vision beziehungsweise einem Traum besondere Kräfte zur Heilung von Kranken, während ein gewöhnlicher Sterblicher, manchmal auch ohne besonderen Erfahrungsweg, Visionen hat, die ihm dann allerdings nur die Fähigkeit vermitteln, zu singen und zu tanzen.[30] Für die Puyallup-Nisqually im Südosten des Pugetsunds ist es selbstverständlich, daß überhaupt jeder Mensch über besondere Kräfte verfügt, die sich in seiner Persönlichkeit ausdrücken. Wunderbare Fähigkeiten entspringen nur einer besonderen Beziehung zu diesen Kräften und sind ihrerseits von den Fähigkeiten der Tiergeister abgeleitet. Der Weg der Visionen für Laien ist kürzer und weniger intensiv als der für den Medizinmann, und auch die Visionen selbst sind nicht so intensiv und überwältigend wie bei den Medizinmännern. Bei den Küsten-Salish des Nordens verfügen gewöhnliche Visionäre und Heilspezialisten über dieselben Schutzgeister, doch werden den Heilern von den Geistern zusätzlich besondere Heilkräfte verliehen. Die Küsten-Salish vom Pugetsund dagegen haben verschiedene Klassen Hilfsgeister für Heiler einerseits, Laien andererseits.

Bei manchen Gruppen, die man unter dem Namen Stalo zusammenfaßt (sie wohnen am Fraser River), gehen gewöhnlich nur neue Medizinmänner, Krieger und Spieler einen Weg der Visionen. Gewöhnliche Sterbliche müssen sich mit spontanen Visionen zufriedengeben, die nur rituelle Gesänge und Tänze übermitteln, keine Heilkräfte. Wir haben Berichte, nach denen es bei den Stalo weibliche Medizinmänner gab. Auch erscheinen dieselben Schutzgeister allen Menschen ohne Unterschied, einschließlich der Anwärter auf die Position des Medizinmannes. Schwer zu sagen, bis zu welchem Grad diese Formen, Visionen zu erleben, auch heute noch existieren. Wahrscheinlich haben sie an vielen Stellen überlebt oder werden heute neu aktiviert. Seit den 60er Jahren ist das gesamte rituelle Programm zum Erwerb von spirituellen Fähigkeiten wiederbelebt worden, nachdem es offenbar jahrzehntelang in Vergessenheit geraten war. Und wo rituelle Demonstrationen dieser Art stattfinden, da müssen ihnen auch Offenbarungen von Geistern zugrunde liegen. Es gibt Beweise, daß sich solche Offenbarungen wirklich manchenorts ereignen, ganz nach dem Muster der alten Visionserfahrungen.

Der künftige Medizinmann oder Schamane geht seinen Weg der Visionen, indem er sich in die Wälder oder Berge begibt, wo er sich einige Zeit aufhält und diverse Prüfungen besteht. Zum Zeitpunkt seiner ersten Vision ist er vielleicht erst zehn Jahre alt. Dann schlummern die empfangenen übernatürlichen Gaben manchmal Jahre in ihm, bis sie durch einen erneuten Besuch des höheren Wesens aktualisiert werden. Auf jeden Fall hält der Anwärter auf die Schamanenschaft, der eine geistige Kraft empfangen hat, diese bis zum nächsten Winter geheim. Dann aber wird er vom Geist gezwungen, sie zu offenbaren, sonst macht sie ihn krank.

Das ist überhaupt ein charakteristisches Merkmal der Schamanenkraft Nordkaliforniens und Oregons (z. B. bei den Yurok und Klamath) bis zum Bute Inlet in Britisch-Kolumbien. Sie kann sich nämlich auch als Krankheit, als »Schmerz«, im Innern des Kandidaten bemerkbar machen. Die Indianer sind sich nicht sicher, ob ein Schamane diesen Schmerz entfernen sollte oder nicht. Denn er ist, wie sie betonen, keine gewöhnliche Krankheit, sondern das Zeichen dafür, daß die Erscheinung des Schutzgeistes kurz bevorsteht. Bei manchen Stämmen versuchte der Schamane tatsächlich, den schmerzenden Geist auszutreiben, um ihn später erneut zu bitten, dem Kandidaten seine Kraft zu verleihen. In anderen Stämmen dagegen bat der Kandidat seine Freunde, mit ihm die Lieder zu singen, die er vom Geist gelernt hatte. Das befreite ihn vom Schmerz.

Der Zustand des Schamanenkandidaten ist von vielen Forschern als Form der Besessenheit beschrieben worden. Zweifellos sind die Natives der Auffassung, die geistige Kraft wirke »innerhalb« des Menschen. Dies wäre aber an sich noch kein Beweis für echte Besessenheit, also Besessenheit im psychologischen Sinne. Aber plötzliche Geräusche, Gesänge anderer Personen, Schwäche und Schmerz und schließlich Ohnmachts- oder Wahnsinnsanfälle können Zustände hervorrufen, die man als partielle Besessenheit bezeichnen könnte: Der Betreffende ist dann nicht mehr Herr seiner selbst. Er handelt, weil der Geist in ihm handelt, verliert aber sein Bewußtsein nicht.

Die Harmonisierung des Kräfteflusses zwischen Kandidat und Geist wird bei den Wintertänzen durch Tanz und Gesang erreicht. Geistertänze kennt man auch von den Plateau-Stämmen. Wahrscheinlich sind sie ein gemeinsames Erbe der Salish. Als Winterfeste kollidieren sie freilich mit den traditionellen Winterzeremonien der südlichen Nordwestküste. Der Schamanenkandidat ist verpflichtet, einen solchen Tanz im Langhaus auszurichten, dem großen Versammlungshaus, wo geladene Gäste an den Wänden entlang sitzen und drei Feuer in der Halle brennen. Er tanzt aber nicht allein. Alle Kandidaten, die im verflossenen Jahr mit Geistkraft begabt wurden, müssen aufstehen und mittanzen, wenn sie Ruhe vor ihren Geistern haben wollen. Bei den Twana (einer Guppe der Salish südwestlich von Seattle) ruft ein Schamane den Schutzgeist des Kandidaten an. Der Geist ergreift daraufhin vom Tänzer Besitz. Dieser tanzt und singt, aber in Wirklichkeit tut es der Geist in ihm. Auf diese Art gibt der Kandidat dem Geist Gelegenheit, sich in ihm zu offenbaren, wodurch er sich von seiner Krankheit befreit. Würde er sich zu lange gegen diese Offenbarung der Kraft sträuben, riskierte er den Tod.

Oft geht der Geistertanz aber doch mit einem Bewußtseinsverlust des Kandidaten einher. Wie viele Autoren bemerkt haben, handelt es sich hier um die sogenannte »Initiationskrankheit«, die der berühmte Erforscher des Schamanismus, Mircea Eliade, als charakteristische Phase in der Laufbahn jedes Schamanen definiert hat.[31] Dieser stirbt seinem alten Zustand nach und kehrt als neu beseeltes Wesen ins Leben zurück – ein echter Übergangsritus, oder Initiationsritus, wie der Terminus technicus lautet. Doch ginge es zu weit, wenn man sagte, die Erlebnisse des Kandidaten, seine psychische Schwäche und sein Bewußtseinsverlust seien der Beweis dafür, daß er wirklich krank sei, geistig zurückgeblieben und seelisch aus dem Gleichgewicht. Amerikanische und russische Autoren haben diese These für die Schamanenschaft des Nordens und die Schamanen überhaupt aufgestellt. Das ist aber sicher nicht richtig. Schamanen sind im allgemeinen starke Persönlichkeiten, die durchaus die Herrschaft über sich selbst besitzen und bei ihrer Arbeit auch über die Geister, die ihnen dabei helfen, Kontrolle ausüben. Andererseits sind sie tatsächlich extrem sensitiv, und diese Sensitivität macht sich in den Initiationsriten in mancherlei Formen bemerkbar. Das eben ist es, was sich beim Geistertanz ereignet. Es gibt keine eigentliche Schamanenkrankheit, aber es gibt ein Ritual, das Krankheit, Tod und Wiederauferstehung zum Ausdruck bringt. Und diese rituellen Inhalte bedingen die persönlichen Erfahrungen des einzelnen, da sie im Kollektiv stark suggestiv wirken. Auf diese Weise wird aus dem Schamanen der »geheilte Heiler«.

Ein neuer Schamane sagte einmal zu Dr. Jilek: »Man bezeichnet einen neuen Tänzer als Baby, weil er ein neues Leben beginnt. Man hat ein merkwürdiges Gefühl, wenn man wie ein Neugeborenes behandelt wird. Die Erklärung dafür ist, daß man stirbt und in einem neuen Leben erwacht.«[32] Diese Wiedergeburt ist nicht einfach die emotionale Identifikation mit einem Rollenspiel und einer Pantomime. Der Leiter des Rituals tötet den Kandidaten zwar nur scheinbar, indem er ihm mit einem Hammer oder Zeremonienstab einen Schlag versetzt. Aber die Reaktion des Kandidaten kann außerordentlich heftig sein: Er fällt in bewegungslose Starre, ist steif wie ein Brett. Und wenn er nach einigen Minuten oder Stunden aufwacht, fängt er sofort wieder aufs lebhafteste zu singen und zu tanzen an.

Diese einander ablösenden Zustände des Schamanenneophyten entsprechen sehr genau den inneren Erfahrungen, die von der Überlieferung gefordert werden. Wenn der Kandidat, wie es den Anschein hat, vom Schlag des Stockes getötet ist, wandert er – als freie Seele – zum Land der Schatten. Er geht nach Westen, flußabwärts, denn dort liegt dieses Land. Er muß sehr auf der Hut sein. Die Toten wollen ihn nämlich verführen, von ihren Speisen zu essen. Und das ist gefährlich. Wer von ihren ekelhaften Speisen auch nur einen Bissen nimmt, ist dazu verdammt, für immer in ihrem Land zu bleiben. Aber dank seiner neuen, allerdings noch sehr verletzlichen Schamanenkraft gelingt es dem Kandidaten, heil zurückzukehren. (Es gibt Hinweise darauf, daß er manchmal sogar seinen Heilgesang und damit seine übernatürlichen Kräfte im Reich der Toten empfängt.) Langsam gewinnt er das Bewußtsein zurück und macht, geladen mit seiner neuen Kraft, Bewegungen, wie wenn er in einem Kanu gegen den Strom paddelte. So fährt er ins Land der Lebenden zurück und nimmt seinen Geistertanz wieder auf.

Dieser Ausflug ist die Probe aufs Exempel, daß der neue Schamane imstande ist, den Toten einen Besuch abzustatten und wieder von ihnen zurückzukehren. Damit ist ihm auch die Fähigkeit zuzutrauen, in Zukunft die Seelen zurückzuholen, die sich aufgrund einer Krankheit aus ihrer Verankerung im Körper gerissen haben und ins Land der Toten aufgebrochen sind.

Die Heilzeremonie des Geisterkanus

Die Therapie der Küsten-Salish geht davon aus, daß eine Krankheit zwei mögliche Ursprünge haben kann: Böse Schamanen (Hexer) haben pathogene Objekte in eine Person praktiziert – die eine Möglichkeit. Oder Geister haben die Seele beziehungsweise übernatürliche Kraft eines Menschen gestohlen (vielleicht hat sie sich auch selbst verirrt). Die Maßnahmen, um die Gesundheit wiederherzustellen, folgen der Diagnose auf sehr freie Art und Weise. So stellt man sich, wenigstens heutzutage, vor, daß ein Geistertanz therapeutische Wirkungen auf alle Beteiligten hat – nicht nur auf die erkrankte Person, sondern auch auf ihre Familienangehörigen und sonst noch anwesende Beobachter. Der Import des winterlichen Geistertanzes durch die Küsten-Salish könnte auch damit zusammenhängen, daß im Moment dem Geistertanz größere Wirkungen zugeschrieben werden als dem Weg der Visionen.

Im Gebiet der nördlichen Salish kann der Schamane oder Medizinmann männlich oder weiblich sein. Doch sind, vor allem am Pugetsund (vermutlich auch anderswo), weibliche Schamanen selten, und was ihre Kräfte anbelangt, sind sie den männlichen unterlegen. Unsere Unterlagen vermitteln den Eindruck, daß sich früher die weiblichen Heiler häufiger mit Krankheiten befaßten, die auf pathogene Gegenstände im Körper zurückgingen, während es den männlichen Schamanen oblag, gefahrvolle Reisen ins Land der Toten zu unternehmen, um eine Seele oder geistige Kraft zu ihrem Besitzer zurückzubringen.

Auf introjizierte Objekte zurückgehende Krankheiten werden meist von einem böswilligen Heiler (einem Hexer) verursacht, der einen Gegenstand, den er mit seiner Kraft imprägniert hat, in den Patienten hineinschießt. So etwas ist ein typischer Fall von Zauberei bei den amerikanischen Natives. Es wird in den Berichten über die Küsten-Salish nicht immer ausdrücklich festgehalten, daß auch Geister in den Körper introjiziert werden können, wie das von anderen Stämmen bekannt ist. Doch läßt sich aus einigen Texten entnehmen, daß das introjizierte Objekt manchmal auch ein lebendiges Wesen sein kann. Es muß dann von einem kompetenten Medizinmann entfernt werden, der jedoch kein Schamane zu sein braucht. Diese Heiler genießen meist hohes Ansehen.

Der Heiler entfernt die Krankheit, indem er das Krankheitsobjekt heraussaugt. Entweder legt er einen hohlen Knochen als Saugrohr an oder er drückt seinen Mund direkt auf den kranken Körperteil. Vielleicht zieht er die Krankheit auch mit den Händen heraus oder berührt einfach die kranke Stelle und streicht mehrmals darüber. In manchen Fällen wählt er eine Schröpfkur: Mit dem »bösen Blut« verschwindet auch die Krankheit. In anderen Situationen werden dem Patienten Bäder verordnet. Die Methoden, die verschiedene Heiler bevorzugt anwenden, sind jeweils die, die sie von ihren Schutzgeistern erlernt haben.

Zuweilen sind Therapie und diagnostisches Verfahren identisch. Über einen Medizinmann wird berichtet, daß er »mit geschlossenen Augen dasaß und sang und trommelte« (auf einem Zedernbrett). Sobald aber ein indianischer Heiler anfängt zu singen, steigt seine Kraft in ihm auf und bleibt, während er seine Arbeit ausführt, fest mit ihm verbunden.[33] Eine solche Séance kann bis zu einer halben Stunde dauern. Es fällt auf, wie eng die Beziehung zwischen dem heiligen Gesang und dem dazugehörigen Geist ist. Doch dasselbe gilt für die von dem Medizinmann der Puyallup-Nisqually durchgeführte Diagnose.

> »Die Diagnose wurde durch magischen Gesang vorgenommen. Der Medizinmann sang mit geschlossenen Augen und wiegte sich im Tanz. Dabei war sein rechter Arm abgewinkelt, so daß die Hand fast die linke Schulter berührte und der Ellbogen parallel zur Schulterpar-

> tie verlief. Der Kopf war so nach unten geneigt, daß der Arm die Augen bedeckte.«[34]

Dieser Vorgang dauerte also eine halbe Stunde. Wenn der Heiler das Problem »gesehen« hatte, informierte er den Patienten ausführlich und erklärte ihm, was man nun unternehmen konnte. Offenbar konnte dasselbe Heilverfahren für verschiedene Zwecke eingesetzt werden.

Während eine auf introjizierte Gegenstände hinauslaufende Diagnose sich auf körperliche Gebrechen bezieht – Wunden, Bauch- oder Kopfweh, schmerzende Stellen und ähnliches – hat es die Diagnose eines Seelen- oder Geistverlustes mit mentalen Störungen zu tun. Das ist der Grund, weshalb ein Schamane hier die Verantwortung übernehmen muß. Er ist für alle Krankheiten, die mit der Seele in Zusammenhang stehen, zuständig.

Was die Diagnose im Bereich der Küsten-Salish hier von ähnlichen Diagnosen bei nordamerikanischen Natives unterscheidet, ist, daß es sich bei der verlorengegangenen Entität sehr häufig um einen Schutzgeist handelt. Im Gebiet des Pugetsundes ist es fast die Regel, daß ein Geist den Kranken verlassen hat. Das hängt gewiß mit besonderen religiösen Vorstellungen in dieser Region zusammen. Die Wurzel dieses Sachverhalts liegt aber in der Tatsache, daß die »freie Seele« und der Schutzgeist weitgehend die gleichen Eigenschaften annehmen können. Wenn sich die Seele nämlich durch Wanderungen im Traum, in Trance oder ähnliches vom Körper zurückzieht, wird sie manchmal genauso selbständig wie ein Geist. Und ein solcher verbindet sich umgekehrt vielleicht besonders eng mit einer Person und nimmt dadurch auch »seelische« Qualitäten an. Hieraus läßt sich erkennen, wie selbstverständlich und verbreitet der Glaube an Schutzgeister bei den Stämmen am Pugetsund ist.

Nun unterscheiden, wie oben bereits erwähnt, die Natives dieses Gebietes streng zwischen den Schutzgeistern gewöhnlicher Menschen und denen der Schamanen. Nur der Schutzgeist eines Schamanen besitzt die Fähigkeit, seinen Schützling zur anderen Welt und wieder zurück zu geleiten. (In diesem Zusammenhang ist von Interesse, daß die Puyallup-Nisqually für den Schamanen und seinen Schutzgeist dasselbe Wort benützen – beide sind offensichtlich so gut wie identisch.) Außerdem kann auch nur der Geist eines Schamanen den Geist eines gewöhnlichen Menschen retten.

Eine Geistkraft kann ihren Schützling aufgrund eines seelischen Schocks verlassen oder durch Machenschaften der Totengeister dazu veranlaßt werden. Im zweiten Fall handelt es sich um Erscheinungen aus dem Jenseits, vor allem verstorbene Verwandte, die sich nach ihrem lebenden Stammesbruder sehnen und ihm die Seele stehlen. Der Diebstahl kann sich über lange Zeit hinziehen: Der Tote raubt seinem Verwandten immer wieder kleinere Besitzstücke. Ist schließlich ein Großteil dieses persönlichen Eigentums verschwunden, so ist das ein Zeichen, daß der Betreffende seinen Geist endgültig verloren hat und sterben wird. Wenn andererseits eine Person krank ist, ohne daß Gespenster ihre Hand im Spiel haben, und die Krankheit trotzdem – nach der Diagnose des Schamanen – durch Seelenverlust verursacht ist, so muß die verlorene Kraft sich nicht unbedingt ins Totenreich begeben haben. Es kann auch sein, daß sie sich irgendwo in der Nähe aufhält.

Die Heilmethoden variieren also je nach Diagnose.

Wenn die Kraft oder freie Seele irgendwo in der Nachbarschaft des Dorfes umhergeistert, braucht sich der Schamane nicht selbst auf den Weg zu machen, um sie zurückzuholen. Wir haben den Bericht über eine Frau, die von weißen Ärzten nicht geheilt werden konnte. Daraufhin kam ein Heiler der Natives, um ihr zu helfen. Er erklärte, ihr Schutzgeist habe sie verlassen und stecke im Schlamm des Flusses. Der Schutzgeist des Schamanen spitzte die Ohren und lauschte dem Gesang des Schutzgeistes der Frau. Er übernahm die Melodie und sang sie ebenfalls. Da erhob sich die Frau vom Lager und stimmte mit ein, worauf ihr Schutzgeist zurückkam. Sie war geheilt. Nur ein Schamane ist fähig, die Melodie eines fremden Schutzgeistes zu singen.

Anders sieht die Therapie aus, wenn der Schutzgeist des Patienten schon den Fluß überquert hat, der die Grenze zum Totenreich bildet. Dann reicht nämlich die Kraft eines Schamanen allein nicht aus. In alten Zeiten wurde in solchen Fällen eine Zeremonie durchgeführt, die als klassisch für die Geschichte des Schamanismus gilt und deshalb hier geschildert werden soll. Es ist die Zeremonie des »Geisterkanus«. Der Anthropologe Hermann Haeberlin hat sie wie folgt beschrieben.[35]

Wenn der Schutzgeist eines Menschen ins Totenreich entführt worden war, wurde dieser von einer Krankheit befallen, die eher psychisch als physisch bedingt war und sich in einer allgemeinen Indisposition äußerte. Der Kranke mußte sterben, wenn er seinen Schutzgeist nicht wiedergewann. Um diesen zurückzuholen, war es notwendig, eine größere Schamanenzeremonie zu zelebrieren, an der viele Schamanen gemeinsam teilnahmen. Da man mindestens acht, oft noch mehr Schamanen dazu brauchte, mußten einige aus benachbarten Dörfern herbeigerufen werden. Jeder Schamane mußte dabei zwei Bedingungen erfüllen. Erstens war erforderlich, daß er selbst über einen Schutzgeist mit Eigenschaften verfügte, die für diese Art Zeremonie notwendig waren. Zweitens mußte er, wenn er aus einer anderen Gruppe der Küsten-

Salish stammte, denselben Glauben an das Reich der Toten und dieselben Vorstellungen über den Weg dorthin besitzen wie die Veranstalter der Zeremonie. Das zeigt, daß sich Vorstellungen über das Jenseits schon bei Nachbargruppen innerhalb desselben Sprach- und Kulturgebietes unterscheiden konnten.

Die Aufgabe, die sich nun diese Schamanengemeinschaft stellte, war, eine Kanuexpedition ins Geisterland zu veranstalten. Die Reise mußte zur Mittwinterzeit und unbedingt nachts stattfinden. Die Küsten-Salish sind der Überzeugung, im Totenreich verhalte sich alles umgekehrt wie im Land der Lebenden. So haben die Toten ihren Sommer, wenn bei uns Winter ist, und ihre Tage sind für uns die Nächte. Auch ist der Weg ins Geisterland nur im tiefen Winter passierbar (sogar auch für den Geist, der einen Kranken verläßt). Allein die Toten sind übrigens in der Lage, diesen Weg zu Fuß zu machen. Alle anderen Besucher müssen Kanus benützen. Sie folgen dem Fluß westwärts, weil irgendwo in dieser Richtung die Geister der Abgeschiedenen wohnen.

Die Séance der Schamanen fand gewöhnlich im Haus des Patienten statt. Es konnte auch irgendein anderes Haus sein, nur mußte es von Osten nach Westen liegen. Die Schamanen setzten sich in zwei parallelen Reihen in Richtung der Ost-West-Achse, das Gesicht nach Westen gewendet. Neben einem jeden stand senkrecht ein Brett, das den Schutzgeist des Schamanen darstellte – nach anderen Berichterstattern die visionären Erfahrungen des Schamanen. So verwandelte sich der Raum sozusagen in ein großes Kanu, das flußabwärts steuerte. Die Schamanen benutzten ihre Zauberstäbe als Paddel und machten Bewegungen, als ob sie paddelten. Abwechselnd sangen sie ihre Geistergesänge, aufgenommen und wiederholt von den Zuschauern, die sich auf den an den Wänden entlanglaufenden Schlafplätzen niedergelassen hatten. Ein Schamane im Heck des »Kanus« galt als Steuermann.

Zuerst gelangten sie an einen Fluß, über den die Toten auf einem Baumstamm balancieren müssen (ein beliebtes Erzählmotiv über die Reise ins Totenland). Die Schamanen ahmten die Überquerung nach, indem sie ihre Stöcke vor sich hinlegten und darauftraten. Dann setzten sie ihre Reise in einem neuen imaginären Kanu fort und erreichten schließlich das Land der Toten.

Alles sah dort genauso wie hier auf der Erde aus, nur daß die Toten mit überkreuzten Beinen gingen. Unterwegs stießen die Schamanen auf den Geist eines Abgeschiedenen, der gerade Beeren pflückte – es war ein Indianer, der ebenfalls mit gekreuzten Beinen ging und seltsame Grimassen schnitt. Im Totendorf angekommen, mußten sie feststellen, daß sich die Bewohner weigerten, den Schutzgeist des Patienten herauszurücken. Es kam zum Handgemenge, in dessen Verlauf einige Jungen brennende Zedernscheite aufs Dach warfen. Es gelang den Schamanen jedoch, sich des verlorenen Schutzgeistes zu bemächtigen und mit ihm zum Kanu zurückzueilen.

Jetzt fuhr die Schamanenmannschaft wieder zurück, die Gesichter im Kanu nach Osten gewendet. Sie landeten in der Welt der Lebenden und brachten den Schutzgeist, den sie in ihren fest geschlossenen Händen hielten, zu seinem Schützling zurück. Dabei sangen sie das Lied des Geistes. Der Patient sprang vom Lager auf und stimmte in das Lied mit ein. Die Krankheit war geheilt. Was dem Geheilten noch zu tun übrig blieb, war nur, die Heiler zu bezahlen (eine beträchtliche Summe) und Geschenke an die Zuschauer, die die Schamanenlieder mitgesungen hatten, zu verteilen.

Wenn nur eine Nacht für die Zeremonie vorgesehen war, fand im ersten Teil die Reise zu den Toten statt. Um

Mitternacht kam man dort an und kämpfte mit den Toten, während der Rest der Zeit damit verbracht wurde, wieder heimzupaddeln. Aufgrund eines Informanten vermutet Haeberlin, hinter diesem Schema stecke ein Sonnensymbolismus, der dem Lauf der Sonne während der Nacht entspricht. Das ist sehr gut möglich, in Anbetracht der vielen Rituale überall auf der Welt, die auf den Stand der Sonne und ihre Bewegungen bezogen sind.

Schwer nachvollziehbar ist, daß ein solcher »imitierender Schamanismus« wirklich als echtes Heilverfahren aufgefaßt wurde. Vielleicht ist es nicht gar so verwunderlich, daß sich ein Patient nach einer derartigen »Kur« frisch und munter vom Krankenlager erhebt – das läßt sich durch Suggestion und die Macht des Glaubens erklären. Aber wie ist es möglich, daß alle Teilnehmer so stark an ein Ritual glaubten, das doch eindeutig nichts anderes war als Theater? Doch müssen wir hier die äußeren Handlungen als Demonstration innerseelischer Erfahrungen ansehen. Wir werden Zeuge eines Psychodramas. Vermutlich befanden sich die Schamanen auch in einer Art Trance, als sie ihre geheimnisvollen Erlebnisse hatten.

Diese Reisen in die Transzendenz trugen auch zur Entstehung eschatologischer Vorstellungen bei. Eine auf die Puyallup-Nisqually spezialisierte Wissenschaftlerin, Marian W. Smith, behauptet sogar, ihre Informanten hätten die Existenz des Totenreiches aus der Tatsache abgeleitet, daß die Schamanen Seelen von dort zurückgebracht hätten.[36] Mit dieser Ansicht geht sie sicher zu weit, aber gewiß haben diese Schamanen auch Einzelheiten über das Aussehen des Totenreiches beigesteuert.

In unseren Tagen ist die Zeremonie des Geisterkanus zur Zeremonie des »Magischen Brettes« degeneriert. Sie wird in Verbindung mit dem alljährlich im Winter stattfindenden Geistertanz durchgeführt. Dabei werden, während der Medizinmann mit seinen Vorbereitungen beschäftigt ist, zwei Magische Bretter der bereits beschriebenen Art von seinen Assistenten hereingetragen. Sie werden am Feuer erwärmt, um noch mehr magische Kräfte in sich aufzunehmen. Der Heiler bittet nun das Publikum, dem Patienten zu helfen und sich auf ihn zu konzentrieren. Jilek schreibt, daß »der Patient von Verwandten und Freunden umringt ist, die ihn emotional unterstützen und heimgeleiten«.[37]

Die Séance beginnt. Die Trommeln werden in schnellen Rhythmen geschlagen, der Medizinmann singt, Frauen werfen Lebensmittel als Opfergaben in die Flammen, und die beiden Bretter werden im Kreis herumgetragen. Oder besser: Die geheimnisvollen Gegenstände bestimmen selbst ihren Kurs. Wie Magneten ziehen sie sich gegenseitig an – nur der Medizinmann kann sie wieder trennen – und suchen sich ihren eigenen Weg durch den Raum. Endlich machen sie beim Patienten halt. Sie streichen ihm über Kopf und Rumpf. Ein Patient Dr. Jileks, der so behandelt wurde, berichtet später: »Ich spürte die Kraft ganz deutlich, wie wenn mir eine riesige Last von den Schultern genommen würde.«[38]

Dr. Jilek berichtet, dieser junge Mann sei vorher von vielen weißen Ärzten behandelt worden. Lange Zeit hatte er wegen schwerer neurotischer und psychosomatischer Symptome in der Klinik verbracht und drei Selbstmordversuche unternommen. Die Zeremonie des Magischen Brettes aber heilte ihn. Jilek fügt eine Liste anderer Patienten bei, die nach Geistertänzen gesund wurden, und es ist frappierend, wie hoch die Erfolgsquote dabei ist. Offensichtlich ist Heilung durch die Macht des Glaubens eine durchaus praktikable Alternative in Fällen psychischer oder psychosomatischer Störungen.

Traditionelle Medizin in den Plains

Verlassen wir die Küste des Nordpazifik in Richtung Landesinneres, so gelangen wir über die Plateau-Gebiete am Fraser und Columbiastrom und die mächtigen Rocky Mountains ins geographische Herz Nordamerikas: das weite, offene Grasland, das in Kanada die »Prärien«, in den USA die »Plains« genannt wird. (Was in den Vereinigten Staaten »Prärien« heißt, sind die mit hohem Gras bewachsenen, von einzelnen Wäldern unterbrochenen ebenen Savannen, die sich an der Ostgrenze der Plains hinziehen.) Die welligen Plains waren bis zum Ende des 19. Jahrhunderts die Heimat ungezählter Büffel, Antilopen und anderer Säugetiere, also ein ideales Gebiet für bewegliche und schnelle Jäger. Beweglich und schnell waren die farbenprächtigen und kriegerischen Plainsindianer in der Tat, verfügten sie doch über das Pferd, das sie von den Weißen gleichzeitig mit einem anderen Schatz, dem Gewehr, übernommen hatten. Pferd und Gewehr ermöglichten den Indianern die Eroberung der Great Plains.

Dieser kurze historische Rückblick lehrt uns auch, daß die Plainskultur, wie sie im 19. Jahrhundert existierte – die »indianischste« Natives-Kultur in den Augen des Westens – erst sehr jungen Datums ist: Produkt der Berührung zweier Kulturen (»Akkulturation«). Vor 1700 nämlich durchzogen erst einige der Stämme, die später in ihrer Gesamtheit die eigentlichen Plainsindianer darstellten, hauptsächlich die Randgebiete der Plains. Sie wanderten zu Fuß, jagten und sammelten. Nur im Osten, in den Prärien, lebten ein paar Stämme, die unterschiedlichen Sprachfamilien angehörten (der Caddo-Sprachgruppe z. B. die Pawnee, der Siouxgruppe die Omaha), in festen Siedlungen und wechselten zwischen Jagd und Ackerbau ab. Gegen Ende des 18. Jahrhunderts aber drangen dann die großen Plainsstämme in die Plains ein, viele – z. B. Stämme wie die zur Algonkinfamilie gehörenden Schwarzfuß, Cheyenne und Arapaho, die Lakota, Assiniboin und Krähenindianer der Siouxfamilie, die schoschonischen Komantschen und zahlreiche andere –, als Reaktion auf den Bevölkerungsdruck der weißen Einwanderer. Aus dem Norden, Nordosten, Osten und Westen kommend, entwickelten sie die Kultur, die im vergangenen Jahrhundert so typisch für die nordamerikanischen Indianer werden sollte.

Die Schoschonen des Ostens

Viele Jahrhunderte lang ist der größte Teil des westlichen Plainsgebietes, wo das Grasland in die von Beifuß bedeckten Vorberge und das bewaldete Vorland der Rocky Mountains übergeht, im Besitz der Schoschonenindianer gewesen. Noch heute finden wir sie in Teilen ihres alten Kerngebietes, dem Wind River Basin. Die Schoschonen sind der östlichste Ableger der numischen Stämme, die in alten Zeiten im Great River Basin ihre Streifzüge unternahmen: ethnische Gruppen wie die Paiute, Ute, Gosiute und eben die Schoschonen. Die Kultur der Schoschonen in den Plains weist daher manche Erinnerung an das frühere Leben im trockenen Great Basin auf. Aber es gibt auch Beziehungen zur Fischerkultur der Plateau-Indianer. Und eine Gruppe der Schoschonen, die Sheepeaters der Bergregionen Wyomings und Idahos, durchstreifte als Jäger die Wälder. Die früher in Wyoming lebenden

Mitglieder dieser Gruppe sind heute in den Schoschonen des Ostens aufgegangen.

Im 19. Jahrhundert waren die Schoschonen des Ostens wie andere Indianerstämme der Plains reitende Büffeljäger, und ihre Kultur war Teil der allgemeinen Plainskultur. So besaßen sie eine straffe militärische Organisation unter einem obersten Häuptling (Washakie, Häuptling von 1843-1900), Kriegerbünde und ein System von Kriegsehrungen. Während des Winters teilte sich der Stamm in kleinere Gruppen. Im Frühling und Herbst sammelten sie sich wieder zur Jagd, und im Sommer zur Abhaltung von Zeremonien und Festen. Am berühmtesten war damals der Sonnentanz, eine große Zeremonie, bei der die Indianer unter Führung ihrer Medizinmänner zu Ehren des Höchsten Wesens, *Tam Apö* (»Unser Vater«), tanzten.[1] Dieser Sonnentanz, der drei Tage und Nächte dauerte, war ursprünglich ein Erntedankritual. Man pries Tam Apö für die Gaben des vergangenen Jahres und bat ihn um seinen Segen für das kommende. Denn zu diesem Zeitpunkt begann auch das neue Jahr mit üppig sprießendem Gras und zahlreichen Jungtieren. Beim Sonnentanz bildeten die einzelnen Gruppen einen großen Kreis um die Tanzhütte in der Mitte. Die Hütte stellte das Weltall dar, und die Stange in der Mitte war eine Nachbildung der zentralen Weltachse und der heiligen Dinge, die die Verbindung zwischen Gott und Menschheit (dem Stamm) herstellten.[2]

Man muß sich des weiteren das charakteristische Zelt der Plainsindianer, das Tipi, vorstellen, ihren kriegerischen Kopfschmuck und ihre Gewänder, ihre Skalp- und Kriegstänze und prächtig geschmückten Pferde, die oft noch Schlitten zogen (»travoises«), um einen Gesamteindruck von der typischen Plainskultur zu gewinnen.

Unter dieser glänzenden Oberfläche jedoch wirkten

die Relikte der viel schlichteren Basinkultur weiter, die früher einmal gemeinsames Erbe aller Schoschonen gewesen war. In diesen Zusammenhang gehören die gesamte Mythologie mit dem schlauen Kojoten als Hauptfigur, ferner die Menstruationsrituale für die Frauen, die Institution des »Antilopenschamanen«, der das besondere Talent hatte, die scheuen und doch neugierigen Antilopen anzulocken, und die Vorstellung, daß Medizinmänner ihre geheimnisvollen Kräfte in spontanen Träumen erhalten können. Auf den übrigen Plains war es nämlich sonst die Regel, daß sich Medizinmänner, und in manchen Fällen auch -frauen, ihre Kräfte auf dem bewußt beschrittenen Weg der Visionen erwarben.

Auch bei den Schoschonen existierte der Weg der Visionen, jedoch höchstwahrscheinlich als zur ursprünglichen rituellen Praxis erst später hinzugekommene Einrichtung. Männer jeden Alters trachteten in den Vorbergen danach, Erscheinungen von Schutzgeistern herbeizurufen, durch die sie mit besonderen Kräften begabt werden konnten. Man glaubte, die Geister hätten ihre Spuren in Gestalt der Felszeichnungen hinterlassen, die sich dort finden. Die Geister wurden als Tiere porträtiert, deren Kräfte in ihnen jedoch auf wunderbare Weise gesteigert waren. Der Kandidat mußte warten, bis ihm der Geist in einer Vision erschien und seine Kräfte, Medizingesänge und verschiedene Medizinsymbole (Medizinbeutel, besondere Gesichtsbemalung, Federschmuck usw.) übermittelte. Während spontane Träume in erster Linie jene Menschen begünstigten, die wir als Medizinmänner bezeichnen würden, stand der Weg der Visionen allen Männern ohne Unterschied offen, Frauen jedoch erst nach der Menopause.

Die Basintradition war in vieler Hinsicht so eindeutig der Hintergrund für die Kultur der Schoschonen, daß manche Anthropologen glaubten, die Schoschonen des Ostens könnten gar kein echter Plainsstamm sein. Das ist meiner Meinung nach ein Fehlschluß. Denn bei allen Plainsindianern finden sich Spuren, die beweisen, daß sie vorher als Waldland-, Plateau–, Wüsten- oder Ackerbauindianer gelebt haben. Es ist geradezu absurd, die Plains-Schoschonen nicht zu den Plainsindianern zu rechnen, gleichzeitig jedoch ihre Abkömmlinge, die Komantschen (die vollständige Trennung beider Stämme erfolgte erst nach 1840), als einen »typischen« Plainsstamm zu betrachten. Nirgends habe ich größere Lobeshymnen auf den militärischen Drill und die Tapferkeit der Plainsindianer gelesen als in den Berichten, die Major John Bourke, der Adjutant General Crookes, über die Washakie-Schoschonen im Krieg mit Sitting Bull abgab.[3] Aus den Unterlagen über die doch ziemlich seltenen, anarchischen und unorganisierten Kriegszüge, durch die das Great-Basin-Gebiet gekennzeichnet war, gewinnen wir ganz gewiß kein zutreffendes Bild von den Schoschonen des Ostens.

Als die Plainsindianer in den beiden letzten Jahrzehnten des 19. Jahrhunderts ihre Unabhängigkeit verloren hatten, nahmen die Schoschonen einige ihrer aus dem Basin stammenden alten Bräuche wieder auf. So trat die Vorstellung von Schutzgeistern nur für einzelne Menschen wieder in den Vordergrund, nachdem die Kriege aufgehört hatten und die Kriegerbünde verschwunden waren. Die Medizinmänner gingen den Weg der Visionen nicht mehr so häufig wie zuvor, sondern wurden von Geistern und Mächten in ihren Träumen mit Kräften beschenkt, nicht zuletzt beim Sonnentanz. Auf der anderen Seite starben manche traditionellen Tänze der alten Basinzeit aus, und der Sonnentanz entwickelte sich mehr und mehr zum Zentrum des religiösen Kultes. Heute finden die wichtigsten Heilrituale im Rahmen des Sonnentanzes statt. Natürlich machten sich in späterer Zeit auch christliche Vorstellungen stark bemerkbar, aber im großen und ganzen blieben Christentum und tradtionelle Religion zwei voneinander getrennte parallele Strömungen, die wechselweise Einfluß ausübten.

Der nun folgende Abriß der Einstellungen der Plains-Schoschonen zu Gesundheit und Medizin beruht auf meinen eigenen Feldforschungen in diesem Stamm zwischen 1948 und 1958. In den achtziger Jahren besuchte ich das Wind River-Reservat noch einmal und mußte feststellen, daß die Heilzeremonien heute mehr im geheimen durchgeführt werden als damals. Auch sind jetzt Elemente panindianischer Heilkunst (Elemente also, die von anderen amerikanischen Indianern übernommen wurden) sehr verbreitet. Sie haben ältere Traditionen abgelöst, die offensichtlich aus der Mode gekommen oder vergessen worden sind.

Übergangsrituale bei den Schoschonen

Im Urbeginn der Zeiten, so erzählt die Überlieferung der Schoschonen, gab es nur eine Welt und ein Volk. Die Männer und Frauen hatten noch keinen Mund. Wenn sie Hunger hatten, kochten sie Elchfleisch, atmeten die Dünste ein und warfen es dann weg. Auch konnten sie sich nur durch Zeichen verständigen. Ein mythisches Wesen aber – manche sagen, es war Kojote – schnitt ihnen später, als sie darum baten(!), Münder ein, und so nahm das menschliche Leben, wie wir es heute kennen, seinen Anfang.

Geschichten dieser Art sind bei den Schoschonen sehr populär und Bestandteil ihrer Mythologie. Wahrscheinlich sind sie uralt (sie erinnern an mittelalterliche Erzählungen über mundlose Bewohner der Gangesufer, die sich von Blumenduft ernährten). Mit wenigen Ausnahmen jedoch ist die eigentliche Lebensphilosophie der Schoschonen nicht im Rahmen der Mythologie, sondern in traditionellen Glaubensmustern überliefert.

Für die Wind-River-Schoschonen ist Leben die Gabe des Höchsten Wesens, Tam Apö. Es entsteht aus ihm und kehrt wieder zu ihm zurück. Die Leute erzählten mir, beim Tod gehe »die Seele zum Schöpfer zurück, der das Leben gegeben hat«, oder sie sagen, daß die Seele zurückkehre zu »Unserem Vater, der den Menschen auf die Welt gebracht hat«. Hier und in anderen Äußerungen ist »Leben« mit der Kraft im Menschen identisch, die ihn lebendig erhält: die Lebensseele oder *Mugwa*. Der Gedanke, diese Seele habe ihren Ursprung im Höchsten Wesen, ist unter vielen Völkern Nordamerikas verbreitet und wird bei den Schoschonen ausdrücklich formuliert. Er drückt die Vorstellung aus, daß das ganze Leben des Menschen in Gottes Hand ist.

Natürlich können wir hier Spekulationen über mögliche Einflüsse des Christentums anstellen, doch erscheinen diese aufs Ganze gesehen recht unwahrscheinlich. Nur die Vorstellung, daß die Seele nach dem Tod zum höchsten Gott zurückkehrt, könnte in diesem Zusammenhang diskutiert werden. Im übrigen war es der Sonnentanz, der bei den Menschen den festen Glauben an Tam Apö als den Ursprung der Welt und des menschlichen Lebens verankerte.

Früher war die Geburt eines Kindes bei den Schoschonen stets von rituellen Handlungen begleitet. Die Frau mußte sich dreißig Tage lang in einem kleinen Tipi in einer bestimmten Entfernung vom Lager aufhalten, weil sie sich in einem gefährlichen, tabuisierten Zustand befand. Man traf geeignete Vorkehrungen, um dem erwarteten Baby Starthilfe ins Leben zu geben. So durfte z. B. die Mutter ja nicht zuviel essen, denn dadurch würde das Kind nur faul und fett werden. Auch der Vater konnte das Kind durch sein Verhalten beeinflussen. Er badete im kalten Fluß, wie auch das Kind selbst in kaltem Wasser gebadet wurde, und half seinem Sprößling so, diese Prozedur zu überstehen. Er stand früh auf und machte sich Bewegung, um auch dies dem Kind in späteren Tagen zu erleichtern.

Äußerst wichtig für Gesundheit und Glück des Kindes war der Name. Der Name eines Jungen konnte der eines berühmten verstorbenen Verwandten sein oder der Kleine wurde nach einem kühnen Krieger und Jäger benannt, dessen Eigenschaften mit dem Namen auf ihn übergingen. War der Name »nicht gut«, so daß das Kind zu kränkeln begann, dann konnte ein Medizinmann den Eltern empfehlen, ihn wieder zurückzunehmen und dem Kind einen gesünderen zu geben. Ein Mädchen erhielt den Namen von Vögeln, Blumen, Sternen, oder er bestand einfach aus erfundenen Worten. Auch heute noch glaubt man, daß der Name mit Kraft durchdrungen ist, und wenn einer gefragt wird, wie er heißt, läßt er lieber jemand anderen Auskunft geben, als daß er es selbst sagt.

Um im Leben Erfolg zu haben, mußte sich der Mann und bis zu einem gewissen Grade auch die Frau des Schutzes höherer Mächte vergewissern. Es galt nicht, wie bei vielen anderen Indianerstämmen, die Regel, daß man sich nur in der Pubertät um diese Mächte bemühen sollte. Man konnte sich ihre Hilfe jederzeit sichern, und viele Schoschonen, besonders die Medizinmänner, versuchten ab und zu, die Zahl ihrer Schutzgeister zu vergrößern. Frauen aber durften sich den Mächten erst nach der Menopause nähern. Denn während der fruchtbaren Jahre konnten Frauen den übernatürlichen Wesen gefährlich werden. Eine menstruierende Frau, die der Hütte des Sonnentanzes zu nahe kam, bewirkte, daß die Geister schleunigst die Flucht ergriffen.

Zum Zeitpunkt meines ersten Aufenthaltes bei den Schoschonen wurde der Weg der Visionen schon fast nicht mehr beschritten. Die alte, aus dem Basin stammende Vorstellung, man solle sich besser auf spontane Visionen in Träumen verlassen, hatte wieder stark an Boden gewonnen, seit ein Medizinmann erklärt hatte, die absichtliche Visionssuche rufe nur böse Geister auf den Plan.[4] Trotzdem gab es immer noch Leute, die als Jugendliche in den Vorbergen Zugang zu den höheren Mächten gefunden hatten. Wer es versucht und ausgeharrt hatte und nicht vor den gefährlichen Wesen – Tiergestalten oder Ungeheuern – geflohen war, wurde schließlich der Gegenwart eines Geistes gewürdigt, der ihm Schutz und Kraft versprach. Gewöhnlich glich das Aussehen des Geistes einer der Felszeichnungen in nächster Nähe. Es war tatsächlich nichts Ungewöhnliches, daß sich der Bittsteller mit seinem Gebet um Segen direkt an den auf einem Felsen abgebildeten Geist wandte.

Aber nicht alle Visionäre hatten Glück. Manche versagten in den schweren Prüfungen und ertrugen es nicht, daß sie, in der kalten Nacht vor den Felsbildern stehend, von Tieren angefallen oder erschreckt und von Hunger und Horrorvisionen gequält wurden. Sie suchten in panischer Angst das Weite und wurden bald darauf, wie mir erzählt wurde, von Lähmungen befallen. Anderen geschah es, daß sie von einem der bösen Geister heimgesucht wurden, die diese Berge bewohnten. Ein solches Scheusal besaß alle nur denkbaren bösen Eigenschaften. Man zeigte mir einmal einen gehetzt und verstört wirkenden Mann: Er hatte mit der zerstörerischen Macht des Felsenogers Bekanntschaft gemacht. Zu schwach, die

Macht des Ungeheuers zu beherrschen, war er ihm selbst zum Opfer gefallen.

So ist der Weg der Visionen ein Abenteuer, das psychische und physische Stärke erfordert. In alten Zeiten, wo Jagd und Krieg zum Alltag gehörten, war der Weg der Visionen eine notwendige Bedingung. Heute kann er dem Normalbürger erlassen werden, und nur Medizinmänner begeben sich noch auf Visionssuche.

Alt zu werden, war etwas, was man ebenso ersehnte wie fürchtete. Und so ist es noch heute. Viele Geschichten von Visionssuchern berichten, daß zu den zahlreichen Gaben, die ein Geist seinem Schutzbefohlenen schenken konnte, auch »weißes Haar« und »viele Winter« gehörten. Der berühmte Häuptling Washakie führte den Ehrennamen »Der Junge mit den weißen Haaren«. Alte Menschen sind weise und erfahren; man sucht ihren Rat und schätzt sie hoch – solange sie bei klarem Verstand sind und geistig beweglich bleiben. Viele von ihnen, beiderlei Geschlechts, sind als exzellente Geschichtenerzähler bekannt geworden. Alte Frauen allerdings werden manchmal nur noch geduldet, vor allem wenn sie verwitwet und ohne familiären Anhang sind. Das ist freilich nicht die Regel. Ich sah viele ältere Frauen, die auch von entfernten Verwandten liebevoll gepflegt wurden. Man weiß, daß die berühmte Sacajawea, die die Lewis- und Clarke-Expedition zum Pazifik begleitete, bis auf ihre alten Tage fürsorglich betreut wurde.

Furcht vor dem Tod kannten die Schoschonen nicht, wenngleich sie natürlich immer versuchten, ihm aus dem Weg zu gehen oder ihn hinauszuschieben, so weit es ging. Die Medizinmänner bemühten sich stets, den Übergang von diesem ins jenseitige Leben hinauszuzögern und womöglich zu verhindern.

In mythologischen Erzählungen wird berichtet, wie

der Tod entstand.[5] Ich gebe hier eine der Versionen wieder, die ich mir notiert habe:

»In alten Zeiten, es ist schon sehr lange her, waren die Tiere Menschen. Die beiden wichtigsten waren Wolf und Kojote. Wolf, der Schöpfer, besaß ein recht umgängliches Wesen, während Kojote ständig versuchte, des Schöpfers Willen zu durchkreuzen. Wolf sagte, ein gestorbener Mensch könne wieder lebendig gemacht werden, wenn man einen Pfeil unter den liegenden Leichnam schieße. Aber Kojote war damit nicht einverstanden. Er hielt es für keine gute Idee, Menschen wieder lebendig zu machen. Es würde dann bald zu viele Menschen geben, und Platzmangel würde herrschen. Also sagte er: ›Nein, laß den Menschen ruhig sterben. Laß sein Fleisch verfaulen und seine Seele mit dem Wind davongehen, daß nur ein Haufen trockener Knochen zurückbleibt.‹ Wolf stimmte zu, beschloß aber bei sich selbst, Kojotes Sohn sollte der erste sein, der sterben würde. Er dachte nun den Wunsch, der Junge möge sterben, und bei seinem bloßen Wunsch starb der Junge. Kurz darauf erschien Kojote bei Wolf und erzählte ihm, sein Sohn sei gestorben. Er erinnerte Wolf an seine Mitteilung, tote Menschen könnten wieder lebendig werden, wenn man einen Pfeil unter den liegenden Leichnam schieße. Aber Wolf erinnerte nun Kojote daran, er habe selbst gesagt, die Menschen sollten endgültig sterben. Und dabei blieb es auch.«

In dieser Erzählung tritt der Wolf als das Höchste Wesen auf, Ausdruck des Glaubens, daß man sich im Great Basin die ursprünglichen Gottheiten als Tiere und Menschen gleichzeitig vorstellt. Kojote ist immer der Böse und mehr oder weniger Widersacher des Höchsten Wesens. In der obigen Erzählung ist der Tod die Folge einer

Vereinbarung zwischen den beiden hohen Wesen. In einer anderen Version spricht Kojote einmal als Bauchredner zum Höchsten Wesen, was eine Respektlosigkeit bedeutet. Deshalb wird er bestraft. Die Strafe besteht darin, daß alle seine Nachkommen, zu denen auch die Menschen gehören, sterben müssen. Irgendwie erinnert das an die biblische Geschichte vom Sündenfall. Hier ist ein christlicher Ursprung doch sehr wahrscheinlich.

Noch in den vierziger Jahren glaubten viele Anhänger der Überlieferung fest an die Wahrheit der Erzählung in ihrer ersten Version. Daß sich Wille mit Willen mißt und dadurch das Schicksal der Menschheit bestimmt wird, ist sehr philosophisch gedacht. Der Tod ist ein unlösbares Geheimnis. Doch wurde er in nebelhafter Urzeit mit allen anderen Eigenschaften des Menschen und dessen kulturellen Einrichtungen als Los über die Menschheit verhängt. Dieser Tatsache hat sich der Mensch zu beugen.

Beim Tod finden Rituale statt, die mehr den Willen aller Beteiligten, eine deutliche Trennungslinie zwischen dem Toten und den Lebenden zu ziehen, ausdrücken als wirkliche Trauer. So legt man z. B. dem Toten Münzen auf Mund und Augen, wenn diese nicht zugedrückt wurden – ein klarer Beweis, daß offene Augen und Münder Gefahren darstellen. Die persönlichen Habseligkeiten des Abgeschiedenen folgen ihm ins Grab. Neben einen Medizinmann beispielsweise wird sein Medizinbeutel gelegt. Dieser Brauch könnte als letzte Ehrung für den Toten interpretiert werden, aber auch auf die alte Regel zurückgehen, daß alles, was vom Tod befleckt ist, den Toten auch ins Jenseits begleiten muß.

Eine Zeitlang trägt die Verwandtschaft zerrissene Kleider, damit der Geist des Verstorbenen sehen kann, wie sehr die Hinterbliebenen trauern, und zufrieden ist, oder, was ebenso wahrscheinlich ist, damit er sie nicht berührt und gar belästigt. Zweifellos ist das hemmungslose Weinen der Leute nach dem Tod eines Angehörigen bis zu einem gewissen Grad Ausdruck echter Gefühle und Anhänglichkeit. Aber es hat auch eine bestimmte Funktion: Die weinenden Frauen beten nämlich, daß der Tote den rechten Weg ins Land der Toten finden und nicht irregehen möge. Geschähe das, wäre es für die Lebenden gefährlich. Denn wandernde und unstet herumirrende Totengeister können die Hinterbliebenen quälen.

So sieht es ganz danach aus, als ob die Gefühle der Fürsorglichkeit und Liebe beim Tod eines Angehörigen an ihre Grenze stießen. Weiteres Symptom dafür ist das Namenstabu: Wenn ein Mensch gestorben ist, darf sein Name für eine Weile nicht in den Mund genommen werden. Ich persönlich habe in dieser Hinsicht einmal einen Fehler gemacht, und zu meinem Leidwesen mied mich daraufhin eine trauernde alte Frau, eine meiner besten Informantinnen, für einige Wochen.

Was geschieht beim Tod? Die Schoschonen – und andere Indianerstämme – haben darüber die unterschiedlichsten Auffassungen. Vorstellungen über Reinkarnation (heute eher selten), über ein Leben als Geist auf der Erde, oder ein Leben in einer anderen Welt, etwa im Himmel oder in einem Land hinter den schneeglänzenden Bergen im Westen, konkurrieren miteinander. Das Christentum hat natürlich die Tendenz, an einen seligen Aufenthalt im Himmel zu glauben, verstärkt. Man erzählt sich von Menschen, die im Koma ins Jenseits gelangt seien und nach ihrer Rückkehr berichtet hätten, man führe dort ein glückliches Leben in den »ewigen Jagdgründen«, reite auf schnellen Ponys und jage Büffel. Aber heutzutage gelten solche Visionen als wenig glaubwürdig.

Interessanterweise führt der Weg zur anderen Seite über die Milchstraße, was beweist, daß man von einem Aufenthalt der Toten im Himmel überzeugt ist. Überlieferungstreue Informanten erzählten mir sogar, der Weg über die Milchstraße sei mit der Stange identisch, um die herum sich der Sonnentanz bewegt. Ihre beiden in den Himmel ragenden Gabelspitzen stehen für die Gabelung der Milchstraße. Das ist ein gutes Beispiel dafür, wie kosmische Gegebenheiten in rituelle Kulthandlungen umgesetzt werden.

Vorstellungen der Schoschonen über Gesundheit und Wohlbefinden

Viele Übergangsrituale zeigen uns, wie für die Gesundheit eines Schoschonenindianers individuell und kollektiv gesorgt wird. Die ganze Familie fühlt sich für ein Kind verantwortlich, das das Licht der Welt erblickt hat. Auch Stief- und Adoptivkinder behandelt man mit gleicher Umsicht. Bei Krankheit, Verletzungen und sonstigen körperlichen Störungen tun die Verwandten eines Kranken alles, um ihm sein Los zu erleichtern. Stets findet sich ein Angehöriger, der den Medizinmann holt. Früher war das eine komplizierte Angelegenheit.

Man ist davon überzeugt, daß alle Beeinträchtigungen der Gesundheit, mit Ausnahme leichterer Krankheiten und kleinerer Unfälle, ihre Ursache in einem Mißverhältnis des Menschen zur übernatürlichen Welt haben. Der Weg, dieses Mißverhältnis zu beseitigen und die verlorene Harmonie wiederherzustellen, besteht im absichtlichen Leiden. Nichts anderes ist der Weg der Visionen: Ein Mann wirft sich demütig auf den harten Felsen der Vorberge vor den höheren Wesen nieder, liegt vielleicht für mehrere Tage nackt unter einer dünnen Decke, nimmt willig die Strapazen der kalten Nächte, die Angriffe von Tieren und andere Gefahren auf sich und verzichtet auf Nahrungsaufnahme. Hat er dann schließlich eine Erscheinung, so ist das der Beweis für ihn, daß sich die Mächte seiner erbarmt haben. Das gleiche gilt für den Sonnentanz: Die Teilnehmer tanzen drei Nächte lang barfuß im Sand und beten flehentlich zur Sonne, dem sichtbaren Symbol Tam Apös. Auf diese Weise erbitten sie Mitleid und Hilfe. Das absichtliche Leiden stellt das gestörte Gleichgewicht zwischen dem einzelnen und den mächtigen Schutzherren des Lebens, seien es Geister der Natur oder der Große Geist selbst, wieder her. Ein Schoschone versicherte mir zwar, im Sonnentanz empfange man, ohne leiden zu müssen, den Segen der Mächte und spirituelle Hilfe, doch dürfte diese Aussage kaum repräsentativ sein.

So betrachtet, kann sich der Mensch einigermaßen sicher fühlen, solange er den rechten Weg, den ihm die Gesellschaft vorschreibt und der vom Höchsten Wesen sanktioniert ist, nicht verläßt. Der Sonnentanz dient dazu, dem Schoschonenindianer diese Sicherheit immer aufs neue zu vermitteln. Alle Jahre wieder lobt und preist er das Höchste Wesen, dankt ihm für seine Wohltaten im vergangenen Jahr und bittet darum, es möge ihm auch im kommenden Jahr gnädig sein. Der Sonnentanz bietet außerdem jedermann Gelegenheit, Krankheiten und Schwächezustände von den am Ritual teilnehmenden Medizinmännern beheben zu lassen. Zuerst stellen sich die Tänzer, die den Segen der Gesundheit für sich selbst oder ihre Angehörigen erbitten, in einer Reihe vor dem Stamm in der Mitte, der heiligen Pappel, auf. Der Medizinmann berührt hierauf den Stamm mit seinen Medizinfedern, gewöhnlich einem Adlerflügel. Er streicht damit über das Holz, wie wenn er ihm dadurch die lebenspendende Essenz, die heilige Kraft, entzöge. Dann wendet er sich den Patienten zu und berührt sie, einen nach dem andern, mit den Federn. Es ist nicht ganz eindeutig, was dabei passiert. Aber einige Schoschonen erklärten mir, man müsse hier zwei Aspekte gleichzeitig sehen: Erstens wird Kraft von dem heiligen Pfosten auf den Patienten übertragen, und zweitens wird jede Krankheit, die sich in seinem Körper befindet, beseitigt. Mit anderen Worten, bei dem Vorgang mischen sich positive und negative Elemente. Geben und Nehmen sind die beiden Seiten ein und derselben symbolischen Geste. Ein Schoschone sagte mir noch, der Medizinmann praktiziere auch die dem Patienten abgenommene Krankheit durch die Striche seiner Federn in den Stamm in der Mitte hinein. Erst dann berühre er den Stamm aufs neue, um die Federn mit Kraft aufzuladen, und übertrage diese Kraft, ebenfalls durch die Federn, auf die Hilfesuchenden. Anscheinend sind hier mehrere Interpretationen möglich.

Sobald die Tänzer, die sich diese Behandlung gewünscht hatten, fertig sind, ist die Reihe an den Zuschauern. Sie empfangen jetzt auf die gleiche Art den Segen. Ich beobachtete einmal, wie eine alte Frau mit ihrem kleinen Enkel auf dem Arm die Segnungen entgegennahm. Sie hatte ihre Mokassins ausgezogen, denn der Boden um die Stange ist heiliger Grund. Der Medizinmann strich mit dem Flügel über sie hin, hielt ihr die rechte Hand über den Kopf und sprach ein Gebet über ihr. So wurden ihr und ihrem Enkel Gesundheit und Glück zuteil.

Möglicherweise stellen diese Segenszeremonien, die an dem Tag zelebriert werden, an dem der Sonnentanz seinen Höhepunkt erreicht und am heiligsten ist und die meisten Geister anwesend sind, eine Spätphase in der Entwicklung des Sonnentanzes dar. Eines ist jedenfalls sicher: Gesundheit und Glück haben nach Beendigung der großen Indianerkriege und der Einrichtung der Indianerreservate eine immer größere Bedeutung erlangt. Die Menschen leben länger, und das Leben wird nicht mehr so abrupt durch Kriege oder Seuchen unterbrochen. Die Sorge um die Gesundheit ist daher zur Hauptsorge geworden.

Die Gefahren, die heutzutage das Glück einer Indianergemeinschaft bedrohen, beziehen sich also mehr auf die wirtschaftlichen Grundlagen, die Gesundheit und die körperliche Verfassung. Abgesehen von gelegentlicher Armut und Mangel an lebensnotwendigen Dingen – aus Ursachen, auf die wir hier nicht eingehen können –, sind die größten Gefahren für den einzelnen und die Familien Mord, Selbstmord und Unfälle aufgrund von Alkohol (Trunkenheit am Steuer, fahrlässiger Umgang mit Waffen usw.). Während einige dieser Probleme auf die Relativierung aller Werte in einer Gesellschaft, die seit mehreren Jahrzehnten dem Druck einer übermächtigen fremden Kultur ausgesetzt ist, zurückgeführt werden müssen, liegt doch auch auf der Hand, daß schon in den Tagen der Unabhängigkeit ein Prozeß der Fragmentierung, ja Atomisierung eingesetzt hatte. Die heutigen Rivalitäten und Eifersüchteleien sind in vieler Hinsicht ein Erbe der Vergangenheit, ein Überbleibsel der Gesellschaften vom Great-Basin-Typus, der das Leben bestimmte, bis die Plainskultur ihren Firnis darüberzog. Andere Probleme, z. B. Tuberkulose und, in früherer Zeit, Trachome, haben natürlich physiologische Ursachen.

Aber für überlieferungstreue und gläubige Schoschonen sind all diese Probleme auf übernatürliche Faktoren zurückzuführen. Übernatürliches ist vor allem auch bei Beeinträchtigungen der Gesundheit wirksam. Ein gestörtes Verhältnis zur übersinnlichen Welt, Aktivitäten der Geister und menschlicher Zauber sind die drei hauptsächlichen Krankheitsursachen. Mit anderen Worten: Der Mensch kann sich niemals vor übernatürlichen Gefahren sicher fühlen. Trotz regelmäßiger Teilnahme am Sonnentanz und anderen Bemühungen, sich mit den höheren Mächten gutzustellen, ist es jederzeit möglich, daß jemand, ohne es zu wissen, den Einflüssen der übernatürlichen Welt oder den Machenschaften von Menschen, die über übernatürliche Kräfte verfügen, zum Opfer fällt. Es ist klar, daß im Prinzip ein gutes, moralisch einwandfreies Leben zu Gesundheit und Glück führt. Es ist auch sicher, daß die Geister bestimmte Menschen lieben, und zwar die guten, freundlichen, verantwortungsbewußten Menschen. Doch gleichzeitig lauern stets und allerorts Gefahren von übernatürlichen Wesen. Ein Schoschone muß damit leben – es gibt keinen Ausweg aus diesem Dilemma.

Krankheitsursachen

Das oben entwickelte Schema pathogener Ursachen zeigt, daß eine der wichtigsten Krankheitsursachen bei den Schoschonen das gestörte Verhältnis zwischen dem Menschen und der übernatürlichen Welt ist. Oft wird dieses gestörte Verhältnis auf Tabuverletzungen zurückgeführt.

Tabu ist ein polynesisches Wort. Es umschreibt einen Komplex von Verboten, die verhindern sollen, daß die religiöse und soziale Ordnung gestört wird. Die dabei Pate stehenden Glaubensüberzeugungen sind religiöser und magischer Natur: Wer einen Fehltritt begeht, wird, meist automatisch, von übernatürlichen Mächten bestraft. Die Schoschonen sagen, ein solcher Mensch sei *omaiken*, d. h. »verboten«, »zerstört«. Ein typisches Beispiel für eine Tabuverletzung ist, wenn eine menstruierende Frau die Halle des Sonnentanzes betritt. Bevor der Tanz beginnt, verkündet daher ein Ausrufer: »Jede kranke Frau verlasse unverzüglich den Raum!« Es heißt, eine in dieser Weise unreine Frau stelle ein Hindernis für den Eintritt der höheren Mächte in die Halle dar. Eine menstruierende Frau muß statt dessen in einer kleinen Hütte, »dem Haus draußen«, bleiben, das man am Rand der Siedlung für sie errichtet. Man erwartet von ihr, daß sie sich fünf bis zehn Tage dort aufhält. Männer fürchten sich, sie zu besuchen. Sie haben Angst vor menstruierenden Frauen. Wir erfahren, daß sie nach dem Besuch solcher Frauen keine klaren Träume (die sich auf die übernatürliche Welt beziehen) mehr haben. Wenigstens glaubte man in früherer Zeit noch, einem Mann, der die Menstruationshütte betrete, werde das Blut aus Mund und Nase stürzen, und er müsse sterben.

Ein Fehler in der Durchführung eines Rituals macht das ganze Ritual omaihen und kann schlimme Folgen haben. So bringt es beispielsweise Unglück, wenn ein Seher jemandem die Inhalte seiner Vision erzählt, obwohl er weiß, daß noch eine Fortsetzung zu erwarten ist (in einem neuen, von dem Geist schon angekündigten Traum). Auch ist es selbstverständlich, daß jemand, der am Sonnentanz teilnimmt und trinkt, den Tanz sofort verlassen muß. Denn Fasten gehört zum Sonnentanz genauso wie zum Weg der Visionen. Dergleichen Regeln gibt es noch viele.

Auch Befehle der Geister begründen Tabus. Ein allgemeines, von den Geistern verhängtes Tabu besagt, daß ein Visionensucher sich nicht von der Stelle rühren darf, wenn er den Besuch der Geister erwartet. Tut er es, von Tieren, Totengeistern oder Ungeheuern erschreckt, doch, so verspielt er nicht nur die erhofften Kräfte, sondern er wird auch gelähmt oder von einem anderen Unglück betroffen (siehe unten die Geschichte Taivotsis).

Viele Stellen droben in den Bergen waren tabu, z. B. die Geysirkessel. Sich ihnen zu nähern, war gefährlich. Gefährlich war es auch, mit den Fingern auf Berggipfel zu zeigen. Verletzt der Mensch solche Tabus, muß er darauf gefaßt sein, daß die übernatürlichen Wesen Vergeltung üben. Man fragt nicht lange, warum das so ist. Es genügt, zu wissen, daß es eine andere, übernatürliche Welt gibt, und Männer und Frauen haben sich ihren Gesetzen zu fügen.

Menschliche Handlungen können also das Verhältnis zu den höheren Mächten stören. Aber es ist umgekehrt auch möglich, daß die Mächte aus unbekannten Gründen die Initiative ergreifen und Menschen krank machen. So etwas ist das Gegenteil von Fällen, wo Geister ein Faible für jemanden haben und z. B. Mitleid mit einem Visionär empfinden, der sich demütig gebärdet und Vertrauen verdient. Andererseits wird eine Person, die nicht devot und ehrlich genug ist, auf dem »Weg der Visionen« nicht nur keiner Vision gewürdigt, sondern die Geister fügen ihr sogar noch Schaden zu. Die Folge ist dann eine Krankheit, etwa Lähmung oder Blindheit. In vielen Fällen jedoch werden Menschen von den Geistern mit Leiden überhäuft, obwohl sie ein rechtschaffenes, ehrenhaftes Leben geführt haben. Auch gibt es übernatürliche Wesen, die, wie die Bergoger und Zwerggeister, von Haus aus böse sind. Wir haben schon berichtet, daß die Bergoger Personen, denen sie Visionen schicken, wahnsinnig machen können. Sie kleiden sich häufig in Stein- und Felsgewänder und gelten als Menschenfresser.

Die Zwerggeister, *Nynymbi*, sind ebenfalls gefährlich. Es kann passieren, daß man, wenn man sich draußen im Freien aufhält, ohne jeden Grund einen Schlag von ihnen versetzt bekommt. Sie leben im Weidengebüsch an großen Steinen und Bächen und sind, wie die Indianer alter

Zeit, in Bocksfelle gehüllt. In der Regel sind sie unsichtbar, können aber zuzeiten doch gesehen werden. Sie sind sehr klein, mit Pfeil und Bogen bewaffnet, und schießen mit unsichtbaren Pfeilen auf Leute, die ihnen zu nahe kommen. Viele Geschichten sind in Umlauf, wo sie auf reitende Indianer schossen und sie vom Pferd herunterholten. Bei den von den Nynymbi verursachten Krankheiten handelt es sich meist um Herzschlag oder Tuberkulose. Nur Tuberkulose ist heilbar.

Eine weitere Krankheitsursache ist menschlicher Zauber. Die Hexer oder Zauberer sind im allgemeinen ehemalige Medizinmänner, die ihre Macht zu selbstsüchtigen Zwecken mißbrauchen und ohne Bedenken anderen Menschen Schaden zufügen. Von einem vor hundert Jahren lebenden berühmten Sheepeater-Reiseführer, Togwotee, war bekannt, daß er Zauberei betrieb. Er pflegte eine in Bocksleder gehüllte Puppe an seine Halskette zu binden und mit sich herumzutragen. Sie stellte seinen Schutzgeist, einen Bergoger, dar. Offenbar hatte sich Togwotee diesen Geist dienstbar gemacht, weil er die Macht besitzen wollte, Menschen zu verletzen. Man fürchtete ihn vor allem während der Sonnentänze, da er bei solchen Gelegenheiten anderen Menschen die Seele stahl. Schließlich wurde er von einem Medizinmann der Uteindianer, der eine noch stärkere Medizin besaß, durch magische Mittel getötet.[6]

Auch Weiße verfügen manchmal über die Macht, Menschen zu verzaubern und krank zu machen – daran glaubten wenigstens noch um 1950 viele alte Männer der Schoschonen. Diese Alten fürchteten Fotoapparate und weigerten sich, sich fotografieren zu lassen. Jüngere Indianer erklärten das damit, daß die Älteren glaubten, sie würden beim Fotografiertwerden erschossen. Auch berichteten sie, die Alten lebten, wenn sie doch einmal fotografiert wurden, nicht mehr lange. Von anderen Stämmen wissen wir, daß durch die bildliche Darstellung einer Person die Essenz des Menschen, also sein Leben oder seine Seele, gefangengenommen wird. Wer das Bild besitzt, kann die porträtierte Person vernichten.

Die Krankheitsursachen, von denen soeben berichtet wurde, sollten aber nicht mit den Manipulationen selbst verwechselt werden, durch die diese Krankheiten von einem Menschen Besitz ergreifen. Es ist zwar richtig, daß gewisse Krankheiten, etwa Lähmungen, die automatische Folge von Tabuverletzungen oder Reaktionen zorniger Geister sein können. Im allgemeinen jedoch werden Krankheiten erst durch bestimmte Mittel ausgelöst. Das heißt, die sich rächenden Geister arbeiten mit der Introjektion von Gegenständen oder kleineren Geistern, oder sie verursachen Seelenverlust. Letzterer kann aber, wie oben erwähnt, auch auf menschlichen Zauber zurückgehen.

Es ist mitunter schwer zu entscheiden, ob ein Gegenstand (auf mysteriöse Weise) oder ein Geist in den Körper introjiziert worden ist. Die Berichte sprechen teils von Dingen, teils von Geistern. Der Nynymbi z. B. schießt einen Pfeil in den Körper eines Menschen, doch kann sich dieser Pfeil selbst als lebendiges Wesen, als Geist, entpuppen, wie die folgende Geschichte, die mir eine meiner Informantinnen, die Medizinfrau Nadzaip, erzählt hat, beweist:

> »Eines Tages heilte mein Bruder [der Medizinmann Morgan Moon] meine Tochter, die mittlerweile seit 20 Jahren tot ist. Ein Nynymbi hatte ihr einen Pfeil in die Brust geschossen, und sie war dem Tode nahe. Meinem Bruder gelang es damals, sie zu retten. Er legte ihr die Hand auf die Brust und saugte ein kleines menschen-

ähnliches Wesen mit Armen und Beinen aus ihr heraus. Vor allen Anwesenden hob er das fingergroße Geschöpf in die Höhe. Das Mädchen wurde gesund und fing sofort wieder zu spielen an. Sie lebte noch mehrere Jahre, doch starb sie schließlich an Auszehrung [Tuberkulose].«

Es hat keinen Zweck, darüber zu streiten, was Nadzaip und die anderen Zuschauer wirklich gesehen haben. Obwohl meine Informantin versuchte, einen Unterschied zwischen dem Pfeil und dem kleinen Wesen zu machen, zeigt ihre Geschichte doch deutlich, daß der Gegenstand und der »Geist« identisch waren.

Die Introjektion gefährlicher Objekte ist der übliche Weg bei den Schoschonen, auf dem es zu einer Krankheit kommt, jedenfalls in neuerer Zeit. Früher gab es auch noch Seelenverlust. Wir haben Geschichten über große Medizinmänner und Schamanen, die in Trance Seelen zurückholen konnten. Doch sind sie allem Anschein nach in den ersten Jahrzehnten dieses Jahrhunderts ausgestorben. Weitere Praktiken der Medizinmänner sollen weiter unten beschrieben werden. Tote konnten einem Lebenden die Seele rauben, auch böse Menschen waren dazu imstande. Ein Gewährsmann erklärte mir: »Die Seele wohnt in den Haarspitzen, in etwa 5 cm Höhe. Wenn jemand schläft, kann sie ihm ein Zauberer stehlen. Dadurch wird man verrückt. Und wenn die Seele nicht mehr zurückkehrt, stirbt man. Ein Heiler muß also die Seele suchen.« Es kam auch vor, daß sich im Traum die Seele selbst vom Körper entfernte oder daß sich in den letzten Phasen einer Krankheit das Band zwischen Seele und Körper löste und die Seele ins Totenreich wanderte.

In all diesen Fällen mußten die Dienste eines Medizinmannes in Anspruch genommen werden.

Der Medizinmann der Schoschonen

Traditionsgemäß ist es der männliche Fachmann für Heilkunde, der Medizinmann oder *Puhagan*, der bei den Schoschonen schwer kranke Menschen heilt. Es gibt zwar auch weibliche Medizinmänner (Frauen, die die Menopause hinter sich haben), aber es sind doch nur wenige, und ihre Kräfte sind nicht so groß wie die ihrer männlichen Kollegen. Der folgende Bericht bezieht sich nur auf Medizinmänner.

Der Medizinmann der Schoschonen ist ein Seher, der sich mehr und stärkere Schutzgeister erworben hat als andere Visionäre und sich auf Heilungen spezialisiert ist. Manchmal hatte er den Beruf des Medizinmannes bewußt angestrebt, manchmal aber geschah es auch gegen seinen Willen, daß er den Segen der Geister und dadurch seine Heilkräfte empfing. Es gab viele Wege, die zum Besitz höherer Kräfte führten.

In vielen Fällen war die Kraft zu heilen angeboren, ja sogar erblich. Ein Medizinmann konnte also mit seiner Heilkraft schon auf die Welt kommen. Trotzdem mußte ihm in einer Vision ein Geist diese Kraft noch bestätigen, ehe er mit seiner Arbeit beginnen durfte. Der oben erwähnte Morgan Moon war ein solcher Medizinmann. Schon sein Vater war einer gewesen, und auch seine Schwester Nadzaip, der ich auf meinem ersten Besuch bei den Schoschonen begegnete, wirkte als Medizinfrau. Die meisten Informanten unterscheiden ausdrücklich zwischen Medizinmännern mit angeborener Kraft und solchen, die nur Visionen gehabt haben. Doch verwischt sich dieser Unterschied wieder, wenn man bedenkt, daß auch die Medizinmänner der ersten Art von den Geistern gesegnet werden mußten, zum Beispiel beim Sonnentanz.

Manche empfingen ihre Heilkräfte spontan und ohne daß sie sich darauf vorbereitet oder überhaupt je daran gedacht hatten, Medizinmann zu werden. In diesem Sinne schildert z. B. Parukugare alias John Trehero, wie er zu seinen Heilkräften kam:

»Als ich ein Junge war, etwa 14 Jahre alt, brachte ich eines Tages Pferde, die wir im Westen der Berge hatten, zu meiner Mutter in den Osten. Ich führte sie über die Berge und gelangte abends an eine Stelle am höchsten Punkt der North-Fork-Popoagie. Es gibt dort Felszeichnungen, und ich hatte einen bedeutsamen Traum. Ich hatte nicht die Absicht gehabt, dort zu schlafen, ich schlief einfach ein. Und ich wußte auch nichts von den Felszeichnungen. In dem Traum nun bekam ich einen furchtbaren Schrecken. Es war wie ein Alp. Ich wollte aufwachen, konnte es aber nicht – so etwas geht nicht, wenn Geister in einem Traum vorkommen. Der Traum ereignete sich kurz vor Morgengrauen, und ich sah eine Schlange und einen Bären. Schließlich wachte ich auf und erblickte die Zeichnungen auf den Felsen, unter anderem einen Bären und eine Schlange. Ich sattelte die Pferde und zog weiter.«

Nach diesem Traum besaß John Trehero die Gabe, Schlangenbisse zu heilen und Menschen mit Bärenmedizin zu töten. Zu beachten ist, daß er die Felszeichnungen erblickte, als er aufwachte. Er befand sich also an einem heiligen Ort. Man glaubt, daß es die Geister selbst sind, die ihre Bilder in die Felsen auf den Vorbergen eingraviert haben. An solchen Plätzen konnte man also, gewollt oder ungewollt, Visionen haben.

Blitz und Donner sind häufig der Anlaß für spontane Visionen. Der angesehene Medizinmann Tudy Roberts hatte einmal den Sonnentanz getanzt und ging in die

Vorberge hinter Fort Washakie hinauf, um dort im Freien zu schlafen. Im Traum sah er drei singende Geister. Gekleidet waren sie wie Indianer von heute, aber »ihre Kleider waren sehr sauber«, und sie hatten Federn auf den Hüten. Es waren Blitzgeister. Sie verliehen Tudy Roberts ihre Kraft und sagten zu ihm: »Wenn jemand vom Blitz getroffen wird, rufe uns an mit den Worten: ›Schwarze Wolken, weißer Blitz‹, und du wirst in der Lage sein, diese Person zu heilen.« Tudy erklärte mir, er wedle die Krankheit mit einem Adlerschwanz hinweg. Dieser ist mit einem Blitzzeichen markiert, das ihm die Kraft der Geister aufgeprägt hat – wir dürfen vermuten, daß es die Stelle ist, die ein herniederfahrender Blitz versengt hat.

Ein anderer Weg, Medizinmann zu werden, ist einfach, daß man den Sonnentanz tanzt. Dabei ist es aber sehr wichtig, daß der Betreffende die Kraft nicht bewußt anstrebt (obwohl er insgeheim natürlich schon hofft, von den Geistern auserwählt zu werden). Als junger Mann war der spätere Medizinmann Morgan Moon einmal sehr krank. Er nahm an der Feier des Sonnentanzes teil, um wieder gesund zu werden. Er tanzte zur Stange in der Mitte, vor und zurück und wieder vor, und wurde plötzlich ohnmächtig. Ziemlich lange lag er bewußtlos zu Füßen der Stange. Niemand kümmerte sich um ihn. Endlich kamen doch vier Tänzer und trugen ihn zu seiner Koje (dem Schlafplatz am Rand der Hütte) hinüber. Er verbrachte einige Stunden auf dem Lager und wachte dann auf. Er erzählte, er habe eine Vision gehabt, in der ihm ein Indianer die Kraft verliehen habe, Medizinmann zu werden und Kranke zu heilen. Der Geist versicherte ihm, er würde diese Kraft bis ans Lebensende behalten. Von da an heilte er unzählige Menschen.

Interessanterweise sah Morgan Moon in seiner Vision

einen Indianer, der langsam auf ihn zuschritt und vor ihm stehenblieb. Dieser Geist übergab ihm seine Kraft und seinen Medizingesang und löste sich dann allmählich auf. Morgan Moon versuchte, ihm zu folgen, fand ihn aber nicht mehr.

Auch Träume in der Nacht konnten jemanden zum Medizinmann machen. Aber dabei mußte es sich um besondere, ungewöhnliche Träume handeln, in denen es zu deutlichen Visionen kam, die nicht unterbrochen werden durften. Medizinmann Tudy Roberts erzählte: »Meine Visionen hatte ich immer nachts, im Traum.« Einmal träumte er, er sei zu Pferd zum Milchbergbach geritten. Viele Zelte standen dort, und eines davon betrat er. Er traf auf eine Frau, die ihm sagte, drinnen liege ein krankes Kind mit geschwollenem Hals. Sie hätten dem Kind schon einen Finger in die Kehle gesteckt, aber ohne Erfolg. Tudy fuhr fort: »Ich steckte dem Kind einen Finger in die Kehle, und es wurde sofort gesund. Man reichte ihm kaltes Wasser, und es trank ohne Probleme. Auf diese Weise kam ich zu meiner Kraft. Diese Leute waren nämlich Geister. Und mein Finger wurde gesegnet. Ich steckte ihn dem Kind tief in den Mund.«

Der übliche Weg bei den Jägerstämmen im Westen der USA, Medizinmann zu werden, waren Träume, in denen dem Träumenden Heilkräfte verliehen wurden. Beeinflußt von anderen Plainsstämmen kamen die Schoschonen jedoch zu der Überzeugung, daß man sich solche Kräfte auch durch einen bewußt gegangenen Weg der Visionen erwerben konnte. Bis zum Ersten Weltkrieg war es nichts Ungewöhnliches, daß ein Mann zu den Felswänden in den Vorbergen ritt, auf denen sich die Zeichnungen befanden, und dort auf Visionen wartete. Wie erwähnt galten die Felszeichnungen, deren eigentlicher Ursprung von den Schoschonen längst vergessen war, als Selbstporträts der Geister. Der Aspirant auf den Beruf des Medizinmannes fastete nun und betete zu dem Geist seiner Wahl. Das konnte sich über mehrere Nächte hinziehen. Tiere, die ihm in seiner Einbildung wie Ungeheuer erschienen, näherten sich und erschreckten ihn.

Typisch für diese Situation ist, was Taivotsi passierte. Vor vielen Jahren hatte er einen Traum gehabt, in dem ihm ein Geist sagte, wenn er Heilkräfte haben wolle, müsse er sich zu den Felszeichnungen an der Quelle des Weidenbachs begeben. Dort solle er dann im Bach baden, um sich so von allem Schmutz zu reinigen, die Nacht verbringen und auf eine Erscheinung warten. Er tat, wie ihm geheißen war. Er legte sich nieder, es war noch früh am Abend. Er wußte nicht, ob er schon schlief, es kam ihm aber so vor, als ob er noch wachte. Da flog eine Eule heran und hackte mit dem Schnabel nach ihm. Sie versuchte ihn zu vertreiben, er aber blieb, wo er war, woraufhin sie wieder wegflog. Als nächstes erschien ein Bär, der ihn vor sich herzutreiben versuchte. Er aber hielt stand, und der Bär gab auf und ging seiner Wege. Jetzt sprang ein Hirsch mit mächtigem Satz auf ihn zu, einmal, mehrere Male. Doch Taivotsi wich keinen Zentimeter. Ein Kojote lief ihm entgegen und schnappte nach ihm – Taivotsi fürchtete sich nicht. Schließlich kam eine große Klapperschlange angekrochen und klapperte. Da sprang Taivotsi, der schon immer Angst vor Schlangen gehabt hatte, auf und stürzte Hals über Kopf davon.

Damit war sein Schicksal besiegelt. Sein Enkel, der mir diese Geschichte erzählte, versicherte mir, Taivotsi wäre, wenn er ausgehalten hätte und an Ort und Stelle stehengeblieben wäre, mit Heilkraft begabt worden. So aber bekam er bald darauf verkrüppelte Füße und mußte an Krücken gehen. Viele Jahre später jedoch nahm er an einem Sonnentanz teil und tanzte, während er sich auf seine Krücken stützte. Er empfing den Segen der Geister, und am zweiten Tag des Tanzes konnte er ohne Krücken stehen. Von da an brauchte er sie nie wieder.

Der Enkel meinte, der Geist wäre Taivotsi bei den Felszeichnungen am Weidenbach unbedingt erschienen und hätte ihm seinen Segen gegeben, wenn Taivotsi alle Gefahren tapfer bestanden hätte. Denn immer gingen der Ankunft eines Geistes solche Prüfungen voraus.

Psychologisch gesprochen erscheint also der Geist, sobald der Träumer in einen tranceartigen Zustand verfällt. Ein Schoschonenindianer erklärte das so: »Der Geist wirkt durch den Traum. Es ist wie ein Traum, aber doch kein richtiger Traum – nur traumähnlich. Das Bewußtsein vereinigt sich mit dem Geist, der es mit sich mitnimmt.« Viele Berichte über Visionen beschreiben, wie der Geist zuerst als ein weit entferntes Etwas am Horizont wahrgenommen wird, dann als eine sich nähernde Gestalt mit undeutlichen Umrissen und schließlich als ein meist tierähnliches Wesen, das zum Kandidaten spricht und ihm seine Kraft (mit den Bedingungen ihrer Anwendung) und den Medizingesang übergibt. Das Singen dieser Melodie ruft stets die Hilfe des Geistes herbei. Oft verwandelt sich der Geist, während er da ist, noch in andere Gestalten. Endlich verschwindet er wieder und löst sich sozusagen in Luft auf. Man könnte sagen, daß hier alle charakteristischen Merkmale eines Traumes zusammenkommen. In diesem Zusammenhang ist von Interesse, daß auch die Seele, wenn sie sich vom Körper gelöst hat (die »freie Seele«), mit einem Traum identifiziert wird – *Navužieip* ist die Bezeichnung sowohl für freie Seele als auch für Traum.

In früherer Zeit war dieser Weg der Visionen eine

verbreitete Methode, die Fähigkeiten eines Medizinmannes zu erwerben. Besonders Offenbarungen eines Bären- oder Blitzgeistes konnten solche Kräfte vermitteln, aber auch andere Geister verfügten über diese Macht. Immer aber machten die Geister ihren Segen von der Voraussetzung abhängig, daß der Bittsteller aufrichtig und ein guter Mensch war.

Seit dem Ersten Weltkrieg ist diese Art, um Heilkraft zu bitten, weitgehend aufgegeben worden, vielleicht infolge der Auflösung der kulturellen Klammer, die die Stämme der Plainsindianer bis dahin miteinander verbunden hatte. Auf jeden Fall sind die auf dem Weg der Visionen beschworenen Geister heute in den Ruf geraten, weniger zuverlässig, ja für den Bittsteller gefährlich zu sein.[7] Eher verläßt man sich jetzt auf spontane Traumvisionen. Sie haben wieder die Bedeutung erlangt, die sie in den Tagen der Great-Basin-Indianer vor der Inbesitznahme der Plains gehabt hatten.

Eine Initiationszeremonie für neue Medizinmänner gab es bei den Schoschonen nicht, auch keine Übungszeit, in der der Kandidat in seinen Beruf eingeführt wurde. Es finden sich nur Hinweise darauf, daß ein neuer Heiler von Fall zu Fall studierte, wie die erfahreneren Kollegen verfuhren. Niemand verlangte von ihm, daß er sich in seinem Fach ausbilden ließ. Wir sind hier noch weit von den Unterrichtssystemen entfernt, die für andere Gesellschaften charakteristisch sind.

Die Gründe dafür liegen auf der Hand. Es hat hier niemals ein Gremium von Spezialisten gegeben, das diese Angelegenheiten professionell geregelt hätte. Der Individualismus und die Parteisucht im Stamm der Schoschonen sowie die Traditionen, die noch aus der Zeit vor der Inbesitznahme der Plains stammten, schlossen (mit Ausnahme der militärischen Organisation) Entwicklungen in dieser Richtung aus. Noch wichtiger war, daß die Medizin eng mit der Religion zusammenhing. Ein Medizinmann ist nur deshalb medizinische Autorität, weil seine Fähigkeiten von den geistigen Mächten stammen. Die Geister haben ihm gesagt, was er zu tun hat und wie er Kranke heilen muß. Kein menschliches Wesen kann ihm hier behilflich sein. Etwas anderes ist es, daß wir, als Beobachter von außen, streng fixierte traditionelle Regeln feststellen können, die die Heilmethoden eines Medizinmannes bestimmen.

Individuelle und kollektive Aspekte des Heilens

Der betonte Individualismus der schoschonischen Medizinmänner führt dazu, daß sie sehr unterschiedliche Heilverfahren praktizieren – ihr Wettbewerb untereinander aber hat zur Folge, daß manche Medizinmänner von bestimmten Gruppen ihrer Gemeinschaft geradezu mit Mißtrauen betrachtet werden. Ich war sehr überrascht, wie weit die Urteile über ein und denselben Medizinmann voneinander abweichen konnten. Die Aussagen reichten von »sehr gut, zuverlässig, ausgezeichnte Ergebnisse« bis zu »Betrüger, sehr unzuverlässig, eine Niete«. Nur ein einziger Medizinmann stand über aller üblen Nachrede. Er war eine ruhige, schweigsame, konservative, traditionsbewußte Persönlichkeit, Verkörperung der guten alten Zeit.

Ein anderer Medizinmann jedoch, charmant, aber etwas flatterhaft, auch noch ein Mann der alten Zeit und spirituell sehr erfahren, wurde von vielen nicht ganz ernst genommen und als Frauenheld abgelehnt. Ich konnte indessen feststellen, daß es sich dennoch um eine sehr würdige Persönlichkeit handelte, die von ihren Patienten hoch geschätzt wurde. Seltsam ist aber, daß diese beiden

Medizinmänner bei den Sonnentänzen gewöhnlich als recht gute Freunde zusammenarbeiteten und gemeinsam kranke Menschen heilten.

Mehr zu unserem eigentlichen Thema gehört wieder der Umstand, daß die Verfahren der Schoschonenheiler sich so sehr voneinander unterschieden. Der Grund ist einfach der, daß die Geister so verschiedene Befehle gaben. In manchen Visionen wurden sogar Instruktionen gegeben, die wir glatt als unsinnig bezeichnen würden, z. B. Tabus, die die Berührung von metallischen Gegenständen verboten, oder Regeln über die Körperbemalung des Medizinmannes und seine Kleidung, die uns geradezu exzentrisch anmuten. Bei einigen Visionen bekommt der Medizinmann nur sehr summarische Anweisungen zur Therapie eines Patienten, bei anderen wird mehr ins Detail gegangen, während in wieder anderen Fällen der Schützling eines Geistes nur eine sehr begrenzte Anzahl von Krankheiten heilen darf. Der Medizinmann muß sich dann eine ganze Reihe spezialisierter Schutzgeister zulegen, um die Gewähr zu haben, alle vorkommenden schwereren Krankheiten heilen zu können. Ein Medizinmann, John Trehero, äußerte, bei ihm wimmle es von Schutzgeistern wie von »Läusen«.

Manchmal ließ ein Schutzgeist seinen Schützling auf die Mitteilung, wie eine Krankheit zu behandeln sei, warten, bis der Akt der Heilung unmittelbar bevorstand. Tudy Roberts erzählte einmal, er sei zu einem Masernkranken gerufen worden. Da sah er im Traum seinen Geist, der ihm sagte, er solle sich an den Elchbullen(geist) halten, eine Medizin, die er sich einst beim Sonnentanz erworben hatte. Roberts fuhr fort:

»Als die Sonne am Morgen aufgeht, sehe ich in einem [Wach-]Traum den Elchbullen. Er schüttelt mich derart heftig, daß ich Sternchen sehe. Ich falle zu Boden und zittere an allen Gliedern. Ich stehe wieder auf, am ganzen Körper bebend. Jetzt wird mir gesagt, was ich tun soll. Und ich nehme die Masern in meine Hände, werfe sie ins Feuer und verbrenne sie. Hätte ich sie nicht verbrannt, so hätte jemand anders von den Anwesenden die Masern bekommen.«

Tudy kannte die Natur einer Krankheit durch seinen Geist. »Der Schutzgeist sagt mir, wer krank ist und woran er leidet.« Obwohl es ein großes Spektrum individueller Heilverfahren gibt, ist doch ein gemeinsames generelles Muster therapeutischer Methoden überliefert, das allerdings in mancher Hinsicht schon den Bedingungen der Gegenwart angepaßt ist.

Besondere Rituale sind häufig notwendig, um einen Medizinmann zu rufen. Es heißt, daß man früher den Medizinmann mit einem besonderen Spruch, den ihm sein Schutzgeist in einer Vision übergeben und den er öffentlich bekannt gemacht hatte, um Hilfe bitten mußte. Wenn ein Kranker z. B. die Dienste des Medizinmannes Charlie Myers in Anspruch nehmen wollte, mußte er oder ein Beauftragter sich einen jungen, 50 bis 100 Zentimeter langen Weidenschößling besorgen, die Rinde abschälen und ihn rot anmalen. An diesen Stab band er die weißen Federn des Adlers und brachte ihn zum Medizinmann. Bei der Übergabe hatte er zu sagen: »Ich bin gekommen, dich zu holen. Wenn du es vermagst, heile den Soundso, der krank geworden ist.« Myers nahm dann den Stab und begab sich ins Haus des Kranken. Er durfte sich nicht weigern zu kommen, und wenn es die schrecklichste, kälteste, finsterste Nacht gewesen wäre und ein wilder Schneesturm draußen gewütet hätte.

In manchen Fällen weiß der Medizinmann über geheimnisvolle Kanäle, an welcher Krankheit sein Patient leidet. In anderen offenbart es ihm sein Schutzgeist, wie wir oben gesehen haben. Sehr häufig muß der Heiler den Kranken aber erst untersuchen, um dann die Diagnose zu stellen. Wir hören von Medizinmännern, für die der Körper des Patienten durchsichtig war, so daß sie den Krankheitserreger deutlich sehen konnten. Ein anderer Medizinmann sah die Krankheit indessen nicht im Körper, sondern in einem schwarzen Muff, dessen er sich bediente. Er legte den Muff auf vier Stockspitzen zwischen sich und den Kranken und strich leicht darüber hin. Dadurch leuchtete die Krankheit auf dem schwarzen Stoff auf. »Es ist wie beim Fernsehen«, sagte dieser Medizinmann, zu dem ich einen sehr guten Draht hatte. Tudy Roberts dagegen strich mit seinem Biberfell über den Körper des Kranken. Wenn das Fell heiß wurde, wußte er, wo die Krankheit saß. Es ist ein Gemeinplatz, daß Krankheiten den Körper erhitzen – der Patient hat eben Fieber.

Mitunter kam es vor, daß mehrere Medizinmänner, einer nach dem anderen, versuchten, einen Kranken zu heilen. Aber es war auch üblich, daß viele Männer und Frauen mit dabei waren, heute eher als engagierte Zuschauer, früher als Chor. Man berichtete mir, daß sie sich mit Bittgesängen an den Hilfsgeist des Medizinmannes wandten. Wenn Morgan Moon seine Kranken heilte, war das Zelt immer voll singender Menschen. Mit leiser Stimme summten sie seinen Medizingesang, den er in einer Berufungsvision erhalten hatte. Er besaß zwei oder drei Medizingesänge von verschiedenen Schutzgeistern. Als ich die Schoschonen im Jahre 1948 aufsuchte, begann ein Medizinmann, in diesem Fall Tudy Roberts, seine Heilung mit Gebet und Bittgesang, hatte aber keinen Chor dabei. Der Gesang ruft den Geist herbei und überträgt seine Kraft auf den Medizinmann. Die Medizinmänner behaupten, sie sähen den Schutzgeist, während sie heilen.

Professionelle Heilmethoden

Nach dem bisher Gesagten dürfte klar sein, daß die Ätiologie der allermeisten Krankheiten, die von Medizinmännern behandelt werden, bei den Schoschonen im Zusammenhang mit Introjektion von Gegenständen oder Geistern beziehungsweise mit Seelenverlust steht.

Die therapeutischen Methoden für diese Krankheiten richten sich mehr oder weniger nach der jeweiligen Ätiologie. Recht deutlich wird das vor allem bei durch Introjektion verursachten Krankheiten.

Die Introjektion, sei es von Krankheitsgeistern, sei es von Krankheitsobjekten, verlangt im allgemeinen die Entfernung der pathogenen Ursache. Die eigentliche Beziehung zwischen dieser Ursache und dem Geist beziehungsweise der Person, die für sie verantwortlich ist, ist jedoch nicht immer klar. Immerhin wissen wir so viel, daß Zwerggeister und Zauberer einen Pfeil in den Körper des Patienten schießen können. Allem Anschein nach folgen andere Ursache-Wirkungs-Zusammenhänge dem gleichem Muster. Der Medizinmann entfernt dann durch diverse Maßnahmen den eingedrungenen Geist oder Gegenstand, oft zerstört er ihn auch.

Eine dieser Maßnahmen besteht darin, daß der Medizinmann mit seiner Federschwinge über den Patienten hinwegstreicht. Es wurde schon beschrieben, wie das beim Sonnentanz gemacht wird. Dadurch wird die Krankheit sozusagen weggewischt, und zugleich werden dem Patienten frische Kräfte zugeführt. Nach meinen Informationen ist diese Art zu heilen nicht original scho-

schonisch. Vielleicht wurde sie mit der Plainskultur eingeführt, bei der Federn und Federsymbole eine große Rolle spielen. Es ist heute bei Medizinmännern, auch außerhalb des Sonnentanzes, eine weitverbreitete Praxis, zu singen, Federn zu schwingen und dann den Körper des Kranken damit zu berühren. Der Symbolgehalt der Feder, besonders der Adlerfeder, ist eindeutig: Federn gehören zu den Lebewesen, die enger mit dem Himmel verbunden sind als wir. Nach dem Glauben der Schoschonen ist der Adler ein reiner Vogel, ein Botschafter Gottes, Träger übernatürlicher Eigenschaften.

Eine andere, ebenso verbreitete Maßnahme ist das Saugen und Beißen. Der Medizinmann saugt an der kranken Stelle oder irgendwo sonst, wo er sich vorstellt, daß die Krankheit den Körper verlassen könnte. Wir beobachteten einmal, wie ein Medizinmann, Morgan Moon, seinen Ellbogen auf den Patienten stellte und sich mit dem Kinn auf die Hand stützte. Er saugte nun an dieser Hand und bekam so die Krankheit aus dem Patienten heraus. John Trehero pflegte das Übel herauszusaugen und in ein Gefäß zu spucken, um es dann ins Feuer zu werfen. Die meisten Menschen, die dabeistehen, sehen die Krankheit nicht direkt. Sogar Nadzaip, Morgan Moons Schwester, gestand, sie habe niemals eine Krankheit mit eigenen Augen gesehen. Sie meinte, nur ein Medizinmann habe die Macht dazu. Und dabei war sie selbst eine Medizinfrau. Trotzdem war sie sich der Tatsache bewußt, daß, als ihr Bruder ihre Tochter heilte, alle Anwesenden den Geist der Krankheit sahen (siehe oben). Sie berichtete, alle das kranke Mädchen umstehenden Personen, also alle, die den Medizingesang gesungen hatten, hätten das kleine Wesen sehen können, das der Medizinmann in die Luft hielt, nachdem er es herausgesaugt hatte, um es schließlich wegzuwerfen.

Eine dritte therapeutische Maßnahme ist, die Krankheit aus dem Körper herauszuziehen. Ein Beispiel, bei dem der Medizinmann Charlie Myers aktiv wurde, möge das illustrieren. Er kam in eine Hütte, in der ein Schwerkranker in Fieberdelirien lag. Myers brachte den Weidenstock mit, den man ihm überreicht hatte. Er trug eine Halskette mit einem großen in Bocksleder eingenähten Augenglas und ein Gehänge aus roten Federn. Zunächst sprach er ein Gebet über dem Patienten, betrachtete ihn dann durch das Augenglas und sagte: »Aha, ein kleiner Mann [der Zwerggeist] hat dir einen Pfeil durch die Lunge geschossen, ganz dicht beim Herzen.« Er nahm nun seinen Stock und setzte die Spitze auf die Brust des Kranken. Mit einer Hand umklammerte er dann den Stock, mit der anderen hob er ihn langsam hoch. Die Umstehenden hörten ein gurgelndes, aus der Brust des Kranken kommendes Geräusch, wie wenn ein Gegenstand kollernd zu Boden fiele. Kurz darauf stützte sich der Kranke auf den Ellbogen und fragte: »Ach, ihr seid da?«

Eine etwas raffiniertere Art, durch Herausziehen zu heilen, praktizierte Tudy Roberts. Er berührte die kranke Stelle mit seinem Adlerflügel und zog dann die Krankheit heraus, »mit meiner Willenskraft«. »Nur ich sehe die Krankheit«, erklärte er. »Es ist ein runder, roter Gegenstand. Wenn ich ihn nicht auf die richtige Art herausbekomme, kehrt er in den Kranken zurück.«

Die vierte Möglichkeit, introjizierte Objekte herauszuholen, ist Handauflegen. Nach meinen Informationen war das die bevorzugte Methode John Treheros, der Meister über viele Schutzgeister war, vor allem auch über den Biber. Er berichtete mir:

»Ich träumte vom Biber. Immer wieder träumte ich von ihm. Schließlich verriet er mir, wie ich seine Kraft anwenden müßte. Er sagte: ›Hier sitzt meine Kraft‹, und zeigte mir dabei seine Vorderpfoten. Dieser Geist ist sehr stark und mächtig. Wenn jemand Schmerz empfindet, lege ich ihm meine Hand auf. Der Schmerz wandert dann in meine Hand. Ich benutze meine eigenen Hände als Biberpfoten.«

Dieses Zitat beweist klar, daß sich John Trehero, wenn er heilte, mit dem Geist identifizierte. Wie er diese Identität innerlich empfand, können wir nicht wissen. Wir wollen auch festhalten, daß die Krankheit hier auf den Medizinmann überging. Das ist etwas sehr Ungewöhnliches. Es ist nicht unmöglich, daß christliche Vorbilder den Anstoß zu diesem Handauflegen gegeben haben.

Zweimal wurde ich selbst auf diese Art behandelt. In beiden Fällen war es John Trehero, der als Medizinmann fungierte. Bei der einen Gelegenheit hatte ich Schmerzen in der Wange, ich litt an einer Infektion in der linken Mundhöhle. John hob die Hand, deutete mit ihr auf meine Wange und fixierte diese mit Konzentration und Willenskraft. Hierauf senkte er rasch die Hand und berührte meine Wange. Er ließ die Hand ein paar Sekunden darauf liegen und zog sie dann, geschwind wie der Blitz, wieder zurück. Ich hatte das Gefühl, daß er ein beträchtliches Quantum psychischer Energie aktiviert hatte.

Bei der anderen Gelegenheit heilte Trehero rheumatische Beschwerden in meiner linken Schulter. Er nahm zuerst ein paar Pfauenfedern, die ich ihm gegeben hatte, und lehnte sie an meine Schulter. Sodann entfernte er sie wieder, legte mir die rechte Hand auf die Schulter und befahl mir, die meine draufzulegen. Hierauf zog er seine Hand unter der meinen weg und legte sie auf die meine.

Plötzlich zog er sie schnell wieder zurück und fragte, ob ich gespürt hätte, wie die Kraft in mich eindrang. Er wollte mir nun auch zeigen, mit welcher Kraft er arbeitete. Daher streckte er mir die Hand mit der Fläche nach oben entgegen und forderte mich auf, mit meiner Fingerspitze den Mittelpunkt zu berühren. Das tat ich, und ich spürte tatsächlich, wie rasch sein Puls ging. Das, erklärte John Trehero, sei die Kraft. Später sagte er mir, er habe, während er mich heilte, den Biber gesehen. Es war die Kraft des Bibers, durch die er mich geheilt hatte.

Und die Wirkung dieser Kur? Nun, an die vier Jahre lang hatte ich keine rheumatischen Schmerzen mehr. Es könnte sein, daß ich bei dem Experiment zwar eine gewisse »wissenschaftliche« Skepsis beibehielt, doch so halb und halb wirklich an die Fähigkeiten meines Medizinmannes glaubte. Und der Glaube wirkt Wunder.

Eine fünfte Methode, introjizierte Phänomene zu entfernen, besteht darin, daß man sie wegbläst. Tudy Roberts wedelte die Krankheit mit seinem Adlerschwanz weg. Manchmal zog er sie zuerst heraus und wedelte sie erst dann weg. Ein Medizinmann vor meiner Zeit, Bogori, war bekannt dafür, daß er eine ganze Reihe von Krankheiten wegwedeln konnte. Er betete zu seinem Schutzgeist, dem Elch, und manövrierte dann auf geheimnisvolle Weise die Krankheit auf die Enden des Elchgeweihs (eines lebenden Elchs?). Dort blieb sie für immer. Auch ging die Sage, daß ein Medizinmann gefährliche Geister von den Körpern der Kranken zu den Weißen auf der anderen Seite des großen Wassers (des Atlantik) hinüberblasen konnte.

Wenn Seelenverlust diagnostiziert wurde, gab es verschiedene Verfahren, die verlorene Seele wiederzugewinnen. Heute sind sie nicht mehr üblich. Der letzte Medizinmann, der sie regelmäßig praktizierte, Morgan Moon, starb 1944. Über die Richtigkeit solcher Diagnosen aber war man sich schon immer uneins. Z. B. führte Morgan Moon den Zustand eines Patienten manchmal auf Seelenverlust zurück, während sein jüngerer Kollege, John Trehero, diese Ansicht niemals teilen konnte: Das Herz des Patienten schlug ja noch. Wie konnte sich dann seine Seele entfernt haben? Dieser Einwand zeigt, daß Trehero von dem alten Seelendualismus nichts mehr wußte, der Dichotomie zwischen der Seele, die den Körper physiologisch am Leben erhält (der Lebensseele), und der Seele, die die Persönlichkeit darstellt und den Körper im Traum-, Trance- und bewußtlosen Zustand verlassen kann: der freien Seele. Diese Dichotomie ist wesentlich für den Schamanismus und Voraussetzung für die Seelenverlustdiagnose.

Der richtige Weg, Seelenverlust zu heilen, bestand in früheren Zeiten darin, daß der Medizinmann sich selbst in Trance versetzte. Es hieß, sein Schutzgeist habe ihm diese Fähigkeit verliehen. Der Medizinmann – hier nennen wir ihn besser den Schamanen – lag dann eine halbe oder ganze Stunde wie tot da, ohne ein Lebenszeichen von sich zu geben. Seine eigene Seele hatte ihn verlassen und sich auf die Reise zur anderen Welt begeben. Sie versuchte, die Seele des Patienten, die in diese Richtung geflohen war, einzufangen. Nach einiger Zeit kam wieder Bewegung in den Körper: Seine Seele war in ihn zurückgekehrt und hatte die Seele des Kranken mitgebracht. Der Kranke wurde wieder gesund.

Man erzählt sich eine Geschichte vom Sohn eines indianischen Polizeibeamten, der auf diese Weise geheilt wurde. Er war krank und hatte das Bewußtsein verloren. Man holte den Medizinmann. Dieser erklärte, die Seele (die freie Seele) habe den Körper verlassen, nur der Atem (Symbol für die Lebensseele) sei zurückgeblieben. Die

Lage war ernst. Es blieb dem Medizinmann nichts übrig, als zu »sterben« (sich in Trance zu versetzen) und die verlorene Seele im Reich der Toten wieder einzufangen. Er sagte zu den Anwesenden: »Sobald ich gestorben bin, geht meine Seele in die Welt der Abgeschiedenen und jagt dort die Seele des Jungen. Damit ich aber wieder ins Leben zurückkehren kann, müßt ihr mir drei Fußtritte geben.«

Er starb also und lag wie tot am Boden. Nach einer halben Stunde erhielt er drei Fußtritte. Die Umstehenden hörten, wie er tief Atem holte. Seine Seele war zurückgekehrt. Als er sein volles Bewußtsein wiedererlangt hatte, berichtete er von seinen Erlebnissen im Land der Toten. Er habe die Seele des Jungen jenseits der (westlichen) Berge gefunden, wo er mit anderen toten Jungen spielte. Der Medizinmann gab sich alle Mühe, ihn zu überreden, mit ihm nach Hause zurückzukommen. Schließlich willigte der Junge ein und ging mit. Der Medizinmann versicherte dem Polizeibeamten, sein Sohn sei wirklich wieder da und frisch und wohlauf. Der Junge wurde tatsächlich gesund und wuchs ohne Komplikationen heran. Das ereignete sich um 1900 am Forellenbach.

Der Junge entfernte sich also im Geiste, während er bewußtlos dalag. Das ist charakteristisch für die meisten Fälle von Seelenverlust. Eine solche Diagnose trifft vor allem bei Trancezuständen, Ohnmachtsanfällen und im Koma zu. Die eigentliche Seele ist fortgegangen. Nur die Körper- oder Lebensseele hält den Menschen am Leben.

Noch in den fünfziger Jahren konnten sich viele Menschen an solche Heilungen in Trance erinnern. Es gab Leute, die mir sagten, wenn sie als Kinder vor einem Zelt mit einem Kranken spielten, seien manchmal die Pfleger herausgekommen und hätten sie ermahnt, nicht zu nahe am Zelt zu spielen. Der Grund war, daß sich die Seele des

Patienten irgendwo in der Nähe des Zeltes aufhielt. Die Kinder konnten zwischen die Seele und den Medizinmann, der im Zelt arbeitete, geraten und ihm den Weg zur Seele versperren.

Heute fürchten aber die Medizinmänner solche Tranceereisen eher. »Wir Medizinmänner schaffen das heutzutage nicht mehr«, bemerkte John Trehero. »Versuchte ich auf diese Weise zu heilen, so würde mir der Geist meine Medizin erst recht verderben.« Damit wollte er wohl ausdrücken, daß ihm die spirituelle Sanktion fehlte, mit dieser Methode zu arbeiten. Er bediente sich einer anderen Technik, einer Seele, die ihren Besitzer gerade verlassen hatte, wieder habhaft zu werden: »Ich fange sie mit der schnellreisenden Blitzmedizin und puste sie durch den Nacken von hinten in den Kranken hinein.« Mit anderen Worten: Er betete zu dem Blitzgeist, die verlorene Seele zurückzuholen, und brachte sie dann an den ihr gehörenden Platz, indem er sie in den Körper zurückblies.

Solche Techniken erinnern eher an die Heilung von Krankheiten, die auf introjizierte Geister zurückgehen, nur daß es in diesen Fällen die Krankheitsgeister sind, die hinein- und hinausgeblasen werden. Auch ein in Trance arbeitender Schamane wie Morgan Moon griff auf ähnliche Methoden bei der Heilung von Seelenverlusten zurück. Bei den Krähenindianern hatte eine Mutter ihr kleines drei- oder vierjähriges Mädchen verloren. Morgan Moons Schwester sagte: »Das Kind ist tot. Es ist alles umsonst.« Doch ihr Bruder wandte ein: »Nein, die Seele hat den Körper nur zeitweilig verlassen. Ich bringe sie zurück.« Er berührte das Kind nun oben am Kopf und strich ihm über den Scheitel. Das Kind schlug die Augen auf und blickte ihn an. Seine Seele war dicht beim Körper und trat durch die Schädeldecke wieder ein. Bereits am nächsten Tag spielte das Mädchen wieder. Es war gesund und munter.

In diesem Fall, wie auch in dem Treheros, befand sich die Seele des Mädchens ganz in der Nähe. Sonst hätte sich Morgan Moon höchstwahrscheinlich gezwungen gesehen, einen gefährlichen Seelenausflug zu unternehmen. Die Anwendung einer Therapie gegen durch introjizierte Objekte verursachte Krankheiten auf Fälle von Seelenverlust beweist, daß dieses Verfahren im medizinischen Denken der Schoschonen unserer Zeit die Hauptrolle spielt. Der Einsatz des Schutzgeistes als Diener, der eine flüchtige Seele zurückbringt, erinnert uns an ähnliche Methoden am Pugetsund.

Abgesehen von diesen Ausnahmen sind die professionellen Verfahren der Schoschonen sehr instruktiv, da sie genauestens den Ursachen der Krankheiten entsprechen und uns Auskunft über diese Zusammenhänge geben. Sie illustrieren auch die enge Beziehung zwischen Krankheit und Religion bzw. therapeutischen Methoden und religiösem Glauben.

Nichtprofessionelle Volksmedizin bei den Schoschonen

Die Kranken wenden sich bei den Schoschonen nicht immer gleich an berufsmäßige Medizinmänner. Geringere Beschwerden können von beliebigen Stammesangehörigen mit Erfahrung in traditionellen Heilweisen behandelt werden, manchmal auch vom Patienten selbst.

So nehmen sich beispielsweise alte Männer und Frauen kleinerer Wunden und Verletzungen an. Sie renken Knochen wieder ein und legen Kräuter und mit Kräutersud getränkte Umschläge auf kranke Stellen auf. Bekannte »Kräuter« – wie Wacholdernadeln, Beifußstengel und

Mariengras – strömen heilende Dünste aus. Es sind nach Auffassung der Schoschonen heilige Heilmittel.

Ein besonders heilkräftiges Kraut ist eine im Gebirge wachsende Primel von großer Schönheit: die Götterblume. Diese Blume mit ihren vielen Farbnuancen ist für die Schoschonen eine überaus »starke Medizin«. Wer sie anwenden will, muß bestimmte Rituale vollziehen, denn sie kann dem Kranken wohl helfen, anderen aber gefährlich werden. So muß der Kräutersammler z. B. erst baden und nachts in der Nähe der Blume schlafen. Kurz vor Sonnenaufgang bittet er sie dann um ihren Segen und Hilfe gegen Krankheiten. Er gräbt sie mit der Wurzel aus, legt diese in einen kleinen bocksledernen Beutel und vergräbt die Blüte an der Stelle, wo sich die Wurzel befand. Begeht er in dem vorgeschriebenen Ritual einen Fehler, so wird er von unsichtbaren Kräften erwürgt. Wer es aber richtig macht, verfügt jetzt über eine ungeheuer starke Medizin.

In den letzten hundert Jahren haben neue religiöse Strömungen die Vorstellung begünstigt, der Mensch könne ohne den Eingriff von Ärzten durch übernatürliche Mächte geheilt werden. So wird z. B. der Peyotekaktus, dem man heilende Wirkungen zuschreibt, sowohl von einzelnen als auch kollektiv bei gemeinsamen Zeremonien eingenommen. Es sei hier jedoch angemerkt, daß der Peyotekaktus nicht als Medizin im eigentlichen Sinn des Wortes gilt, sondern als mächtiges, übernatürliches Wesen oder Ding verehrt wird.

Ein anderes Heilverfahren, etwa seit 1890 praktiziert, besteht einfach in der Teilnahme am Sonnentanz. Viele Tänzer geben sich der Zeremonie mit Leib und Seele hin, um ihre eigene Gesundheit und die von Familienangehörigen und Freunden zu befördern. Man glaubt, daß der Sonnentanz und das besonders intensive Tanzen dabei eine Garantie für künftige Gesundheit darstellt. Medizinmänner können überdies, wie wir gesehen haben, die Gesundheit eines Tänzers durch symbolische Heilungen festigen. Das kann aber der Tänzer für sich allein auch tun, wenn er nur stark genug glaubt.

Heilung bei den Arapaho

Reisen wir nun von den Schoschonen zu ihren nächsten Nachbarn in Wyoming – ihren früheren Erzfeinden –, den Arapahoindianern. Sie waren einst typische Plainsindianer, die während der Indianerkriege in den 60er und 70er Jahren des vorigen Jahrhunderts mit den Sioux und Cheyenne ein mächtiges Bündnis geschlossen hatten. Trotz ihres ungemein kriegerischen Äußeren standen die Arapaho doch immer in dem Ruf, tief religiös zu sein. Ihr Sonnentanz ist wahrscheinlich die schönste Zeremonie der Plainsindianer, und ihre inbrünstige Hingabe an die höheren Mächte beeindruckt sehr. Mehr als ihre Verbündeten ließen sich die Arapaho bei allen ihren Entscheidungen von religiösen Erwägungen leiten.

Man zählt die Arapaho zur Sprachfamilie der Algonkin, mit der wir schon Bekanntschaft gemacht haben, als wir uns mit Gesundheit und Medizin bei den Ojibwa und Cree beschäftigten. Ob und welche verwandtschaftlichen Beziehungen zwischen diesen Stämmen und den Arapaho bestehen, weiß man aber nicht genau. Sicher ist jedoch, daß die Arapaho aus dem Norden stammen. Einige ihrer Bräuche, etwa die ihnen eigentümliche Zeremonie des »Geisterhauses«, bestätigen eine Beziehung zur Kultur der kanadischen Algonkin. Die Hauptzüge ihrer Medizin jedoch tragen ausgesprochenen Plains-Charakter.

So erinnern uns ihre Vorstellungen über die Rolle und

Funktion des Medizinmannes stark an das, was wir in dieser Hinsicht bei den Schoschonen gefunden haben. Der Medizinmann erwirbt sich seine Kräfte auch hier gewöhnlich auf dem Weg der Visionen. Ebenso kommt es daneben vor, daß sich der segenbringende Geist in spontanen Träumen offenbart. In manchen Fällen kann die Medizin auch von einem Verwandten gekauft oder übernommen werden. Dies steht zwar im Widerspruch zur Praxis der Schoschonen, ist aber bei anderen Plainsstämmen durchaus üblich. Es ist auch möglich, daß die Geister ihre Macht einem Menschen anbieten, dieser aber ablehnt, weil sie ihm zu gefährlich erscheint. Merkwürdig ist die Praxis, daß ein Medizinmann mit Hilfe von Krankheitsobjekten heilt, die er in seinem eigenen Körper aufbewahrt. A. L. Kroeber, ein guter Kenner der Arapaho, schreibt über diesen Glauben:

> »Ein Medizinmann, der Geisterpfeile [die in den Körper des Kranken geschossen wurden] aus dem Körper heraussaugt, verstärkt seine Macht, wenn er diese Gegenstände, nachdem er sie aus dem Körper des Patienten gezogen hat, selbst verschluckt und bei sich behält. Wahrscheinlich hängen solche Glaubensvorstellungen mit der Überzeugung zusammen, daß die Fähigkeit, willentlich Gegenstände hervorzuwürgen, Beweis für den Besitz übernatürlicher Kräfte ist. Man scheint allgemein davon überzeugt zu sein, daß Medizinmänner, die über solche Kräfte verfügen, derartige Objekte ständig in ihrem Körper mit sich herumtragen. Ein Fall dieser Art gilt als wissenschaftlich gesichert.«[8]

Dieser Bericht bestätigt meine Beobachtungen über ähnliche Vorstellungen bei Medizinmännern der Schoschonen. Saugen, Aderlaß (Schröpfen) und Bestreichen mit Federn sind, laut Kroeber, gängige Mittel, durch die ein

Medizinmann Krankheiten beseitigt. Vielleicht stärkt der Patient seine Gesundheit auch selbst dadurch, daß er Schutzamulette trägt oder die Einrichtung der Schwitzhütte nutzt: Er schwitzt so seine Unreinheit, die Krankheit, aus.[9]

Kroeber erzählt uns auch von Einstellungen der Arapaho gegenüber Geisteskrankheiten.[10] Manches in diesen Berichten erinnert an die skandinavischen Berserker, eine Kriegerkaste (»Bärenhäute«), die in Schlachten mit der an Raserei grenzenden Wut eines Bären kämpften. So gibt es die Geschichte von einem Mann, der in einer Schlacht zornig zum Angriff überging und plötzlich glaubte, er sei ein Wolf. Auch später noch lief er wie ein Wolf herum, wurde aber bald wieder normal. Ein Arapaho aus Oklahoma bildete sich ein, er sei ein Hirsch und wurde auch Hirsch genannt. Er röhrte wie ein Hirsch, machte Sprünge wie ein Hirsch, und der Blick seiner Augen war nicht mehr menschlich. Anscheinend stand am Anfang dieser Verirrung eine Verwechslung: Er hatte eine Hirschkuh für eine hübsche Frau gehalten und sie berührt. Als er aber doch bemerkte, er habe ein Tier vor sich, befiel ihn tiefe Scham. Kurz darauf entwickelte er die Wahnvorstellung, selbst ein Hirsch zu sein. Aber nach einiger Zeit wurde er wieder gesund. In Fällen wie diesem erfahren wir jedoch nicht, wie die Heilung zustande kam.

Auch heute noch nimmt man in ausweglosen Situationen gelegentlich seine Zuflucht zu den alten Heilmethoden, obwohl es immer üblicher wird, die Hilfe von Fachleuten der westlichen Medizin in Anspruch zu nehmen. Eine Zeremonie indessen hat sich als wirksames Heilverfahren bis in unsere Tage gut behaupten können: das »Geisterhaus«.

Das Arapaho-Geisterhaus

Das Geisterhaus ist eine Plainsvariante der Algonkin-Zeremonie des Bebenden Zeltes, die wir oben schon behandelt haben. Im Gegensatz zum Bebenden Zelt handelt es sich aber nicht um einen besonderen, eigens für den agierenden Schamanen eingerichteten Raum, sondern meist wird, jedenfalls heutzutage, ein normales Holzhaus zum Geisterhaus deklariert. Das Geisterhaus ist auch unter seinem Lakotanamen *Yuwipi* bekannt, da es sich bei den Lakota, einem Stamm der Siouxindianer,[11] besonders gut gehalten hat. Es war denn auch ein Schamane der Lakota, der die Zeremonie bei den Arapaho, aus deren Repertoire sie seit 1881 verschwunden war – so der Bericht des damaligen Indianerbeauftragten –, wiedereinführte. Diese Wiedereinführung ist ein bemerkenswertes Beispiel dafür, wie in unseren Tagen vergessene indianische Rituale eine Renaissance erleben.

Die Ereignisse, deren Zeuge ich wurde, fanden im August 1955 statt. Der Arapaho, der als Gastgeber der Zeremonie fungierte, Buster Crispin, strahlte danach vor Zufriedenheit. »Das ist der Weg der alten Indianer!« rief er aus.

In diesem Fall wurde die Zeremonie zelebriert, um die Gesundheit von Buster Crispins Cousin (»jüngerer Bruder«) Steve Duran wiederherzustellen, der an einer kaum einzuordnenden Krankheit litt. Schwere Verdauungsstörungen quälten ihn nach dem Essen. Man könnte die Zeremonie durchaus auch als Heilverfahren im engeren Sinn bezeichnen, da sie bei den Lakota regelmäßig zu Heilzwecken durchgeführt wird. Wir erinnern uns an dieser Stelle, daß das Bebende Zelt im Gegensatz dazu vor allem zu Wahrsagezwecken benutzt wurde, obwohl es gelegentlich doch auch Heilfunktionen hatte. Wie üblich stammt dieser Trend der nordamerikanischen Natives, religiöse Rituale in Heilrituale umzufunktionieren, aus der Periode kurz nach dem Ende der großen Indianerkriege.

Ein Schamane der Oglala Lakota führte die Zeremonie durch. Er hieß Mark Große Straße und war Nachfahre großer Kriegsführer, aber auch bedeutender Medizinmänner. Nach der Séance, die ich im folgenden beschreibe, fragte ich ihn nach seiner Medizin. Er schaute mich mit seinen freundlichen, ruhigen Augen an und erzählte mir, wie er Medizinmann geworden sei. Zwar hatte er seine medizinischen Fähigkeiten ererbt, war aber auch draußen im Freien von den Geistern mit Heilkräften begabt worden. Zu diesem Zweck hatte er sich in die Einsamkeit der Hügel zurückgezogen, hatte gefastet und auf seinem Lager gewacht, bis sich die Geister offenbarten. Sein besonderer Hilfsgeist war Skadi, der Totengeist eines weißen Mannes. Skadi hatte aber bereits so sehr indianisches Wesen angenommen, daß er inzwischen die Siouxsprache beherrschte. Er hatte Mark geholfen, weitere Hilfsgeister hinzuzugewinnen. Manche von ihnen waren niedere Geister, die man zu Diensten wie dem Auffinden und Wiederbeschaffen verlorener Gegenstände heranzog. Andere besaßen gewaltige Macht, wie Donner, und einer behauptete sogar von sich, er sei siebentausend Jahre alt.

Immer wieder kamen Leute zu mir, um mir zu erzählen oder zu zeigen, wie sie von Mark und seinen Geistern geheilt worden waren. Buster Crispin z.B. deutete auf einen Jungen, der, wie eine im Krankenhaus gemachte Röntgenaufnahme erkennen ließ, an einem Tuberkel im Ohr gelitten hatte. Mark behandelte ihn, und ein kurz darauf aufgenommenes Röntgenbild bewies, daß er wieder gesund war. Marks Kräfte waren tatsächlich schon legendär, und man sprach im Volk davon, daß ihm unzählige Geister dienten – einzelne Informanten nannten mir die Zahlen 227, 300 und 427. Der zuverlässigste Diener von allen aber war Skadi, der »Kontrollgeist«. Praktisch alle in den Séancen gesprochenen Gebete wurden an ihn gerichtet.

Glücklicherweise wurde die Heilzeremonie, der ich beiwohnte, in englischer Sprache durchgeführt. Denn die Arapaho und Lakota verstanden einander nicht, so daß man sich der »Kolonialsprache«[12] bedienen mußte. Der Raum, aus dem das Holzhaus bestand, war voller Leute. Sie saßen auf Decken und Matratzen an den vier Wänden entlang. Der westliche Teil des Raumes wurde von den Männern, der östliche von den Frauen eingenommen. Vier Trommler, denen auch das Singen der Lieder oblag, hatten sich auf zwei vor der Männerreihe liegenden Matratzen niedergelassen. Buster Crispin erklärte mir, die bevorstehende Zeremonie sei weder ein Spiel noch ein religiöser Akt. Vielmehr handele es sich um eine von einem Heiler durchgeführte therapeutische Maßnahme. Der Patient, Steve, litt an einer sehr schweren Krankheit, weshalb gerade diese Zeremonie ernster und bedeutsamer war als alle bisherigen. »Der Geist«, so führte Crispin an mich gewandt aus, »kommt aber nicht und bleibt auch nicht, wenn Sie nicht ebenfalls mitbeten. Sie müssen glauben und beten, zu Gott und zu den Geistern beten, die er uns sendet.« Er betonte noch einmal, es sei wichtig, nicht nur zu Gott zu beten, wie es in der Kirche üblich ist, sondern vor allem auch zu den Geistern selbst.

Spät am Abend begann die Zeremonie, wobei Helen Crispin, die Frau des Gastgebers, Mark Große Straße eine Zeremonienpfeife überreichte und folgendes Gebet sprach:

»Ich bin Steves Schwägerin. Ich bitte dich, Mark, hilf mir, hilf meiner Schwester, hilf uns allen und heile ihn, sonst wandert er in den Tod, und seine vielen Kinder werden Waisen. All unsere Hoffnung ruht auf dir. Ich netze mein Gebet mit meinen Tränen. Hilf uns, Steve zu behalten, wir lieben ihn, seine Kinder brauchen ihn. Mark, hilf uns, ich bin so verzweifelt, du kannst uns helfen, hab Erbarmen mit uns!«

Zum Zeichen seiner Bereitwilligkeit nahm nun Mark die Pfeife entgegen, zündete sie an und rauchte.

Jetzt erhob sich Buster Crispin und forderte alle auf, gemeinsam für Steve zu beten. »Es genügt nicht, wenn nur Mark seine Heilkraft anwendet. Auch wir anderen alle müssen singen und beten und, was am wichtigsten ist, Glauben besitzen. Wir sind leider nur schwach und begehen viele Fehler, doch laßt uns zu glauben versuchen. Zweifelt nicht, grübelt nicht, sondern betet zu den 96 Geistern, die sich heute nacht hier einfinden werden.« Nach Christenart fügte er noch hinzu: »Und für uns alle erbitte ich den Segen Gottes und des Heiligen Geistes.« Diese Worte zeigen, daß sich die Lehren der Missionare in dieser altehrwürdigen Stammeszeremonie schon einen Platz erobert hatten.

Sodann wurde Wasser auf heiße Steine gegossen, und der Raum füllte sich wie eine Schwitzhütte mit Dampfwolken. Ja er übernahm tatsächlich die Funktion einer solchen, reinigte er doch alle Anwesenden – eine Vorbereitung, die allen größeren Zeremonien der Indianer vorausgeht. Alle wanderten um die heilige Stelle herum, wo die heißen Steine lagen. Sie gingen im Uhrzeigersinn, in Richtung des Sonnenlaufs.

Hierauf errichtete man einen Bodenaltar: Der Medizinmann breitete eine Matte von etwa 50 x 50 Zentimetern Fläche in der Mitte des Raumes aus und ließ sich darauf nieder. Um diese Matte herum gruppierte man zwei Zeremonienpfeifen, einige Tabaksbeutel und Kürbisse sowie ein Arrangement von sieben Fahnen mit bunten Farben und 147 roten Tabaksbeuteln, die alle mit einer Schnur verbunden waren. Eine Kürbisflasche mit Fahnen und Adlerfedern markierte die heiligste Stelle am Südrand des Altars. Schalen mit duftendem Rauch von Mariengras wurden vom Medizinmann über den Kultgegenständen geschwenkt. Sobald nun die Trommeln dröhnten und die Lieder erklangen, stellte er sich mit nackten Füßen auf den heiligen Altargrund und hielt mit den Händen die beiden Pfeifen der Reihe nach in Richtung der vier Himmelsgegenden. Sodann erhoben sich zwei barfüßige Frauen, um ihr eigenes Fleisch zum Opfer zu bringen. Eine von ihnen, Buster Crispins junge Tochter Helena, stellte sich auf den Altar. Mark Große Straße berührte ihren linken Arm mit Mariengras, hielt seine Hand segnend über sie und betete. Darauf nahm er eine Rasierklinge und schnitt ihr ein Stück Fleisch nach dem anderen aus dem Arm, während unaufhörlich die Trommeln dröhnten und die Leute mit gesenkten Köpfen Gebete murmelten. Blut strömte am Arm des jungen Mädchens hinab, und ihr Gesicht war schmerzverzerrt. Doch kam kein Laut über ihre Lippen. Nach ihr war die Frau des Medizinmannes an der Reihe. Das Fleisch der beiden Frauen wurde in eine Kürbisflasche auf dem Bodenaltar gelegt. Das freiwillige Opfer des eigenen Fleisches ist die kostbarste Gabe, die man den Geistern bringen kann, und stimmt diese dem Volk gegenüber gnädig.

Endlich war es soweit. Das eigentliche Heilungsdrama konnte beginnen. Mark Große Straße zog sein Hemd aus, und der Gastgeber und ein anderer Mann umhüllten ihn mit einer Decke, so eng, daß seine Hände rot anliefen.

Mit erstickter, dumpfer Stimme rief nun der Schamane aus dem Inneren der Decke: »Skadi, ich rufe dich, Skadi, ich rufe dich!« Dann und wann wurden diese Rufe von den Lauten einer Eule unterbrochen: »Huhu, huhu.« (Hier wie überall im Nordamerika der Ureinwohner gilt die Eule als Totenvogel, und wie wir wissen, ist Skadi ein Totengeist.) Die beiden Männer umwickelten den Schamanen am ganzen Körper mit Stricken und legten ihn, das Unterste zuoberst, auf seine Matte. Die ganze Zeit über hörte er nicht auf, zu rufen und zu singen. Plötzlich ging das Licht an der Decke aus.

Der Klang der Trommeln schwoll zum donnernden Getöse, Männer und Frauen sangen laut und lauter, der ganze Raum hallte wider von dem Lärm. Nach einer Weile vernahm man das Knattern einer Rassel inmitten des Chaos. Manchmal schien es von irgendeinem Punkt des Raumes her zu kommen, manchmal von einem Ort hoch über unseren Köpfen. Schließlich schwiegen die Trommeln und die Stimmen, und nur ein paar dumpfe Laute, die der Medizinmann auf dem Boden von sich gab, drangen noch an unser Ohr. Da hörte man Helen Crispins helle Stimme:

> »O Skadi und ihr anderen Geister, erbarmt euch unser! Wir stehen hier und flehen euch an, euch Steves, meines Schwagers, der sehr krank ist, anzunehmen und ihn zu heilen. Helft ihm, wieder gesund zu werden. Wir glauben an dich, Skadi. Bitte heile ihn, laß ihn wieder unter uns weilen, laß ihn für seine Familie sorgen. O Skadi und ihr anderen Geister, wir flehen euch an aus der Tiefe unseres Herzens, ihn gesund zu machen!«

Beifällige Rufe erklangen von allen Seiten, und der eine oder andere bestätigte Helens Worte mit einem Amen.

Dann folgten Gebete anderer Leute, die für ihre kranken Verwandten in den Krankenhäusern der Weißen baten. Doch muß hier angemerkt werden, daß nicht nur Krankheiten Inhalt dieser Gebete waren. Z.B. baten einige Mütter die Geister wegen ihrer Kinder um Rat: Sollten sie sie wirklich zur Schule schicken? Immer neue Gebete vermittelten einen guten Eindruck von der Aufrichtigkeit, der Demut und dem Vertrauen, mit denen die Beteiligten der Zeremonie folgten. So betete Helen Crispin auch noch ein anderes Gebet:

»Skadi, nimm das Übel von Steve und lege es irgendwo im Weltraum nieder, wo keine Menschen sind und niemand von ihm befallen werden kann. Denke auch, Skadi, an meine Nichte, die krank und schwach ist, und heile sie!«

Eine andere junge Frau betete:

»Skadi, ich bin keine reinblütige Arapaho. Aber ich glaube alles, und ich habe schon sieben Stücke [Fleisch] gegeben. Bitte nimm dich meiner Kleinen an, eines von ihnen hat TB, rettet das Kind, Skadi und ihr anderen Geister!«

Schließlich Buster Crispin:

»Ich fühle, wir müssen darum beten, daß man sich unser erbarmt, unserer Unvollkommenheit und Unwissenheit. So müssen wir es machen, denn das ist der alte Weg der Indianer. Skadi und ihr anderen Geister alle, seid uns gnädig!«

Die nächsten Ereignisse brachten ein retardierendes Moment in das Ganze. Unter seiner Umhüllung hervor murmelte der Medizinmann mit dumpfer Stimme, Donner sei inzwischen anwesend, nicht jedoch Skadi, der auf seiner Reise von Rapid City hierher aufgehalten worden sei. Ein paar Minuten stand man in gespannter Erwartung. Plötzlich setzten das laute Getrommel und der Singsang wieder ein, ein ohrenbetäubender Lärm umgab uns. Man hörte von neuem Skadis »Huhu« (wieso es schon früher hatte ertönen können, vermochte niemand zu sagen), und schwere Schritte dröhnten auf dem Fußboden. Die Sitzenden wurden aufgefordert, den Geistern Platz zu machen und von den Wänden wegzurücken. Der Gastgeber rief Steve zu, er solle sich an die Wand stellen. Schon nach wenigen Minuten verkündete er, Steve sei von Skadi geheilt worden, und dieser sei schon wieder in seine Heimat unterwegs.

Das Geheimnis, wie Steve geheilt wurde, konnte niemals gelüftet werden. Möglicherweise hatte der Geist – was auch immer von ihm zu halten ist, vielleicht hatte auch der in Ekstase befindliche Schamane seine Hände im Spiel – die Krankheit aus dem Körper herausgezogen. Niemand konnte mir danach Auskunft geben – oder wagte es, mir etwas darüber zu sagen.

Jetzt unterhielten sich die im Dunkeln Sitzenden angeregt und machten Scherze über Skadi. Das zeigte wieder einmal, wie nahe Humor und Ernst in der Religion der Indianer beieinanderliegen. Das Licht ging wieder an.

Die Szene, die sich unseren Blicken bot, überraschte uns. Mark Große Straße saß auf seiner Beifußmatte, die ordentlich zusammengerollt war, und Schweißtropfen perlten ihm über den nackten Oberkörper. Auch der Strick war sauber aufgerollt, die Decke aber hatte man über eine ebenfalls anwesende weiße Frau geworfen, die aus ihrer Skepsis kein Hehl machte. Es war inzwischen kurz nach Mitternacht. Wieder erlosch das Licht, und bald erfüllten Gesang, Getrommel und Rasselgeklapper den Raum. Der Medizinmann verkündete, Skadi habe sich dem Kranken gezeigt, er habe versprochen, ihn gesund zu machen, habe aber ausdrücklich die Bedingung gestellt, daß Steve von nun an stets an Skadi denken müsse. Freudenschreie wurden laut. Helens Stimme erklang, man hörte: »Danke, Skadi, vielen Dank!« Nach kurzer Zeit flutete wieder Licht durch den Raum. Alle freuten sich und waren munter und fröhlich, sie lachten und ihre Augen leuchteten vor Glück. Die Pfeifen gingen herum, man rauchte und betete: »Segne meine Verwandten!« Wie bei Festen der Indianer üblich, wurde die Zeremonie mit einer kräftigen Mahlzeit abgeschlossen. Es war fast drei Uhr morgens, als das heilige Mahl für beendet erklärt wurde.

Was uns bei dieser Zeremonie auffällt, ist, daß sich alle Stammesbrüder um den Kranken versammeln – natürlich wirkt auch das dramatische Schauspiel als solches als Magnet –, und welch intensive Sympathie sie für ihn als Hauptperson und für andere Kranke empfinden. Starke Emotionen der Familienangehörigen und Gefühle der engsten Freunde wallen im Lauf des Geschehens auf, Tränenströme begleiten die Gebete. Keine Disharmonie stört den Fluß der Empfindungen, sie sind allumfassend und allesdurchdringend. Nur »ein« Wunsch, »eine« Hoffnung, »ein« Vertrauen scheint in allen Anwesenden zu leben.

Die Arapaho-Zeremonie lädt zu Vergleichen mit der Zeremonie des Bebenden Zeltes bei den nördlichen Algonkinindianern ein. Es liegt auf der Hand, daß es sich hier um dasselbe, nur leicht abgewandelte Phänomen handelt. Es fehlt jedoch das besondere Zelt, der Verschlag für den Medizinmann, und deshalb auch das charakteristische Rütteln und Schütteln beim Eintritt der Geister. Wir werden auch nicht Zeugen einer Unterhaltung zwischen den Geistern und ihrem Beschwörer und hören überhaupt keine Geisterstimmen. Der Medizinmann erzählt den Leuten einfach, was ihm die Geister, unhörbar für andere, zuflüstern. Was aber am wichtigsten ist: Die Botschaft der Geister bezieht sich auf die Gesundheit bestimmter Kranker, und nur gelegentlich enthält sie die Gemeinschaft betreffende Zukunftsdeutungen. Bei den Arapaho ist aus der alten Wahrsagezeremonie eine Heilungszeremonie geworden.

Die Vereinfachung des zeremoniellen Ablaufs und die Tatsache, daß vor allem medizinische Zwecke damit verbunden sind, zeigt, welcher Wandel sich im Kult vieler Indianerstämme seit Einrichtung der Reservate vollzogen hat. Gesundheit, nicht Krieg oder ökonomische Ziele wie Jagd oder Ackerbau, ist zur Hauptsorge der indianischen Familien geworden.

Pawnee: der Segen der Tierhütten

Die Pawnee und ihre Sprachverwandten, Arikara, Caddo, Wichita und andere, bevölkern die südlichen und mittleren Plains. Alles deutet darauf hin, daß sie schon seit vorkolumbianischer Zeit im Besitz dieses Gebietes sind. Sie lebten als Pflanzer, jagten aber auch Büffel. Bis 1874/75, als sie ins Indian Territory (Oklahoma) umgesiedelt wurden, waren sie im Platte- und Louptal in Nebraska ansässig. Über das ganze Gebiet verstreut lagen ihre Dörfer.

In vieler Hinsicht übernahmen die Pawnee ihren Lebensstil von anderen Plainsstämmen. Sie waren im Unterschied zu den räuberischen Nomaden der inneren Plains eher den Grassavannen der östlichen Ausläufer der Plains und einem Leben als Ackerbauern angepaßt. Ihre Unterkünfte bestanden aus großen runden Lehmhütten, ihre Zeremonien waren kompliziert und ähnelten denen der Stämme der östlichen Wälder. Mais und Fruchtbarkeit waren wichtige Themen ihrer Rituale. Gut bekannt ist ihr Friedenspfeifentanz, eine Friedenszeremonie, bei der die Teilnehmer mit langstieligen Pfeifen, die mit Tiersymbolen und Federn verziert waren, tanzten. Andererseits fehlte bei ihnen der Sonnentanz, und der Aufbau ihrer Zeremonien unterschied sich von dem der anderen Plainsindianer beträchtlich.

Kein Wunder, daß deshalb auch ihre medizinischen Vorstellungen und Bräuche von denen anderer Stämme abwichen. Wenn wir uns ein vollständiges Bild von den Heilbegriffen der Natives der Plains und Prärien machen wollen, dürfen wir die besondere Situation der Pawnee keinesfalls außer acht lassen. Sie sind ja auch für sich selbst schon interessant genug.

Die Hauptfruchtbarkeits- und Hauptkriegsrituale wurden bei ihnen von Priestern oder Ritusdienern vollzogen, die die Mythen, Gesänge und rituellen Bewegungen gründlich erlernt hatten. In Ackerbaugesellschaften ist der Priesterstand wichtiger als der der Medizinmänner, wenn es überhaupt solche gibt. Die Pawnee kannten beide Kategorien, bedienten sich jedoch der Medizinmänner, d.h. mit dem Übernatürlichen im Bunde stehender religiöser Funktionsträger nur dann, wenn es um Heilzwecke ging. Es ist richtig, daß Menschen, die einer Geistervision gewürdigt wurden, auch als Wahrsager und Beschwörer wirken konnten, doch in der Regel traten sie nur als Heiler auf – in dieser Hinsicht unterschieden sie sich von allen anderen Visionären der Plains. Infolgedessen strebten Menschen bei den Pawnee niemals nach höheren Kräften, außer sie hatten den Wunsch, Heiler zu werden. Andererseits muß doch auch gesagt werden, daß die Medizinmänner der Pawnee hohes Ansehen genossen und wegen ihrer außergewöhnlichen Fähigkeiten berühmt waren. Sie leiteten ihre besonderen Kräfte sogar vom höchsten Gott selbst ab, dem himmlischen *Tirawa*.

In der Kosmologie der Pawnee geht alle Macht von dieser erhabenen Gottheit aus. Es heißt, Tirawa erfülle und durchdringe alle Wesen. Sonne, Mond und Sterne sind Götter, die ihm dienen. Einer der Sterne nun, der sogenannte Schwarzstern, hat die ihm eigentümlichen Kräfte, die Kräfte der Medizin, der Gemeinschaft der Tiergeister übertragen. Das sind jene Geister, die wiederum die Menschen durch Träume und Visionen beeinflussen und Medizinmänner aus ihnen machen. Doch man glaube nicht, daß immer nur ein einzelnes Tier einer bestimmten Tierart den Visionär mit Heilkräften begabt. Es ist vielmehr so, daß die Tiere stets in größeren Gruppen auftreten und gemeinsam in »Tierhütten«[13] (oder auch »Tierlogen«) sitzen. In seiner Vision wird also der Kandidat in eine geheimnisvolle Tierhütte geführt, wo sich Tiere aller Arten gegenübersitzen. Ihre Sitzordnung ist dieselbe wie die der Medizinmänner in den medizinischen Gesellschaften der Pawnee. Die Pawnee kennen eine ganze Anzahl solcher Tierhütten und können auch angeben, an welchen Stellen ihrer früheren Jagdgründe sie liegen. Man stellt sich offenbar vor, daß diese Plätze mit ehemaligen Visionsorten identisch sind. Erdhügel und Uferböschungen enthalten, so ist der Glaube, Höhlungen, durch die der Schamanenanwärter in die meist unterirdisch gelegenen Tierhütten kriechen kann.

Die Überlieferung berichtet, daß die Tiere den Kandidaten dann in ihr medizinisches Heilwissen einweihen. Die Informationen, Lieder und Tänze, die ihm dort übermittelt werden, entsprechen den esoterischen Verfahren, die die in den medizinischen Gesellschaften organisierten Pawneeheiler anwenden. Der Reihe nach erklären verschiedene Tiere dem jungen Mann die Natur ihrer Kräfte und übertragen sie ihm so. Man glaubt an die Existenz mehrerer derartiger Tier»logen«, und in der Regel setzt sich jede Loge aus Vertretern einer ganzen Anzahl von Tierarten zusammen. Nur in zwei Fällen ist von Logen die Rede, in denen nur eine Tierart vorkommt, nämlich Elche beziehungsweise Bären. Entsprechend gehörten eingeweihte Medizinmänner zu medizinischen Logen, die jeweils aus Visionären bestanden, welche ihre Kräfte einer bestimmten Tierart verdankten.

Trotz der Bedeutung von in Trance geschauten Visionen konnten sich viele Medizinmänner nicht auf derartige Erscheinungen berufen, sondern hatten ihr Wissen von älteren Medizinmännern erlernt. Die Übungszeit war lang, die Übungen selbst umfassend. Höchstwahrscheinlich macht sich ein Einfluß des priesterlichen Ausbildungssystems bei diesen Trainingsmethoden bemerkbar. Erst beim Tod des Lehrers trat der Kandidat das Amt des Medizinmanns als sein Nachfolger an.

Alle Medizinmänner, wie auch ihr Werdegang gewesen sein mochte, gehörten bestimmten medizinischen Gesellschaften an. Auch Heilerkandidaten und rituelle Funktionsträger konnten miteinbezogen werden. Die vornehmste dieser Gesellschaften war die Arztloge, die sich aus den führenden Ärzten der anderen Gesellschaften zusammensetzte. Jede Loge war die Nachbildung der ihr entsprechenden Tierhütte, und auch in den rituellen Zeremonien wurden nur die Einweihungszeremonien der Tierloge nachvollzogen. Für alle Ärzte war eine Periode von 15 Tagen vorgeschrieben, in der sie gemeinsam die Kranken besuchten und ihre Magie ausübten. Diese Ärzte konnten aber auch Krankheiten verursachen, mit anderen Worten: Sie konnten zaubern. Sie besaßen die Fähigkeit, durch geschickte Manipulationen Krankheits-

Gegenstände in den Körper eines Menschen einzuführen. Dabei handelte es sich etwa um Hautfetzen eines Leichnams, die mit Büffelfett eingerieben waren, damit sie gut in das Opfer hineinschlüpfen konnten. Der Medizinmann bemalte sie knallrot, band sie mit Pferdehaaren zusammen und bewahrte sie in seinem Fächer aus Adlerfedern auf. Er brauchte dann nur nach Mitternacht mit diesem Fächer zu wedeln, und der Krankheitsgegenstand wurde auf Reisen geschickt, flog durch die Luft und drang in den Mund des Opfers ein. Man mußte einen anderen Heiler zu Hilfe rufen, wenn man den Kranken wieder kurieren wollte. Dieser Heiler löste vielleicht ein Brechmittel in einer Tasse mit Wasser und gab es dem Patienten zu trinken, woraufhin dieser Stücke des Zauberdings hervorwürgte. Es wurde schließlich im Feuer verbrannt.

Aber nicht immer waren Krankheiten und Verletzungen durch Hexenmeister verursacht. Ein amerikanischer Linguist und Anthropologe, Gene Weltfish, erzählt von einem jungen Pawnee der Skidisippe mit Namen »Otternjunge«. In den 60er Jahren des vorigen Jahrhunderts stürzte der Junge vom Pferd und brach sich das linke Bein.[14] Man ließ einen Medizinmann kommen, eines der vier führenden Mitglieder der Heilerloge. Er schiente den Knochen mit vier festen Stäben und umwand diese mit vier Riemen aus Büffelleder. Es nützte nichts. Ein Verwandter von Otternjunge ersetzte daraufhin die Büffelriemen durch Riemen aus Hirschfell, denn seine übernatürlichen Kräfte stammten vom Hirsch. Aber auch das half nicht. Jetzt machte sich ein guter Knochendoktor, Alter Mann Gutes Land, zusammen mit seinem Assistenten und Schwiegersohn Weißer Fuchs an die Arbeit. Sie puderten das Bein mit Heilpulver und umwickelten es mit Tüchern. Auch verboten sie dem Jungen, Messer zu benützen. Tabus über Verwendung von Stahl oder Metall sind gängige Instruktionen der übernatürlichen Mächte. Leider übertrat Otternjunge das Gebot, so daß der Knochen wieder hervorschaute. Aber Alter Mann Gutes Land gab nicht auf. Er ließ Otternjunge Heilpflanzen kauen. Sodann zog er den Knochen heraus, kochte bestimmte Kräuter in Wasser und blies die Lösung in die von dem Knochen hinterlassene Höhlung, wieder und wieder. Zwei Wochen später ging es dem Burschen schon viel besser. Zum Lohn für seine guten Dienste erhielt der Medizinmann zwei Pferde, Decken und ein paar Tücher.

Blieb noch die Aufgabe, den Jungen psychisch aufzumuntern. Vier Heiler, unter ihnen Alter Mann Gutes Land und Weißer Fuchs, setzten sich mit ihren Medizin enthaltenden Bündeln, Kürbisrasseln und Adlerflügelfächern zu dem Patienten ans Bett. Alter Mann Gutes Land sagte, wenn man jetzt singe, würden alle Tiere der Tierlogen den Liedern zuhören, die sie den Heilern zum Zweck der Heilung von Knochenbrüchen gegeben hatten. Nach dem Singen der Lieder sagte er: »Jetzt wird Otternjunge wieder gesund werden.« Am nächsten Abend, als die Heiler wieder versammelt waren, wandte sich Alter Mann Gutes Land erneut an sie und zählte all die heiligen Gegenstände auf, die symbolisch die Tiere und ihre Heilkraft darstellen. Er sagte: »Nun sind wir hier, wir, die Heiler. Die Dinge, die ihr seht, sind die Tiere, das heißt ihre Medizin. Sie haben versprochen, dem Jungen das Leben zu schenken.« Hierauf brachte Weißer Fuchs mit seiner Pfeife allen heiligen Dingen, den anderen Ärzten, den erhaltenen Geschenken und den vier Himmelsrichtungen ein Rauchopfer dar. Bei dem anschließend gegebenen Mahl erklärte Alter Mann Gutes Land: »Ich bekam diese Medizin, und diese Tiere haben mich gesegnet. Jetzt haben wir geraucht. Jetzt haben wir gegessen.«

Das ist ein therapeutisches Ritual, das vor langer Zeit praktiziert wurde und offensichtlich heute nicht mehr üblich ist. Trotzdem habe ich hier darüber berichtet, weil es sich auf eine sehr alte Präriekultur bezieht, die sich von anderen Ausformungen dieser Kultur unterscheidet. In seiner Ausgestaltung weist der Ritus auf die Indianer des Südwestens hin, in seiner Beziehung zu Tieren und Tiergeistern jedoch zeigt er Verwandtschaft mit den Indianern des Südostens.

Traditionelle Medizin im Südosten

Zwar wurden zu Beginn des 19. Jahrunderts die meisten Indianerstämme des Südostens ins Indian Territory (Oklahoma) umgesiedelt, doch leben dort noch Reste der ursprünglichen Bevölkerung wie die Seminolen, Choctaw, Catawba und Cherokee. Wir wollen uns hier vor allem mit den Cherokee beschäftigen, die für ihr Gesundheitssystem bekannt sind. Zu Recht dürfen wir dieses System als genuin bezeichnen, obwohl es tatsächlich aus zahlreichen historischen kulturellen Strömungen, einschließlich der Kultur der Weißen, hervorgegangen ist.

Werfen wir zunächst einen Blick auf die Geschichte. Der Südosten ist ein Gebiet, in dem sich schon früh Ansätze zum Ackerbau und zu einer hohen Kultur zeigten. Bereits vor etwa 1200 Jahren drangen Einflüsse einer Kultur entschieden mittelamerikanischen Typs auf unbekannten Wegen in den Südosten vor. Diese Kultur war durch hochentwickelten Ackerbau charakterisiert. Jedes Anwesen besaß einen Garten, in dem Mais, Bohnen, verschiedene Kürbissorten, Sonnenblumen und Tabakpflanzen wuchsen. Auch war die Gesellschaft arbeitsteilig und hierarchisch gegliedert. Sie bestand aus Phratrien und Clans und besaß eine Rangordnung, zumindest im Bereich der führenden Gruppen. So herrschte z. B. bei den Natchez am unteren Mississippi ein heiliger König mit einer Aristokratie, es gab Tempel auf Erdhügeln und einen differenzierten Sonnenkult. Diese mexikanischen Elemente der Kultur verschwanden aber, als die Natchez in den zwanziger Jahren des 18. Jahrhunderts von den

Franzosen besiegt wurden. Seitdem lebten die Reste der Natchez in Gemeinschaft mit den Creek und Cherokee. Diese südöstlichen Stämme behielten ihre sozialen Grundstrukturen bei, allerdings fehlten die Position eines obersten Häuptlings und der Tempelkult. Im Lauf der letzten Jahrhunderte dezentralisierte sich das politische Gefüge und nahm einen weniger autokratischen Charakter an. Die Stämme waren jetzt eher Konföderationen kleiner »Städte« als geschlossene politische Gebilde.

Diese etwas »demokratischere« Organisationsform fand sich vor allem bei den Cherokee, einem südlichen Zweig der Sprachfamilie der Irokesen. Ihre Verwandten, die eigentlichen Irokesen, wohnten hauptsächlich im Westteil des heutigen Staates New York. Das Territorium der Cherokee lag in den Great Smoky Mountains in Tennessee, North Carolina und Nordgeorgia. Ihr Land war berühmt für seine Felsen und Höhlen. Ein Rest des Stammes lebt bis zum heutigen Tag in dieser Gegend.

Sicher scheint außerdem zu sein, daß die Cherokee, die am Rand der südöstlichen Region siedelten und deren politisches System wie bei den anderen Irokesenstämmen ursprünglich wahrscheinlich eher demokratisch orientiert war, in historischer Zeit eine Föderation unabhängiger Dörfer mit jeweils einem Häuptling an der Spitze bildeten. Im 18. Jahrhundert bauten sie eine Art Staatswesen auf, in dem die Priester mehr und mehr den Ton angaben. Der Stamm teilte sich in sieben (früher vierzehn) Totemclans. Sieben war ihre heilige Zahl. Wie bei ihren südlichen Nachbarn, den Creek, gab es bei den Cherokee heilige Asylstädte wie z. B. Echota am Little Tennessee, wo keinem Menschen ein Leid zugefügt werden durfte. Echota war die alte Hauptstadt des Volkes. Hier befand sich eine zentrale Versammlungshalle. Es ist bekannt, daß auch eine weibliche Würdenträgerin, Geliebte Frau, Zutritt zu dieser Halle hatte und in Ratsversammlungen das Wort ergreifen durfte.

Diese Indianer rasierten wie ihre irokesischen Verwandten und die meisten Stämme der östlichen Wälder ihre Schädel kahl bis auf einen Haarwulst, eine Skalplocke, an der sie ihre Federn befestigten. Berühmt waren sie für ihre Blasrohre, mit denen sie Vögel und Kaninchen erlegten. Sie wohnten in viereckigen Häusern aus Stangen oder Balken, deren Wände mit einem Gemisch aus Gras und Lehm beworfen waren. Die Innenausstattung bestand vor allem aus mit Bärenfellen überzogenen breiten Lagerstätten. Der Vorderfront gegenüber lag ein Schwitzhaus, wo sich die Bewohner von Krankheiten reinigten und sie ausschwitzten. Darüber hinaus besaßen sie baumähnliche Häuser. Wie alle Indianer des Südostens verfügten die Cherokee über große offene Plätze zur Durchführung von Spielen und riesige Fest- und Versammlungshallen in Rotundenform. Sie standen in dem sonderbaren Ruf, nur kalte Nahrung zu essen, doch beruht das wahrscheinlich auf einem Mißverständnis: Kranken, nicht jedermann, war der Genuß von Salz und warmen Speisen verboten. Das ist ein weitverbreitetes Tabu, dessen Ursprung jedoch unbekannt ist.

Man darf ohne weiteres sagen, daß die Cherokee keine eigenständige Kultur besaßen. Anthropologen bezeichnen ihre Kultur als eine blasse Kopie der Kultur der Creekindianer.

Im 18. Jahrhundert verloren die Cherokee ihre Unabhängigkeit. Gleichzeitig verwandelten sie sich allmählich in einen der »fünf zivilisierten Stämme« des Südostens, wobei sie große Teile der Kultur der Weißen übernahmen, z. B. Obstanbau, Bienenzucht, Viehhaltung, Pferde- und Sklavenhaltung. Wiederholte Zusammenstöße mit der weißen Regierung endeten damit, daß zu

Beginn des 19. Jahrhunderts die meisten Cherokee nach Oklahoma und die angrenzenden Landstriche deportiert wurden. Trotzdem gelang es einer kleinen Schar, sich im ursprünglichen Gebiet zu behaupten. Von ihnen stammen in der Hauptsache die medizinischen Rezepte, die uns hier interessieren. Etwa seit der Zeit ihrer Umsiedlung in den Westen besaßen die Cherokee ein eigenes Alphabet, das von einem Mann namens Sequoyah geschaffen wurde, und eine eigenständige, aktive Presse. Diese Errungenschaft, einmalig in der Geschichte der amerikanischen Ureinwohner, ermöglichte es ihren Heilern, ihre Heilverfahren in kleineren Büchern schriftlich niederzulegen. Aus diesen Büchern beziehen wir unsere Informationen über die sehr interessante medizinische Praxis der Cherokee.

Entstehung der Krankheiten nach dem Cherokee-Mythos

Im Prinzip sind die Cherokee der Auffassung, daß jeder Mensch für die Krankheiten, von denen er befallen wird, selbst verantwortlich ist, es sei denn, er wäre behext. Die unmittelbaren Ursachen können in der natürlichen oder übernatürlichen Welt liegen. Doch ist mittelbar jeder Mensch durch sein eigenes Verhalten schuld an seiner Krankheit. Daß es aber überhaupt Krankheiten gibt, geht auf Beschlüsse mythischer Wesen in ferner Urvergangenheit zurück. Diese Beschlüsse waren wegen der unerwartet schnellen Ausbreitung der Menschheit in jenen Tagen notwendig geworden. Man sieht das heute als eine Art Vergeltung der mythischen Wesen an, die eigentlich Tiere waren – aber nicht die Tiere unserer Zeit, sondern deren riesige, weise und göttliche Prototypen.

In dem Mythos »Ursprung von Krankheit und Medizin« wird berichtet, die Menschen hätten sich derart schnell vermehrt, daß die armen Tiere keinen Raum mehr fanden. Zudem schlachteten die Menschen die großen Tiere und trampelten die kleinen rücksichtslos nieder. Da hielten die Ältesten des Bärenvolkes in der großen Versammlungshalle unter dem Berg Rat. Der alte Weiße Bär hatte den Vorsitz. Einer nach dem anderen führte Klage über die Taten der Menschen, und man beschloß, ihnen den Krieg zu erklären. Aber Weißer Bär war der Meinung, seine Verwandten könnten nicht kämpfen, da sie nicht mit Pfeil und Bogen umzugehen verstünden. Auch die Hirsche beriefen eine Versammlung unter ihrem Häuptling Kleiner Hirsch ein. Sie faßten den Beschluß, jedem Jäger Rheumatismus in die Glieder zu jagen, falls er sich nicht für seine Beleidigung der Tiere entschuldige. (Der Mythos bezieht sich hier auf eine Zeremonie bei der Jagd, mit der der Jäger das getötete Tier um Verzeihung bittet.) Ein Jäger, der sich nicht an diese Vorschrift hielt, würde also von Kleinem Hirsch mit Rheumatismus geplagt werden. Fische und Reptilien beratschlagten ebenfalls und trafen die Entscheidung, den Menschen schreckliche Träume zu senden, so daß die Opfer krank wurden und starben. Schließlich kamen auch Vögel, Insekten und kleinere Tiere unter ihrem Führer Madenwurm zusammen. Einstimmig fällten sie das Urteil, der Mensch sei schuldig. Sie riefen eine ganze Reihe von Krankheiten auf, die ihn befallen sollten. Die Folge dieses Entschlusses wäre jedoch gewesen, daß das gesamte Menschengeschlecht ausgerottet worden wäre, weshalb die von den Vögeln und Insekten verhängten Krankheiten wieder zurückgenommen wurden. Am Ende aber legten die Tiere noch fest, daß die Blutung der Frau ab und zu tödlich für sie ausgehen sollte.

Die Pflanzen hingegen waren dem Menschen wohlgesinnt. Sie kamen überein, ihm Rezepte gegen bestimmte Krankheiten zu geben. Auf diese Weise entstanden die Pflanzenheilmittel. »Wenn der Heiler nicht weiß, welche Arznei für einen Kranken die richtige ist, sagt es ihm der Geist der Pflanze.«[1])

Aus diesem Mythos könnte der Eindruck entstehen, die Tiere hätten miteinander gewetteifert, den Menschen mit möglichst vielen Krankheiten zu quälen. Doch täuscht dieser Eindruck. Auch Tiere konnten bei der Heilung von Krankheiten ihre Hilfe anbieten. Um sich diese Hilfe zu sichern, mußte der Aspirant nur darauf achten, sich an ein Tier zu wenden, das die spezielle Krankheit nicht selbst verursacht hatte. Eine Verstopfung der Speiseröhre z. B. wird von bestimmten Wasserinsekten verursacht (die als Totengeister gelten), weshalb der Heiler die großen Fische zu Hilfe ruft, die diese Insekten jagen. Sie kommen dann vom großen Wasser her und vertreiben die Feinde.

Natürlich ist die Frage, was hier unter »Tier« überhaupt zu verstehen ist. Ist das gewöhnliche Tier der Wildnis gemeint, sein mythischer Prototyp, der Herr der Tiere (eine bei vielen Völkern in und außerhalb Amerikas verbreitete Vorstellung), der Geist des Tieres oder ein Geist in Tiergestalt, möglicherweise ein Totengeist? Das ist nicht immer leicht zu entscheiden. In der Literatur über die Cherokee finden sich all diese Möglichkeiten, doch möchte ich bezweifeln, daß die Indianer selbst klare Grenzen ziehen. In diesem Punkt gleichen sie anderen nordamerikanischen Natives, die uns hier ebenfalls im Stich lassen.

Unmittelbare Krankheitsursachen

Die Cherokee sind der Auffassung, Krankheiten entstünden nicht nur durch Aktivitäten von Tieren (oder Tiergeistern), sondern auch durch Mächte wie Sonne, Feuer, Mond, Fluß, Donner, sowie das »kleine Volk«, Totengeister und Hexer. Auch Träume, mißachtete Tabus und, im Fall von Epidemien, Kontakt mit menschlichen Überträgern können die Ursache sein. Es kommt vor, daß die höheren Mächte Krankheiten zur Strafe senden. Bei anderer Gelegenheit aber helfen sie vielleicht dem Kranken, einen anderen Geist, der die Krankheit geschickt hat, zu besiegen. Soweit ich sehe, gibt es nur zwei Ausnahmen von dieser Regel: Der Mond wird niemals gebeten, Krankheiten zu vertreiben, und das kleine Volk gilt überwiegend als unfreundlich. Der Fluß – also jeder Fluß – fühlt sich beleidigt, wenn jemand Abfälle hineinwirft oder hineinuriniert. In gewisser Weise hat hier der personifizierte Fluß das Amt eines ökologischen Wächters, der das Verhalten des Menschen gegenüber der Natur kontrolliert. Der Donner schickt nur sehr selten Krankheiten – er treibt sie vor allem aus. Das kleine Volk tritt immer in Scharen auf. Nur dann und wann sind die Zwerge sichtbar, während man sie häufig singen und tanzen hört. Einsamen Wanderern sind sie freundlich gesinnt, doch Kinder mögen sie weniger, und manche haben Spaß daran, sie krank zu machen.

Wie in allen anderen Indianerkulturen rufen auch bei den Cherokee Totengeister Krankheiten hervor. Sie fühlen sich einsam in ihrem Reich im Westen, dem Nachtland, und sehnen sich nach ihren Verwandten im Reich der Lebenden. Nicht Rachgier oder Eifersucht treiben sie, sondern Liebe und Zuneigung. Aber ihre sehnsüchtige Hingabe bewirkt, daß der lebende Verwandte krank und schwach wird und schließlich stirbt. Wie schon erwähnt, können auch die Geister erschlagener Tiere, die beim Jagdritual nicht richtig behandelt wurden oder auf die man versehentlich trat, Krankheiten verursachen. So behauptet der größte Kenner der Cherokeekultur, James Mooney, man schreibe dort die meisten Krankheiten dem Einfluß von Tiergeistern, speziell Insektengeistern, zu.[2] (Calvin Martins aufsehenerregende Behauptung, nach Aussagen der nordamerikanischen Indianer würden Epidemien durch sich rächende Tiere verursacht, beruht auf solchen Berichten.[3])

Hexer greifen Menschen an, die sie beleidigt, mit ihnen gestritten oder sie herausgefordert haben, und schicken ihnen Krankheiten. Sie halten sich auch gerne in der Nähe eines Sterbenden auf, um ihm seine Lebenskraft zu rauben und die eigene dadurch zu verstärken. Auch von menstruierenden Frauen gehen krankmachende Einflüsse aus.

Träume können Krankheiten verursachen und vorhersagen. Wenn man z. B. vom kleinen Volk, der Sonne und bestimmten Tieren träumt, bedeutet das, daß eine Krankheit im Anmarsch ist, manchmal eine ganz spezielle Krankheit. Besondere Ereignisse im Traum, etwa Ballspiele, Zugfahrten mit Kameraden und brennende Hütten, weisen darauf hin, daß gute Freunde in naher Zukunft erkranken und sterben werden. Die Beschäftigung mit Träumen ist typisch irokesisch: Es war schon immer so, daß die Irokesen an den Großen Seen ihr Leben von den Träumen bestimmen ließen.

Wir brauchen uns hier mit verletzten Tabus nicht weiter auseinanderzusetzen – das haben wir im letzten Kapitel ausführlich getan – oder mit den mehr oder weniger auf der Hand liegenden Ursachen ansteckender Krankheiten. Die Vorstellungen der Indianer darüber kommen denen unserer westlichen Mediziner recht nahe. Vielleicht sollte aber zum Schluß noch angemerkt werden, daß in der Medizin der Cherokee der Glaube besteht, der bloße Anblick einer bestimmten Fischart rufe die Pocken hervor.

Der Heiler bei den Cherokee

Gleichgültig, um welche Krankheit es sich handelte – fast jedem Heiler trauen die Cherokee zu, sie zu behandeln. Sollte einem Heiler doch einmal die Fähigkeit abgehen, eine Krankheit zu heilen, so liegt das ihrer Meinung nach daran, daß er seine medizinische Ausbildung zu früh abgebrochen hat. Die Betonung liegt dabei auf dem erlernten Wissen, nicht auf Erfahrungen mit Geistern. Damit soll nicht gesagt sein, daß es solche Erfahrungen bei den Heilern der Cherokee nicht gegeben habe – wir werden in Kürze darauf stoßen. Aber sie spielen heute bei der großen Überfremdung durch die moderne Kultur kaum noch eine Rolle. Etwas anderes ist es, daß niemand als Heiler akzeptiert wird, der nicht schon große magische Macht demonstriert hat. Der Heiler der Cherokee ist ein Praktiker, der in vieler Hinsicht den weißen Arzt imitiert, ohne jedoch in allem mit ihm einer Meinung zu sein. Es ist sogar so, daß die beiden Kollegen lange Zeit erbitterte Rivalen waren – zumindest auf Seiten der Cherokee.

Der Heiler der Cherokee, der im allgemeinen ein Mann ist (Frauen fungieren als Hebammen und nur gelegentlich auch als Heilerinnen), genießt hohes Ansehen. Die Auflösung der sozialen Strukturen der Cherokee nach den Kriegen Anfang des letzten Jahrhunderts, nicht zuletzt auch der Niedergang der Autorität des Häuptlings, trugen zur Aufwertung des Heilers bei. Man achtet ihn wegen seiner medizinischen Kenntnisse und seiner Erfahrungen im Bereich der Heilkräuterkunde und der mündlichen Überlieferung (Mythen und andere Erzählungen). Trotzdem ist er nicht von einer Aura des Geheimnisses umgeben wie der mit übernatürlichen Mächten im Bunde stehende Medizinmann. Er ist mehr ein Diener des Rituals, ein Priester. Wie alle anderen Stämme des Südostens hatten die Cherokee früher, als ihre Religion noch in voller Blüte stand, Priester. Ein Priester kann übernatürliche Erfahrungen gemacht haben, braucht es aber nicht. Was ihn zum Priesteramt befähigt, ist nur, daß er gelernt hat, nach traditionellen Mustern mit den übernatürlichen Mächten umzugehen. Auf die gleiche Art hat der Heiler der Cherokee sein Geschäft von anderen Heilern und aus Lehrbüchern erlernt. Er ist nicht ausschließlich mit Heilungen beschäftigt, sondern gleichzeitig Maispflanzer und erntet wie alle anderen Stammesbrüder. Von ihnen unterscheidet er sich lediglich durch seine medizinischen Kenntnisse und praktischen Erfahrungen.

Ein junger Cherokee, der Heiler werden will, sucht sich einen älteren Heiler von gutem Ruf aus und bittet ihn, sein Schüler werden zu dürfen. Es kommt vor, daß der Ältere ablehnt, nämlich wenn er fürchtet, das heilige Wissen durch Weitergabe zu schwächen. Wird aber der Kandidat als Schüler angenommen, so bleibt er bei seinem Lehrer so lange, wie es erforderlich ist oder wie es der Lehrer erlaubt. Der junge Mann muß nun alles Notwendige über Krankheiten und ihre Heilung lernen. Bevor er damit beginnt, trinkt er einen besonderen Trank, der sein Gedächtnis stärkt, damit er auch alles behält. Der Trank wird aus Insekten oder Blättern des Kannenstrauchs gewonnen. Der Neuling ist verpflichtet, ihn vier oder sieben Tage lang, während deren er sich an einem abgeschiedenen Ort im Wald oder Gebirge aufhält, immer wieder aufzukochen und zu trinken. Wir wissen, daß diese Isolation noch vor hundert Jahren mit Fasten und Meditieren einherging, höchstwahrscheinlich traten dabei auch Visionen auf. Das ist ein deutlicher Hinweis darauf, daß der Heiler wenigstens zum Teil das Erbe des von höheren Mächten inspirierten Medizinmanns angetreten hat.

Seit den Tagen Sequoyahs war es dem Lehrling auch möglich, sich medizinisches Wissen mit Hilfe von Lehrbüchern anzueignen (vorher wurden die Instruktionen ausschließlich mündlich weitergegeben). Gegen einen bestimmten Geldbetrag darf sich der Kandidat normalerweise das Lehrbuch seines Meisters, das mythologisch fundierte Formeln und Erklärungen enthält, kopieren. Auch in der praktischen Heilkunst und im Umgang mit den zu benützenden Paraphernalien wird der Schüler unterwiesen. Manchmal gelingt es einem Patienten, den Heiler davon zu überzeugen, es sei besser, ihm das ganze Lehrbuch oder große Teile davon einfach zu verkaufen, damit er später den Heiler nicht mehr belästigen muß.

Behandlung von Krankheiten

Wird jemand krank, tut die Familie und die ganze Nachbarschaft alles für ihn und betreut ihn mit großer Opferbereitschaft. Bei einer Erkrankung z. B. des Familienoberhauptes sorgen die Nachbarn für seine Familie, spalten Feuerholz, pflügen seine Felder und pflanzen seinen Mais. Dauert die Krankheit länger, wird im Dorf ein Ausschuß gebildet, der für die Unterstützung der betroffenen Familie zuständig ist. Gegenseitige Hilfe ist immer eine Selbstverständlichkeit.

Natürlich läßt die Familie auch sofort Heiler kommen.

Sie konferieren und beraten, ob und wie sie dem Patienten helfen können. Mitunter betrachtet sich ein Heiler für inkompetent, woraufhin ein Kollege die Verantwortung übernimmt. Der erste Heiler bleibt aber vielleicht da, um gefährliche Hexer auszuschalten. Zu diesem Zweck raucht er seine Pfeife, während er das Bett des Kranken umschreitet. Der heilige Tabakrauch hindert Hexer, sich zu nähern.

Manche Heiler sind Wahrsager und können die Art der Krankheit feststellen. Sie benutzen dabei die »Perlenmethode«: Sie halten eine schwarze Perle zwischen Daumen und Zeigefinger der linken Hand und eine weiße oder rote zwischen Zeigefinger und Daumen der rechten. Bewegt sich die Perle in der rechten deutlich sichtbar, heißt das, daß die Frage, ob eine bestimmte Krankheit vorliegt, bejaht wird. Bewegt sie sich nicht, lautet die Antwort »nein«. Vielleicht fragt der Heiler den Kranken auch aus, um festzustellen, ob dieser etwa ein Tabu verletzt oder gefährliche Träume und Vorahnungen gehabt hat.

Die Heilung selbst wird durch Formeln bestimmt. Wenn z. B. eine Person an stechenden Schmerzen in der Brust leidet, rezitiert der Heiler eine Formel. Sie stellt zuerst fest, daß ein Geist aus dem Totenreich die Schmerzen verursacht hat. Weiter sagt sie dann, daß nun aber gute Geister aus dem Sonnenreich gekommen sind, um die Krankheit zu vertreiben. »Besserung ist in Sicht.« Nach dem Rezitieren der Formel haucht der Heiler dem Patienten viermal auf die Brust und verspritzt mit Hilfe eines aus Wasserdost angefertigten Blasrohrs Arznei über ihm, die meist aus einer Pflanze gewonnen wird. Schließlich flößt er ihm eine Medizin ein, bestehend aus einem Sud, der aus zerstoßenem Schlangenwurz und Ginsengwurzeln hergestellt wird. Das Ritual wird an vier aufeinanderfolgenden Tagen wiederholt.

Die in den Formeln enthaltenen Heilverfahren variieren stark. Neben der Verwendung von Pflanzen für Absude und Infusionen – die Pflanzen werden oft ihrer besonderen Eigenschaften wegen, etwa des durchdringenden Geruchs oder des bizarren Wuchses, ausgesucht – operieren die Heiler mit Dampfbädern, Massagen, Aussaugen der Krankheit und Aufschlitzen der Krankheit mit Hilfe einer Pfeilspitze oder einem Klapperschlangenzahn. Sie bringen den Patienten zum Erbrechen oder geben ihm einen neuen Namen. Hintergrund all dieser Verfahren ist zwar auch das Übernatürliche, doch tritt es bei den Cherokee weniger deutlich in Erscheinung als bei anderen Indianerstämmen.

Die ärztlichen Vorschriften bei den Cherokee erwekken in vielen Fällen den Anschein, durchaus rational zu sein. Aber man darf dabei niemals übersehen, daß sie auf heiligen Formeln beruhen, die in mythischem Grund wurzeln. Dann und wann stoßen wir in unseren Texten auch auf Seelenflüge ins Totenland, weitere Erklärungen über das Wie, Warum und Wann finden wir jedoch nicht. In ferner Vergangenheit lassen sich noch die vagen Konturen eines von höheren Mächten inspirierten Medizinmanns erkennen, der Geisterbefall und Seelenverluste heilen konnte. Aber der Einfluß des Priesterwesens des Südostens und der modernen Kultur des Westens haben offensichtlich die Wirksamkeit der Geister, wie sie sich in der ursprünglichen Medizin manifestierte, in den Hintergrund gedrängt.

Traditionelle Medizin im Südwesten

Es gibt eine ganze Reihe indianischer Landschaften und Kulturen in Nordamerika, die den Betrachter in ihren Bann ziehen. Doch kaum eine ist so bezaubernd und anziehend wie der reichgegliederte Südwesten der Vereinigten Staaten. Es ist ein Gebiet mit geradezu aufregender Topographie in den herrlichsten Farben, und die fantastischen Landschaftsformationen haben ihr Gegenstück in den faszinierenden Indianerkulturen, die auf ihrem Boden entstanden sind. Jeder Besucher von Städten wie Albuquerque oder Santa Fe, der die Pueblos der Rio-Grande-Indianer betrachtet oder die alten Navajosiedlungen durchstreift, wird das bestätigen.

In der Tat ist es sehr eigenartig, daß sich eine solche Bandbreite von Kulturen amerikanischer Natives, einige von ihnen von höchstem Niveau, in diesem Gebiet, das doch, ökologisch gesehen, relativ trocken und unfruchtbar ist, etablieren konnte. Im Norden liegt das von den berühmten Puebloindianern besiedelte Hochland. Es hat kalte Winter, aber relativ warme Sommer, und läßt sich als Wacholder- und Salbeisteppe beschreiben, eingebettet in von Kiefernwäldern bedeckte Bergketten. Den Süden bilden öde Wüsten. Hier leben die Stämme der Yuma und Pima. Es ist ein Tiefland mit manchmal unglaublicher Hitze, weshalb hier nur wasserspeichernde Pflanzen, etwa der Kreosotebusch, gedeihen. Über einen großen Teil des Gebietes verstreut lebt eine dritte Population, die Athapasken des Südens: Es sind die Navajo, deren Siedlungsgebiet die Gegenden zwischen den Pueblos (Städten, Dörfern) der Puebloindianer sind, und die Apachen, die an der Peripherie der von den Puebloindianern bewohnten Territorien ansässig sind. Eine Gruppe der Apachen, die in der Geschichte als die wildeste und kriegerischste von sich reden gemacht hat, die Chiricahua, lebt in der Wüstenzone.

Das höchste künstlerische Niveau der Indianer des Südwestens erreicht die hochentwickelte, geheimnisvolle und rätselhafte Kultur der Puebloindianer. Sie sind für ihre reich differenzierten Zeremonien mit bunten Trachten und farbenprächtigen Dekors berühmt. Andere Gruppen des Südwestens dagegen, besonders die Yuma- und Pimaindianer, fallen gerade durch ihre Armut auf. Das erinnert uns daran, daß der Südwesten auch ethnologisch gesehen eine der komplexesten Kulturlandschaften Nordamerikas ist. Er hat nämlich Berührungspunkte sowohl zur mexikanischen Indianerkultur im Süden als auch zur Kultur der kanadischen Indianer im Norden. Das gesamte Spektrum der kulturellen Formen der amerikanischen Ureinwohner, von Jäger- und Sammlergesellschaften bis zu Ansätzen echter Hochkulturen, war hier bis vor noch nicht allzu langer Zeit vertreten.

Tatsächlich reichen die ethnographischen Gegebenheiten des Südwestens weit über die heutigen Grenzen New Mexicos und Arizonas, überhaupt der Vereinigten Staaten, hinaus. Innerhalb der Vereinigten Staaten umfaßt der Südwesten neben New Mexico und Arizona das südliche Colorado, Utah, Nevada und Kalifornien. Und im Süden der Bundesgrenze umschließt der sogenannte Weitere Südwesten auch große Teile Nordwestmexikos: Baja California und die Sierra-Madre-Region. In diesem Kapitel wollen wir uns vor allem mit den Gruppen beschäftigen, die nördlich der mexikanischen Grenze siedeln: mit den kulturell so facettenreichen Puebloindianern, Nachkommen der mittelamerikanischen Hochkulturen, dem volkreichen Stamm der Navajoindianer aus der Athapaskenfamilie, die erst später aus Kanada einwanderten, und den Pima-Papago-Indianern, in Dörfern lebenden Bauern, die vielleicht einmal mit früheren Hochkulturen in Berührung kamen (der Hohokam-Kultur mit ihren Erdwallbauten und Bewässerungskanälen), doch in späteren Jahrhunderten kulturell sehr verarmten. Von ihren alten Stammesverbänden ist nichts übriggeblieben. Die Pima und Papago sind die Indianer, die in unserem geographischen Überblick auch jenseits der Bundesgrenze der USA leben.

Eine relativ bedeutsame Population im Westen unseres Gebietes, die Stämme der Yuma, werden wir hier nicht behandeln, da die verfügbaren Informationen über ihre Heilmethoden uns nicht viel mehr verraten, als was wir schon von anderen nordamerikanischen Völkern wissen. Allein der Medizinmann hat bei ihnen Visionserfahrungen. Er schickt seine Seele aus, um die verlorene Seele eines Kranken zurückzuholen oder entfernt das corpus delicti, das in den Patienten introjiziert wurde. Bei manchen Yumastämmen wird Seelenverlust auch dadurch behandelt, daß der Medizinmann bläst und singt – wohl eine Sekundärentwicklung, entstanden aus der Therapie von durch Introjektionen verursachten Krankheiten. Eine für einen Yumastamm, die Mojaveindianer, charakteristische Merkwürdigkeit ist, daß man vom Medizinmann erwartet, daß er die Therapie einer Krankheit bis in alle Einzelheiten schon im voraus träumt.[1]

Die anderen drei Populationen, mit denen wir uns hier befassen wollen, haben dagegen sehr spezielle Methoden, Krankheiten zu behandeln, Methoden, die wir in den bisherigen Kapiteln nur flüchtig gestreift haben. Da sind zuerst die seßhaften Puebloindianer, bei denen ganze

Ärztekorporationen an einer Heilung beteiligt sind. Natürlich gibt es Ausnahmen von der Regel: Behandlung durch einzelne Ärzte kommt bei den Taosindianern im äußersten Nordosten des Pueblogebietes, bei den Hopi weit im Westen, und, wie wir sehen werden, teilweise auch bei den Zuniindianern, die ostwärts der Hopi leben, vor. Aber im großen und ganzen liefern die Zuni- und Puebloindianer vorzügliche Beispiele für kollektive Heilweisen.

Zweitens sind da die Navajo, die eine auffällige Mischung von Individualismus und Kollektivismus bei ihren therapeutischen Verfahren praktizieren. Da sie bei ihren Heilungen den Patienten mit dem Kosmos und seinen Kräften vereinigen, können wir hier von »kosmologischen Heilmethoden« sprechen.

Drittens die Pima und Papago. Sie besitzen ganz besondere Vorstellungen über das Wesen von Krankheiten. Bei ihnen gibt es Krankheiten, die bleiben, und Krankheiten, die verschwinden. Es lohnt sich, einen Blick auf ihr recht eigenartiges System der Ätiologie und die damit verbundenen Therapien zu werfen.

Das religiöse System der Zuni

Die Puebloindianer sind bekannt für ihre großen, traubenförmigen Behausungen oder »Städte« aus Mauerwerk und Luftziegeln, ihren intensiven Gartenbau, ihre Keramik, Kulträume, gemeinsamen Maskentänze, Priester und außerordentlich kunstvollen Rituale. Vieles davon haben sie von ihren berühmten Nachbarn im Süden, den hochentwickelten Kulturen im Tal von Mexiko, übernommen. Die Einflüsse aus diesen Gebieten erreichten sie wahrscheinlich über das Hochland der Sierra Madre. Das muß sich schon vor sehr langer Zeit, noch vor dem

Aufstieg des Aztekenreiches, ereignet haben. Es ist sehr gut möglich, daß die Zuni das Territorium, auf dem sie jetzt leben, schon seit tausend Jahren bewohnen.

Das Pueblo der Zuni, dem wir uns jetzt zuwenden wollen, liegt am Nordufer des oberen Zuni River, nahe der Westgrenze zu New Mexico. Das die Stadt umgebende Tal ist mit weißem Salbei, Yuccapflanzen und Kakteen bewachsen. Heute besteht das Pueblo aus einer lockeren Ansammlung kleiner Häuser, oft mit einem bescheidenen Gärtchen dabei. Schon früh bauten die Zuni Mais, Kürbisse und Bohnen an, wobei es traditionsgemäß die Männer waren, die die Arbeit taten. Ebenfalls die Männer verwebten Baumwolle auf Webrahmen – Baumwollfelder gibt es dort seit der Ankunft der Spanier. Das enge Zusammenleben der Menschen ohne jeden Ortswechsel begünstigte die Herausbildung unilinealer Familienbeziehungen und matrilinealer Clans mit Totemnamen (obgleich sich kein religiöser Totemismus nachweisen läßt). Die Jagd spielte und spielt eine große Rolle als ergänzender Wirtschaftszweig, hatte aber keine besonderen Auswirkungen auf den Lebensstil an sich.

Der Kollektivismus der Zuni ergibt sich folgerichtig aus ihrer vom Gartenbau bestimmten Lebensweise. Wie schon ausgeführt, pflegt der Mann in einer Jägergesellschaft ein eingefleischter Individualist zu sein, der sich auf sein eigenes Können und die Macht seines Schutzgeistes verläßt. In einer Gemeinschaft von Gartenbauern dagegen ist der Mann auf die Hilfe seiner Stammesangehörigen in der Siedlung, in der er mit ihnen lebt, angewiesen. Es ist daher nur natürlich, daß er die religiösen Mächte mittels kollektiver Rituale anruft. Schon oft ist bemerkt worden, daß der Nachdruck bei den Jägerreligionen auf dem Glauben, bei den Ackerbaureligionen auf dem Kultus liegt. Ob wir diese These akzeptieren wollen oder nicht, es ist jedenfalls so, daß schon kultische Handlungen an sich in der Regel das Zusammenwirken mehrerer Menschen erfordern. Und die Zuni sind extrem ritualistisch. Das zeigt sich bei ihren Maiszeremonien und Heilverfahren sehr deutlich. Es gibt bei ihnen keine einzelnen Ärzte, sondern der Kranke wendet sich an ganze Expertenkorporationen. Der einzelne Arzt tritt hinter den kollektiven Zwängen der sozialen Institution zurück.

Man sollte aber diese Feststellung nicht dahin mißverstehen, als ob es gar keine Individualität mehr gäbe. Es finden sich sehr wohl starke Persönlichkeiten, und im Ritus spielen einzelne eine herausragende Rolle. Daß so häufig von den Normen abweichende oder mächtige Persönlichkeiten der Hexerei angeklagt werden, spiegelt ebenfalls den faktischen Einfluß, den einzelne Individuen ausüben können, wider. Auf der anderen Seite läßt die mit großer Macht ausgestattete Einrichtung der Hexenjustiz erkennen, wie groß der Druck zur Konformität ist, der von diesem starren sozialen und rituellen System auf den einzelnen ausgeübt wird.

Tatsächlich hat die Übermacht von Korporationen und kollektiven Ritualen die eigentlich religiösen Inhalte des Zuniglaubens, den Glauben an Götter und Geister nämlich, mehr oder weniger in den Hintergrund gedrängt. Elsie Clews Parsons, eine der führenden Pueblokennerinnen, kommentierte diese Tendenz: »In einer dermaßen ritualisierten Religion wie der der Pueblo werden die Geister allmählich zu einer zu vernachlässigenden Größe, auf jeden Fall für den Beobachter, wenn nicht auch für den Gläubigen selbst.«[2] Natürlich gibt es auch im Glauben der Zuni Götter und Geister, aber sie führen ein hinter Kult und Ritus sehr verborgenes Dasein. Z. B. kennt man die Geister der Toten, die *Koko* (ein gebräuchlicherer Name ist Kachina, der Terminus technicus für diese Geister im Pueblogebiet), nur dadurch, daß sie bei den Maskentänzen der Kachina-Gesellschaft den Lebenden erscheinen. Man glaubt allgemein, daß die Toten in einem heiligen See südwestlich des Zunilandes wohnen, doch ihren lebenden Verwandten gerne Besuche abstatten und sich in den Masken, die die Mitglieder der genannten Gesellschaft tragen, verkörpern. Auch die Geister des Pflanzenwachstums und der Fruchtbarkeit verschwinden irgendwie hinter den vielen Ritualen, die den Gang der Jahreszeiten begleiten. Indirekt gehören die Koko zu den Geistern der Fruchtbarkeit, sind sie doch die »Regenbringer«. Sie sitzen auf den Wolken und begießen von dort die Erde mit Regen.

Die Zeremonien finden auch heute noch in Kulträumen, den *Kivas*, und auf der offenen Plaza statt, trotz der Präsenz der katholischen Kirche. Es ist den Zuni wie allen übrigen Puebloindianern gelungen, ihrer alten Religion treu zu bleiben.

Ein Grund für diesen erfolgreichen Konservativismus ist das undurchdringliche Geheimnis, von dem so viele rituelle Vorgänge, bei den Zuni und in anderen Pueblos, umgeben sind. Weiße Forscher wurden stets daran gehindert, an wichtigen Zeremonien teilzunehmen. So blieben auch die Heilrituale fremden Augen verborgen. Elsie Clews Parsons bezweifelt, daß es jemals einem Außenstehenden geglückt ist, Zeuge eines Heilungsvorgangs zu werden.[3] Wahrscheinlich hat sie recht, denn Heilzeremonien sind wirklich streng geheim, und wir wissen, daß nur Angehörige der Ärztekörperschaften diesen Zeremonien beiwohnen dürfen. Zwar haben wir Kenntnis von einem solchen Ritual durch den Bericht einer älteren Ethnographin, Matilda Coxe Stevenson. Doch muß ihre Behauptung, selbst an einer Zeremonie teilgenommen zu haben, zumindest bezweifelt werden. Die Zuni sind immer sehr zurückhaltend, wo es um Informationen über heilige Dinge, besonders Heilungen, geht. Denn sobald man über diese Vorgänge spricht, verlieren sie ihre Wirkung. Nur unter erheblichen Schwierigkeiten und auf indirektem Wege sind wir daher in der Lage, das Geheimnis um die Medizin der Zuni zu lüften.

Kollektives Heilen bei den Zuni: die medizinischen Körperschaften

Alle medizinischen Aktivitäten bei den Zuni sind in den medizinischen Körperschaften verankert. Beginnen wir mit der Schilderung ihrer Schutzgottheiten, die eine interessante Weiterentwicklung der Schutzgeister aus den Jägergesellschaften darstellen.

In der Atmosphäre des Geheimnisses und der Zurückhaltung, mit der sich der Forscher konfrontiert sieht, ist es natürlich schwierig, sich ein klares Bild von den mächtigen Wesen zu machen, die die Ärzte mit Heilkräften begaben. Es sind die »Tiergötter«, die Schutzpatrone der Heilkörperschaften, die nach der Mythologie am Anfang der Welt von den sogenannten Zwillingsgöttern – die einst der Welt ihre Ordnung gaben – in Steinfetische verwandelt wurden. Wir erfahren, daß diese Fetische lebendig sind und ihre Kräfte aus ihren Herzen hervorströmen. Die Fetische wurden in den Kulträumen bestimmter Körperschaften und Familien aufbewahrt. Eigentlich aber wohnen die Tiergötter an dem Ort, wo einst zu Beginn der Zeit die Menschen aus der Erde heraufstiegen. Der Ort heißt Shipapolima und liegt im Osten. (In dieser Ackerbaugesellschaft glaubt man also, die Menschen seien, wie die Pflanzen, der Unterwelt entsprungen.)

Es gibt sechs Tierarten, die jeweils von einem Tiergott repräsentiert werden. Jeder von ihnen herrscht über eine der sechs Hauptrichtungen der Welt. Sechs sind es, weil Zenit und Nadir noch zu unseren vier Himmelsrichtungen hinzugezählt werden. Es handelt sich um den Berglöwen, den mächtigsten Tiergott, der im Norden wohnt. Dann um den Bären im Westen, den Dachs im Süden, den weißen Wolf im Osten, den Adler im Zenit und schließlich den Maulwurf im Nadir. Jedes dieser Wesen ist an den anderen fünf Kardinalpunkten durch einen jüngeren Bruder vertreten, so daß z. B. alle sechs Berglöwenbrüder an den Hauptorten präsent sind. Außerdem sind ihnen verschiedene Farben zugeordnet: gelb, blau, rot, weiß, gefleckt und schwarz, entsprechend der oben skizzierten Ordnung.

All diese für die Puebloindianer so charakteristischen Symbole sind Produkte ihrer systematisierenden und bilderreichen Denkweise. Auch ihre Medizin mit ihrem ausgeprägten Symbolismus, den straff organisierten Ärztekorporationen und deren Tierpatronen macht einen von den nur lose institutionalisierten Heilsystemen der Jägerindianer sehr verschiedenen Eindruck. Dennoch finden sich auch interessante Anzeichen für eine engere Beziehung zwischen den beiden Bereichen.

Denn die Raubtier- oder Tiergötter sind nicht nur Schutzpatrone der Ärzte, sondern auch Herren oder Schutzgeister der Jagdtiere – deshalb heißen sie ja Tiergötter. Jäger, denen es bei der Jagd auf die Schutzbefohlenen der Götter – nämlich die Tierart, die ein Tiergott vertritt – an Glück fehlt, müssen sich an diese Götter wenden. Nun sind aber bei den Stämmen, die vom Raub und von der Jagd leben, die Tiergeister mehr oder weniger mit den individuellen Schutzgeistern der Menschen identisch. Wir haben gesehen, daß dort die Schutzgeister dem einzelnen Medizinmann, der als Visionär ihre Gaben empfangen hat, dienstbar sind. Der Schutzgeist teilt in der Vision dem Medizinmann seine Kraft mit. Ein Weg der Visionen kommt bei den Zuni freilich nicht vor, und spontane Visionen, selbst wenn sie eintreten sollten, machen noch keinen Doktor. Aber es ist bei den Zuni so, daß die Tiergötter ihre Kraft den medizinischen Körperschaften, die sie beschützen, vermitteln. Empfänger sind also nicht mehr die einzelnen, sondern das Kollektiv.

Gleichzeitig erinnert eine interessante Einzelheit doch noch an die alte Tradition der Jägervisionen. Jedes Mitglied einer Korporation besitzt seinen persönlichen Fetisch, nämlich einen Maiskolben mit Quasten, der auf dem Altar der jeweiligen Körperschaft deponiert ist. Das ist eine Erinnerung an den ursprünglichen Jagd-Medizinbeutel.

Wichtiger aber ist der Steinfetisch, der der gesamten Körperschaft gehört. Die Tiergötter und ihre Körperschaften sind Transformationen der ursprünglichen individuellen Schutzgeister und ihrer menschlichen Schutzbefohlenen ins Kollektive. Die Körperschaften stellen Vereinigungen mehrerer Individuen dar, mit dem Recht, Heilkräfte anzuwenden.

Betrachten wir nun diese Körperschaften etwas genauer. Es gibt zwölf »Heilkörperschaften«, wobei die meisten als »Logen des ganzen Pfades« bezeichnet werden und manchmal auch vom »Kult der Tiergötter« gesprochen wird. Ihnen allen ist gemeinsam, daß jedes ihrer Mitglieder einmal in seinem Leben dem Tode nahe war – sei es aufgrund einer Krankheit, eines Unfalls oder als Folge einer Tabuverletzung –, den Schutz der Tiergötter hatte anrufen müssen und auf diese Weise Mitglied der Körperschaft geworden war. Als solches war der Betreffende seitdem verpflichtet, bei der Heilung kranker Stammesbrüder mitzuwirken.

In erster Linie heilen die medizinischen Korporationen Kranke und Schwache. Aber sie haben noch andere Pflichten. Bis zu einem gewissen Grad ist ihnen das Wettermachen aufgetragen. So obliegt es der ältesten Ärztekörperschaft, den »Priestermenschen«, sich um die Regenzeremonien zu kümmern. Der Leiter der Körperschaft der »Clownmenschen« dagegen spielt die Hauptrolle in einem rituellen Drama, das die Heilung der »Maisjungfrauen« darstellt und dadurch das Wachstum von neuem Mais sichert. Das alles ist in einer Gesellschaft, deren Wertestruktur vom Ackerbau und der Fruchtbarkeit der Natur geprägt ist, ganz natürlich. Aber es überrascht doch, daß es nicht weniger als zwölf Heilgesellschaften gibt, von denen die meisten noch zusätzlich Regenzeremonien durchführen. Daß Aktionen zur Regenerzeugung von Heilkörperschaften vollzogen werden, ist in einem trockenen Land nicht weiter verwunderlich. Es könnte ja sein, daß der ausgedörrte Boden selbst als krank aufgefaßt wird. Aber warum sind es derart viele Körperschaften? Der Umstand, daß eine einzige Heilkörperschaft, die »Rote-Ameisen-Menschen«, sich vor nicht allzu langer Zeit auch mit Kriegsritualen befaßte, unterstreicht nur wieder die Vielfalt der Funktionen, die die Heilkörperschaften im Leben der Zunis ausübten.

Die Heil- beziehungsweise medizinischen Körperschaften sind relativ stark spezialisiert. So besteht z. B. die Kojote-Korporation aus besonders tüchtigen Jägern. Sie heilen Krankheiten, die vom »Hirsch« verursacht werden. Die Rote-Ameisen-Menschen, auch als Messer-Korporation bezeichnet, helfen Leuten, wenn es darum geht, introjizierte Ameisen aus dem Körper zu entfernen und Hautkrankheiten zu heilen. Die Schwertschlucker (auch unter dem Namen Holz-Korporation auftretend) befassen sich mit Halsweh. Die Kaktus-Korporation betreut durch Kugeln oder spitze Gegenstände (früher wohl auch durch Pfeile) gerissene Wunden. Ihre Mitglieder pflegten Feinde früher zwar zu töten, aber nicht zu skalpieren. Die Adlerfeder-Korporation heilt Pocken und Lungenkrankheiten. Die Schnecken-Körperschaft behandelt Krampfzustände – und so weiter. All diese Körperschaften sind außerordentlich geschickt in der Ausübung schamanischer Zauberpraktiken, etwa beim Feuerschlucken, beim Tanzen auf einer Schicht glühender Kohlen, ohne sich die Füße zu verbrennen, beim Verschlingen von Holzschwertern und was es sonst noch alles gibt. Auch in diesen Einzelheiten zeigt sich, daß die Körperschaften einst aus dem Schamanentum und dem Medizinmann der Jägerkultur entstanden sind.

Aber auch intern sind die meisten Körperschaften arbeitsteilig spezialisiert. So stoßen wir in fünf der beschriebenen Bruderschaften auf die Untergliederung der »Magier«. Die Männer dieser speziellen Gruppe verkörpern den mächtigsten Gott der Heilkunst, den Bären. Wenn ein solcher Heiler einen Patienten behandelt, zieht er sich Bärentatzen über die Hände. Es ist nicht ganz klar, ob er sich dabei im ekstatischen Ausnahmezustand befindet oder nicht. Mindestens ein wissenschaftlich geschulter Beobachter (Parsons) weist auf das »orgiastische Potential im Blut der Zuni« hin.[4]

Bleibt noch die Feststellung, daß die Körperschaften sehr straff organisiert sind, geführt von einem Oberhaupt und mehreren »Beamten«. Die Gruppe innerhalb der Körperschaften, die sich vor allem mit Heilungen befaßt, ist stets die wichtigste Sektion. Jede Körperschaft besitzt in ihrem Versammlungshaus einen reich geschmückten

Altar. Auf ihm liegen die Steinfetische der Tiergötter und viele andere heilige Gegenstände, etwa die Maiskolben mit langen Quasten. Sie sind die persönlichen Fetische der Mitglieder, die sie bei ihrer Initiation empfangen haben.

Die Organisationsform der medizinischen Körperschaften hat auch die anderer Gesellschaften beeinflußt. Beispielsweise heißt es von den Zauberern, sie ahmten in allem die Heilkorporationen nach. Allerdings tun sie das in spiegelbildlicher Umkehrung. Statt nämlich Menschen zu heilen, introjizieren sie ihnen Krankheitsgegenstände (siehe unten). Auch die Kachinagesellschaft, in die praktisch jeder männliche Zuni aufgenommen wird, ist wie eine medizinische Körperschaft gegliedert. Von ihr heißt es, sie verfüge über Schutzpatrone, die Krankheiten verursachen, aber auch heilen können. Bei den Kachinatänzen (oder -zeremonien) sorgt eines der übernatürlichen Wesen, ein Koko – ein Geist des Regens, der Wolken oder der Toten –, dafür, daß Menschen ihre Geschlechtskrankheiten loswerden: Eine Person, die wie dieser Geist maskiert und gekleidet ist, reinigt die Männer, so daß sie gesund werden und die Gefahr einer Übertragung von Geschlechtskrankheiten auf die Frauen gebannt ist.

Viel ist über die diesen Körperschaften angehörenden Männer geschrieben worden. Wie aber steht es mit den Frauen? Wir wissen, daß es auch weibliche Mitglieder der medizinischen Körperschaften gibt, wenngleich nur sehr wenige. Sie heilen auch nur in seltenen Fällen. So sind z. B. in der Körperschaft der Clownmenschen ebenfalls Frauen vertreten. Doch wohnen sie niemals öffentlichen Kulthandlungen bei und fungieren auch nicht als Heilerinnen. Es ist überhaupt recht unklar, welche Rolle sie eigentlich spielen.

Zusammenfassend läßt sich sagen, daß die medizinischen Körperschaften in der Gesamtorganisation der

Korporationen der Zuni eine dominierende Rolle spielen. Das ist aber nicht nur bei den Zuni so. Puebloindianer weiter im Osten, die Keres-Sprachen sprechen, haben ein ähnliches Wertgefüge. Wissenschaftler haben daher die Vermutung ausgesprochen, die ursprüngliche Funktion der Pueblo-Korporationen sei das Heilen gewesen, und erst mit wachsender Bedeutung des Ackerbaus hätten sie sich auch mit Regenzeremonien befaßt. Ich möchte hier auf diese Frage nicht näher eingehen. Gewiß, eine solche Hypothese würde erklären, warum die Navajo so großen Wert auf Medizin und Heilung legen (siehe unten). Aber sie scheint mir doch recht pauschal zu sein. Man könnte dagegen einwenden, daß in vielen agrarischen Kulturen kollektive Gesellschaften zur Förderung des Ackerbaus selbstverständlich sind und schon immer vorhanden waren.

Richtiger scheint mir, davon auszugehen, daß die hochentwickelten medizinischen Körperschaften, die sich in sehr differenzierten Gesellschaften herausbilden, einfach aus der tiefen Anteilnahme der Menschen an den Kranken und ihrer hingebungsvollen Bereitschaft, sie zu pflegen, entstehen. Daß solche Eigenschaften tatsächlich ein wesentlicher Zug im Charakter der Zuniindianer sind, wird durch anthropologische Zeugnisse bestätigt. So äußerte sich z. B. ein weißer Beobachter, der einen Besuch am Krankenbett eines Zuni machte, anerkennend über die sorgfältige Pflege, die diesem zuteil wurde: »Sein Kopf war in den Schoß seiner kleinen, weißhaarigen alten Mutter gebettet. Sie strich ihm sanft über die Stirn und sprach ihm liebevoll zu, wie eine Mutter ihr Kind tröstet.«[5] Der Kranke wird im allgemeinen von der ganzen Familie, den Nachbarn und der medizinischen Körperschaft, die ihn behandelt, betreut.

Diese eifrige Sorge der Zuni, einen kranken Verwandten oder Freund vor dem Tode zu retten, ist vielleicht überraschend, wenn man bedenkt, daß der Mensch nach dem Tod als geehrter Koko an einem unter einem geheimnisvollen See gelegenen Ort empfangen wird. Er führt dort ein sehr glückliches Leben, kehrt auch mitunter zur Erde zurück, um seinen noch lebenden Verwandten zu helfen. Warum also sollte man seinen Tod betrauern? Die Antwort liegt auf der Hand: Es sind die sehr menschlichen Empfindungen von Liebe und Sorge und die Sehnsucht nach tiefer seelischer Verbindung, die die Angehörigen des Sterbenden zu dem Wunsch veranlassen, er möge noch länger im Kreise seiner Lieben verweilen.

Heilmethoden der Zuni

Nach dem Glauben der Zuni entstehen Krankheiten normalerweise durch üble Machenschaften menschlicher Zauberer. Sie können aber auch, wie wir beim Koko gesehen haben, Folgen der Taten übernatürlicher Geister sein. Auch konnten wir feststellen, daß Mitglieder zumindest einer Körperschaft, die Clownmenschen, imstande sind, Krankheiten sowohl zu verursachen als auch zu heilen. Die meisten Krankheitssymptome lassen sich auf die Anwesenheit böser Gegenstände im Körper zurückführen. Darüber hinaus gibt es Fälle, wo das »Herz« – die Seele – gestohlen wird und zurückgeholt werden muß. Hier wie auch sonst in der Medizin der nordamerikanischen Ureinwohner bezieht sich die Therapie mehr auf die Wurzel der Krankheit als auf ihre Symptome. Manchmal ist der Heiler selbst in der Lage anzugeben, wer die Krankheit geschickt hat. Beim Verdacht auf Hexerei wird der Zauberer gefoltert (jedenfalls war das früher oft so) und zu einem Geständnis gezwungen. Sobald der Heiler den Namen des Übeltäters ausspricht oder dem Zauberer durch Folter ein Geständnis abgepreßt wird, hat dieser seine magischen Kräfte verloren.

Manche durch Introjektion von Objekten verursachten Krankheiten erfordern einen chirurgischen Eingriff. Frank Hamilton Cushing, ein Gelehrter, der vor hundert Jahren vom Volk der Zuni adoptiert wurde, berichtet, man habe ihn einmal aufgefordert, zwei Zuni-Ärzten zu assistieren, die einen Mann mit geschwollenem Fuß behandelten. Die Ärzte stellten fest, der Fuß befinde sich schon im Zustand der Fäulnis. Mit großer Geschicklichkeit schnitten sie das entzündete Fleisch heraus, wuschen den Eiter ab und verbanden die Wunde. Cushings Aufgabe dabei war es, dem Kranken eine ein Opiat enthaltende Arznei einzuflößen.

All das klingt sehr rational, doch die Voraussetzungen der Operation waren es ganz und gar nicht: Man glaubte, das faulende Fleisch sei von Würmern verseucht oder verwandle sich in Würmer, und der Trank aus ausgekochten Weidenwurzeln und -rinden von hellroter Farbe, den man dem Kranken gab, sei die Quelle des Lebens und des fleischbildenden Blutes.

Es kommt ab und zu vor, daß sich ein Verletzter an einen einzelnen Arzt wendet, der aber natürlich auch Mitglied einer medizinischen Körperschaft ist. So etwas geschieht, wenn die Krankheit als ungefährlich angesehen wird. Ein Verwandter des Patienten, häufig der Vater, begibt sich dann mit dem »Bittmahl« aus Mais und einem symbolischen Teil des Honorars, nämlich einem Faden aus einer Decke oder einem Schal, alles in einer Tüte aus Maisblättern verstaut, zu dem Arzt. Diese Dinge sind auch zugleich Opfer für die Tiergötter. Mit seinem Bittgebet bittet der Verwandte den Arzt um Hilfe. Willigt dieser ein, so macht er sich sogleich ans

Werk. Er raucht (Zigaretten), singt einen heiligen Gesang und mischt seine Arznei in einer Schale zusammen. Hierauf massiert er den Patienten mit Asche. Mit Hilfe eines magischen Gegenstandes – einem Kristall oder einer halluzinogenen Droge – sieht er die Stelle, wo das Übel sitzt. Er atmet sodann seinen Tierhelfer (den Tiergott) aus und in den Körper des Patienten hinein. Schließlich saugt er das krankmachende Objekt, das von einem Hexer in den Kranken gezaubert worden war, heraus.

Wir wissen nicht genau, ob es heute noch vorkommt, daß eine verlorene Seele zurückgeholt wird, und wenn ja, wie das geschieht. Möglicherweise macht sich in einem solchen Fall der Zuniarzt, ähnlich wie der Doktor bei den Keres, nach der Herzseele, die sich irgendwo in der Umgebung versteckt hält, auf die Suche. Wie wir noch sehen werden, spielt Seelenverlust bei den kollektiven Heilverfahren der Korporationen tatsächlich eine Rolle, aber nur im Rahmen präventiver Maßnahmen.

Nach seiner Heilung wartet der Patient bis zur Wintersonnenwende. Zu diesem Zeitpunkt begibt er sich in das Haus, in dem der Doktor und seine Körperschaft einquartiert sind. Der Kopf des Geheilten wird dort gewaschen, und dieser selbst wird als »Kind« der Körperschaft, als neu zu betreuender Schützling, aufgenommen.

Wird aber jemand von einer sehr schweren Krankheit befallen, bittet seine Familie die ganze Korporation um Hilfe. Und sämtliche Mitglieder der Korporation rücken an und erklären ihre Bereitschaft, vier Nächte, jeweils von Mitternacht bis Morgengrauen, bei dem Kranken zu verbringen. An den vier Tagen dazwischen bereiten sie das heilige Ritual vor, durch das der Betreffende in der letzten Nacht in die Körperschaft aufgenommen wird. Diese Initiation ist notwendig, weil ohne sie der Patient immer verwundbar bliebe und in Todesgefahr stünde. Es ist ein sehr aufwendiges Unternehmen, in eine solche Körperschaft oder einen ihrer Orden einzutreten.

Zu den Vorbereitungen für die Initiation gehört, daß die heiligen Paraphernalien der Körperschaft aufgestellt, ihre besonderen Lieder gesungen, die Tiergötter angerufen und die Krankheit aus dem Körper des Patienten entfernt wird. Übliche Methoden dafür sind Extraktion, Massage, Schwitzen, Aderlaß und Drogen. Nach der Behandlung folgen die Einweihungszeremonien. Der Patient erhält eine Gesichts- und Körperbemalung, die ihn in ein mächtiges Wesen, ein »Tier«, einen »Bären«, verwandelt. Alle Mitglieder der Korporation sind »Bären«, da Bären, wie man weiß, über die größte Heilkraft verfügen. Das Einweihungsritual ist nichts anderes als eine Tod-und-Wiedergeburts-Zeremonie: Der Novize »stirbt« (er ißt und schläft kaum und darf nicht berührt werden) und kommt mit »Bärenkräften« (was durch die Bemalung ausgedrückt wird) von seiner Reise zurück.

Derartige Verwandlungen sind von anderen nordamerikanischen Ritualen gut bezeugt. Sie stehen in Zusammenhang mit Visionen (wie in den Plains), dem Erwerb von Medizinen (bei den Ojibwa), oder der Manifestation magischer, im Dienste der ganzen Gemeinschaft stehender Kräfte (bei den Kwakiutl der Nordwestküste). Ihre Wirkung besteht darin, daß ein Mensch mit gewöhnlichen Eigenschaften zu einem mit übernatürlichen Kräften ausgestatteten Wesen wird. Der neue Arzt der Zuni wird durch das Ritual auf ein solches Energieniveau gehoben, daß er, wie sein Titel »Bär« besagt, mehr oder weniger dem mächtigsten Tiergott, dem Bären, ebenbürtig ist. Es heißt, er verkörpere beim Einweihungsritus den Bären, der ihm Kräfte schenkt, ja er »werde selbst zum Bären«. Wenn er dann später Patienten behandelt, betastet er sie mit Tatzen und Klauen wie ein wirklicher

Bär. In diesem Zustand fällt es dem Arzt besonders leicht, das Wesen einer heimlichen Krankheit zu erkennen, wenn er in einen Kristall blickt.

Der Geheilte aber wird zum Mitglied der Korporation (oder des Ordens) und lernt die Gebete, Gesänge und Medizinen, die zu seiner Bruderschaft gehören. Doch normalerweise befaßt sich nur das Oberhaupt der Körperschaft mit aktiver Therapie, während die anderen Mitglieder eher als passive Helfer fungieren. Frauen treten, wie oben erwähnt, seltener als Heilerinnen auf. Manche Korporationen gestatten Frauen die Ausübung ärztlicher Tätigkeit überhaupt nicht.

Das neue Mitglied einer Gesellschaft ist nun verpflichtet, jedesmal, wenn diese um Hilfe gebeten wird oder die Initiation eines Patienten vornimmt, an den dann stattfindenden Ritualen teilzunehmen. In den meisten Körperschaften erwartet man also von allen Mitgliedern, einschließlich der Frauen, daß sie sich z. B. am Heraussaugen eines Gegenstandes aus dem Kranken beteiligen. Zur Zeit der Wintersonnenwende veranstaltet die Körperschaft kostenlose Heilzeremonien, an denen sich jeder, der will, beteiligen kann. Allen Kranken werden die Krankheiten herausgesaugt oder mit Federn weggestrichen, und sie bekommen ein Glas Medizin zu trinken.

Zwar mag es so aussehen, als ob die Zuni die Pflichten ihrer Korporationen und ihre Rituale mit fast mechanischer Präzision durchführten. Doch unterliegt es keinem Zweifel, daß alle Amtsträger dabei die tiefsten religiösen Empfindungen haben. Hier ein Beispiel für ein Gebet, das das Oberhaupt der Korporation, Kleines Feuer, an die höheren Mächte richtete:

Löwe des Nordens, gib mir Kraft, Krankheiten zu erkennen.

Bär des Westens, gib mir Kraft, Krankheiten zu erkennen.
Dachs des Südens, gib mir Kraft, Krankheiten zu erkennen.
Weißer Wolf des Ostens, gib mir Kraft, Krankheiten zu erkennen.
Adler vom Zenit, gib mir Kraft, Krankheiten zu erkennen.
Maulwurf der Erde, gib mir Kraft, Krankheiten zu erkennen.
Du, Sonnenvater, gib mir Kraft, Krankheiten zu erkennen.
Du, Mondmutter, gib mir Kraft, Krankheiten zu erkennen.
All ihr Uralten, gebt mir Kraft![6]

Die Kenntnis der Natur der Krankheit ist Voraussetzung ihrer Heilung. Das gilt für alle medizinischen Systeme der amerikanischen Indianer ebenso wie für die des Westens. Der Unterschied zwischen beiden besteht aber unter anderem darin, daß sich die Zuni dabei auf Magie oder Offenbarung, die Ärzte des Westens hingegen auf wissenschaftliche (oder vermeintlich wissenschaftliche) Fähigkeiten stützen.

Symbole in der rituellen Heilkunst der Zuni

Das auffälligste Merkmal des Heilrituals der Zuni ist seine überaus reiche Symbolik. Matilda Coxe Stevenson, die nach eigener Aussage einer Heilzeremonie der Körperschaft des »Großen Feuers« beigewohnt hat, schildert Teile dieses Rituals, die zeigen, wie stark dabei die formalen Aspekte überwogen.[7]

In diesem Fall hatte der Patient Halsweh und einen

geschwollenen Hals. Er lag auf einer Matratze mitten auf dem Fußboden. Zuerst tanzten maskierte Männer, die die mächtigen Kokogeister verkörperten, eine Weile auf dem Dach des Hauses herum. Bei Einbruch der Dunkelheit wurden sie von einer Frau, die eine Spur aus heiligem Mehl für sie gelegt hatte, der sie folgen mußten, ins Zimmer geführt. Vier Mal umkreisten nun die Koko den Patienten, begleitet vom Gesang des Chores. Zwischen vier Fingern und Daumen hielt dann ein Koko eine Prise Mehl und streute mit dem Mehlstaub eine Linie von der linken Schulter des Kranken bis zu seiner Hüfte, während ein anderer Yuccablätter auf diese Mehllinie fallen ließ. Hierauf zog der erste Koko eine weitere Mehllinie, diesmal von der rechten Schulter zur Hüfte, und sein Kollege bestreute sie wieder mit Yucca. Diese Markierung wurde auch auf den Knien, dem Rücken, den Armen und den Handflächen des Patienten vorgenommen. Schließlich wurde ihm noch eine Kokomaske aufgesetzt, und er spuckte Speichel durch die schmale Mundöffnung der Maske (Spucken ist ein Exorzismusritual). Dabei tanzten die Mitglieder der Körperschaft fortwährend um ihn herum und vollzogen weiter symbolische Handlungen – z. B. legten sie ihm Brot aufs Herz. Zum Abschluß träufelten sie dem ehemaligen Patienten, der von nun an Mitglied ihrer Gesellschaft war, einen Absud aus Yuccablättern auf den Kopf, und eine Frau wusch ihm damit die Haare. Den Ausklang bildete ein Ritual, bei dem im Austausch für die Maiskolben und Gebetsfedern Gegengaben gegeben wurden. Und es begann ein großes Fest.

Unschwer läßt sich in all diesen Handlungen eine Heiligung des Patienten und seine Reinigung von bösen Einflüssen entdecken. Ein anderes Beispiel für diese rituelle Symbolik liefert eine Zunierzählung von einem »kranken« Mädchen, das von seiner Krankheit geheilt wurde.

(Da wir hier nur sehr spärliche Informationen von wissenschaftlich geschulten Beobachtern besitzen, sind wir gezwungen, auch indirekte Quellen heranzuziehen.) Die Geschichte berichtet von einem Jungen, der ein Mädchen als seine Frau heimführt. Sie aber ist noch »roh«, was bedeutet, »einer übernatürlichen Welt angehörend«, und muß erst von einer medizinischen Körperschaft behandelt und »gargekocht«, also menschlich gemacht werden. Die Mitglieder der Gesellschaft kommen zu diesem Zweck mit einer Arzneischale, einem Maiskolben und Adlerfedern.

»Sie setzten sich nieder, das Gesicht nach Osten gewandt. Die Großmutter erhob sich, in der Hand ein Päckchen Gebetsmehl, und trat auf den Leiter [der Gesellschaft] zu. Er nahm ihre Hände und bewegte sie in die sechs Hauptrichtungen der Welt. Dabei sagte sie: ›Ich brauche deine Hilfe. Heile meine Tochter [die Frau ihres Enkels]. Sie ist ein rohes Wesen und ißt nicht wie gare Menschen. Du besitzt die Macht, sie zu heilen.‹ Sie übergab ihm nun das Gebetsmehl. Der Leiter streute mit dem Mehl ein Kreuz auf den Altar und stellte die Schale darauf. Dann breitete er eine Decke auf dem Boden aus und legte das Mädchen darauf, das Gesicht nach Osten. Viermal umschritt er hierauf den Altar, ununterbrochen Gebete murmelnd. Plötzlich brummte er wie ein Bär und beugte sich zu dem Mädchen nieder. Er saugte Insekten und Käfer aus ihr heraus und spuckte diese in einen auf den Boden gestreuten Kreis aus Mehl. Endlich war alles herausgesaugt, und das Kind war geheilt. Er sagte zu ihm: ›Jetzt kannst du essen wie ein garer Mensch. Steh auf!‹ Das Mädchen setzte sich auf. Viermal gab er ihm Wasser zu trinken. Danach nahm er selbst Wasser in den Mund, spie es sich in die Hände, und rieb damit den Körper des Mädchens ab. Auch nahm er Wasser vom Altar für den jungen Mann und seine Großmutter. Sie tranken. Endlich nahm er die mit Insekten und Gebetsmehl gefüllte Maishülle an sich, wandte sich zum östlichen Ausgang und verließ den Raum. Das Mädchen war geheilt.«[8]

Machen wir uns einmal klar, welche Fülle von rituellen Symbolen in diesem Zunibericht auftaucht: die Verwendung von Mais und Maismehl als Weihgeschenke, das Kreuz als Symbol für das Weltall, die Orientierung nach Osten als Andeutung für den neuen Tag und neues Leben, die Vier als eine im Gebet und anderen heiligen Handlungen auftretende heilige Zahl, die auf magische Kräfte hinweisende Verkörperung des Heilers als Bär, und schließlich Wasser als lebenspendendes Element. All diese Aspekte bilden zusammen eine charakteristische religiöse Ausdrucksform der Puebloindianer und zeigen, daß Heilung bei ihnen Teil kosmischer Vorgänge ist.

Bis jetzt haben wir uns nur mit Zuni-Krankheiten beschäftigt, die durch das Eindringen eines Gegenstandes verursacht waren. Wie aber steht es mit Seelenverlust? Das Material in dieser Hinsicht ist leider dürftig, doch gibt es einzelne Zeugnisse. Eine Frau erzählte z. B. einem Anthropologen, sie habe Masern bekommen und das Bewußtsein verloren – sie sei »gestorben«, so drückte sie sich aus, denn man verwendet dasselbe Wort für »sterben« wie für »das Bewußtsein verlieren«. Im Zustand des »Gestorbenseins« träumte ihr, sie gehe ins Land der Toten im Westen. Es war ein wunderbares Land, und sie verlebte dort mit ihren verstorbenen Verwandten glückliche Stunden. Die Toten aber baten sie um Federn, die den Atem des Lebens symbolisieren. Als sie aus dem

Koma erwachte, waren ihre Angehörigen im Diesseits sehr besorgt, daß sie mit den Federn ins Jenseits zurückgehen und dadurch ihr Leben verlieren könnte. Daher wandten sie sich an eine medizinische Körperschaft und ließen die Frau einweihen.

Der Bericht führt weiter aus, daß die Körperschaft zwar nicht imstande war, die Kranke endgültig zu heilen, immerhin aber einen Rückfall in die Krankheit verhindern konnte, indem sie ihr ein »neues Herz« gab.

Die Welt der Navajo

Die Navajo sind die volkreichste indianische Population in Nordamerika. Ihr Stammesgebiet, das sich über vier Staaten des Südwestens (Utah, Colorado, New Mexico und Arizona) erstreckt, bildet das größte Indianerreservat der USA. Aus diesem Grund hatten die Wissenschaftler im 20. Jahrhundert ihr Augenmerk auf sie gerichtet. Anthropologen versuchten, in die komplizierte Symbolsprache der Kultur und Religion der Navajo einzudringen, Psychologen interessierten sich für die eigentümliche Persönlichkeitsstruktur dieser Menschen, und Religionsforscher staunten über die vielfältigen Formen ihres Kultes und Ritus und bemühten sich, ihren Glauben zu analysieren.

Gemeinsam mit den Apachenstämmen gehören die Navajo zu den Athapasken des Südens. Diese Stämme trennten sich vor einigen Jahrhunderten von den Athapasken des Nordens in Kanada und gelangten irgendwann im 14. oder 15. Jahrundert in den Südwesten. Damals waren es noch primitive Jäger und Sammler, die immer wieder aus dem Nichts auftauchten, die Puebloindianer überfielen und sie der Erzeugnisse ihres Bauernfleißes beraubten. Aber bald paßten sich die Navajo den

Gepflogenheiten der Ackerbauern des Südwestens doch an und erhielten den Namen *Apachen de nabaju*, »Apachen der bebauten Felder«. Dieser Name kennzeichnete den Unterschied zu den anderen Apachen, die weiter als »wilde Apachen« lebten. Die lange Bekanntschaft mit den Puebloindianern und, vom 17. Jahrhundert an, mit den Spaniern führte dazu, daß sich die Kultur der Navajo allmählich wandelte. Sie kamen in den Besitz des Pferdes, züchteten Schafe und Ziegen und wurden hervorragende Weber und Silberschmiede.

Zugleich aber behielten sie doch teilweise ihre alte Lebensweise bei und plünderten immer wieder einmal spanische, mexikanische und später amerikanische Siedlungen. Sobald dort die Ernte eingebracht war, gaben sie das Signal zum Angriff. 1863-1864 endlich besiegte sie die US-Army unter Kit Carson im Canyon de Chelly und deportierte den ganzen Stamm – zu diesem Zeitpunkt etwa 8000 Menschen – nach Fort Sumner am Pecos River, wo sie zu »zivilisierten Menschen« erzogen werden sollten. Doch vermochten weder die Lehrer in den eilig errichteten Schulen noch die Missionare die hartnäckig an den überkommenen Bräuchen festhaltenden Navajo zu bekehren, und nach vier Jahren wurden sie in ihr angestammtes Hoch- und Gebirgsland zurückgebracht. Die Überfälle aber hörten nun auf, und die Navajo führten seitdem ein ruhiges Leben als Hirten und Ackerbauern. Sie vermehrten sich rasch und zählen heute etwa 160.000 Seelen.

So hätten sie in ungetrübtem Glück und Wohlstand leben können, wäre ihre Existenz nicht immer wieder durch Dürren und Überweidung seitens der Schafe bedroht gewesen. In den 30er Jahren mußten sie z. B. ihre Herden drastisch reduzieren. Heute finden wir zahlreiche Navajodörfer überall im weiten Land verstreut, mit malerischen, meist achteckigen Holzhäusern, den sogenannten Hogans, daneben auch Gebäude modernerer Bauweise. In den Häusern finden die berühmten Zeremonien statt, die einen so großen Teil des Lebens der Navajo ausfüllen. Es sind diese Rituale, in denen sich ihre Religion hauptsächlich ausdrückt.

Wie oben erwähnt, wandelte sich die Navajo-Kultur, als sie mit der blühenden Kultur der Puebloindianer Bekanntschaft machten. Am einschneidendsten waren die Änderungen im spirituellen und kultischen Bereich. Beim großen Puebloaufstand gegen die Spanier Ende des 17. Jahrhunderts flohen viele Puebloindianer zu den Navajo. Von ihnen lernten diese viel Neues, so daß ihr eigener Kult ungemein bereichert wurde.

Seitdem stehen die Navajo im Ruf, besonders lange und eindrucksvolle Zeremonien zu zelebrieren, mit Masken, Altären, Gebetsstöcken, Maismehl als heiliger Substanz und Sandmalereien als Landkarten des Weltalls.

Es entstand eine Reihe von »Straßen des Gesangs«, ritueller Liederabfolgen, die zwischen zwei und neun Nächten dauern konnten (an den Tagen dazwischen wurden die Tageszeremonien vollzogen). Eine Straße des Gesangs konnte auf einer ganzen Anzahl von Schöpfungsmythen aufbauen. Die ursprüngliche Religion mit ihrem Schamanismus, ihren Pubertätsriten für Mädchen und ihrer Totenfurcht änderte sich also, aber bis zu einem gewissen Grad nur äußerlich: Der Schamane blieb erhalten, jetzt als ekstatischer »händezitternder« Diagnostiker von Krankheiten, die Pubertätsriten wurden in die neuen Rituale eingebaut und erweitert und die traditionelle Furcht vor den Toten ist auch heute noch ein auffälliges Merkmal im Leben der Navajo.

Dieses reiche zeremonielle Leben bildet jedoch einen seltsamen Gegensatz zu der Einfachheit der sozialen Struktur.

Der wichtigste Schöpfungsmythos der Navajo beschreibt, wie die Vorfahren der heutigen Menschen aus der Unterwelt heraufstiegen. Er ist eindeutig aus der Mythologie der Puebloindianer übernommen. Alles beginnt also mit einer vorzeitlichen Unterwelt, finster und dunkel. Tabuverletzungen durch Wesen dieser Unterwelt, vor allem sexueller Art, erregen nun den Zorn der Götter dieser düsteren Sphäre, weshalb sie eine gewaltige Flut kommen lassen. Die Menschen (die zu dieser Zeit noch als Fledermäuse, Ameisen und andere Insekten leben) fliehen durch ein Loch in der Decke in eine zweite, blaue Welt. Wieder kommt es zu Tabuverletzungen, ähnlich wie zuvor, und die Menschen werden gezwungen, in eine dritte, gelbe Welt zu ziehen. Aus den gleichen Gründen wie vorher müssen sie sich noch in eine vierte, rote Welt begeben und schließlich in eine fünfte. Das ist die Welt der Gegenwart. Hier mischt die Sonne die Farben der verschiedenen Unterwelten zu dem Tageslicht, das wir jetzt sehen.[9]

Dieser Schöpfungsmythos spielt eine herausragende Rolle im religiösen Leben der Navajo. Die finsteren Unterwelten repräsentieren Chaos und Tod. In der Nacht und im Tod kehrt der Mensch zu denselben Zuständen zurück, in denen die ersten Menschen am Anfang der Zeit lebten. Es ist bezeichnend, daß die Zeremonien, die Straßen der Gesänge, nachts beginnen, den allmählichen Aufstieg der Menschheit aus der Unterwelt nachzeichnen und schließlich zum Licht und zur schönen Welt des Morgens hinaufführen. In den Heilgesängen wird der Kranke dadurch gesund, daß er, wie es ein Schriftsteller ausdrückt, »die aufgehende Sonne begrüßt«.

Die in der Mythologie und Religion der Navajo dominierenden Wesen sind Sonne, ferner seine Frau, Das sich wandelnde Weib, und die Kinder der beiden, die Zwillingsgötter, Urwesen, die einst der Welt ihre Ordnung gaben. Das sich wandelnde Weib ist die populärste Navajogottheit. Sie wird mit Erde und Pflanzenwachstum in Verbindung gebracht, und wie ihr Name verrät, ändert sie ihr Aussehen mit den Jahreszeiten. Sie ist die Gottheit des sich erneuernden Lebens und war die erste Frau, die sich einem Pubertätsritus unterziehen mußte. Andere göttliche Wesen sind Spinnenfrau, die Göttin der Weberei, Salzfrau, die über einen Salzsee herrscht, Hirschmeister, der mächtige Herr der Tiere, und Sprechender Gott, Schutzherr des Maises. Er zeigt sich in der Abenddämmerung.

Daß klare Vorstellungen über eine Existenz nach dem Tode fehlen, ist typisch für die Athapaskenindianer. Tatsächlich erklären die meisten Navajo, sie wüßten nicht, was nach dem Tod mit ihnen passiert. Ihre Hauptsorge gilt dem Leben, das sie so harmonisch wie möglich zu gestalten versuchen. Trotzdem finden sich Überlieferungen über die Verhältnisse im künftigen Leben, z. B. daß man in die finsterste Unterwelt zurückkehrt, und außerdem gibt es Berichte von Menschen, die in Trance in die andere Welt gelangt sind. Der Wahrheitsgehalt, den man solchen Schilderungen beimißt, schwankt von Hörer zu Hörer. Aber so viel scheint klar zu sein, daß des Menschen »innere Form«, die »Windseele«, nach dem Tod zu Dämmerungsfrau zurückkehrt (die mit dem sich wandelnden Weib identisch sein könnte).

Vorstellungen der Navajo über Moral, Philosophie und Gesundheit

Wie bei allen anderen Indianerstämmen genießt auch bei den Navajo ein Mensch, der hart arbeitet, großes Ansehen.[10] Sie gewähren Menschen in Not ihre Hilfe, doch die Loyalität zur eigenen Familie hat Vorrang vor Loyalität gegenüber anderen. Maßhalten in allen Dingen ist eine erstrebenswerte Tugend. Daher ist es zwar vorteilhaft, sich ein Vermögen zu erwerben, weil man dann Zeremonien zur Abwehr oder Heilung von Krankheiten bezahlen kann. Zu großer Reichtum jedoch ist wieder schlecht, weil das den Verdacht erregen könnte, der Reiche besäße Zauberkräfte. Leider haben die Navajo auch die Vorstellung, ein Mensch, der sehr arm ist, habe das nur seiner eigenen Faulheit und Untüchtigkeit zu verdanken. (Die Parallele zum Wertgefüge des heutigen Durchschnittsamerikaners liegt auf der Hand.) Aus demselben Geiste heraus wird sexueller Genuß hoch bewertet, während man Promiskuität ablehnt. Es gibt sogar Zeremonien gegen übermäßige Leidenschaft.

Übereinstimmung herrscht darüber, daß es eine universelle Ordnung der Dinge gibt, der der Mensch folgen muß, wenn er glücklich werden will. Man könnte diese Ordnung schon wegen ihres universellen Charakters als übernatürlich bezeichnen.[11] Aber sie hängt nicht von übernatürlichen Wesen ab. Im Gegenteil: Auch Götter und Geister sind diesem allgemeingültigen Gesetz unterworfen. Richtig ist allerdings, daß in mythologischen Erzählungen die übernatürlichen Wesen, unter der Sammelbezeichnung »Das Heilige Volk« zusammengefaßt, häufig Dinge tun, die nach dem irdischen Moralkodex nicht erlaubt wären. Sie gehen alle Arten sexueller Beziehungen ein und schrecken auch vor Diebstahl und Betrug nicht zurück. Hier wie in vielen anderen nordamerikanischen Mythologien herrscht eine Diskrepanz zwischen der Mythologie selbst und den von ihr abgeleiteten religiösen und sozialen Normen.

Das übernatürliche kosmische Gesetz hat seine Entsprechung in vielen anderen Religionen. Man denke etwa an den Begriff des Rita in den indischen Veden oder das Tao der Chinesen. Unser Begriff des Schicksals deckt sich weitgehend mit diesen Vorstellungen.

Die Navajoindianer wünschen sich selbst und ihren Lieben Gesundheit und langes Leben. Um dies zu erreichen, ist es notwendig, sich dem dem Kosmos innewohnenden Gesetz zu fügen. Wer dieses Gesetz verletzt, muß mit Strafen, aber nicht etwa im künftigen Leben, sondern gerade schon in diesem Leben rechnen: Verschlechterung des Gesundheitszustandes und Verkürzung der Lebensdauer. Das ist sehr rational gedacht. Es gibt keine Sünde oder persönliche Schuld wie im Christentum. Ein Mensch, der ein schweres Verbrechen begeht, sagen wir Raub, Diebstahl, Ehebruch oder Mord, tut das, weil er außerhalb der Ordnung steht, sich also nicht in Harmonie mit dem kosmischen Gleichgewicht befindet, das das Leben bestimmt. Und der Missetäter bereut seine Tat auch nicht, sondern versucht nur, seinen Fehler zu korrigieren. Andernfalls wären seine Gesundheit und sein Leben in Gefahr.

Bevor wir näher auf dieses Prinzip des Gleichgewichts eingehen, seien einige Bemerkungen über die Definition eines Vergehens vorangeschickt. Ein Vergehen bezieht sich nicht nur auf die Tat selbst, sondern umfaßt beides: Motiv und Tat. So ist es eine Selbstverständlichkeit, daß es nicht nur ein Vergehen ist, wenn jemand »sagt«, der und der solle sterben, sondern daß allein schon der »Wunsch« eine Übertretung der Ordnung darstellt. In einem sehr aufschlußreichen Buch führt der amerikanische Navajospezialist Gary Witherspoon aus, daß nach der Navajophilosophie die seelische und die körperliche Ebene eines Menschen untrennbar miteinander verbunden sind.[12] Nicht nur das Wort, sondern auch schon der Gedanke können mächtige Auswirkungen auf die Welt der Materie und der Energie haben. Worte und Gedanken sind schöpferische Kräfte. Beim schöpferischen Prozeß, dem jeder Ritus Ausdruck gibt, ist der Gedanke die innere Form, während die Sprache, die den Gedanken formuliert, das äußere Gewand ist. Die Navajoindianer gehen stets von diesen Vorstellungen aus, die der animistischen Unterscheidung zwischen einem Ding und seiner Seele, einem Körper und seiner Seele, sehr nahekommen. Alle Dinge, z. B. ein Berg, besitzen eine innere Form.[13]

Wir sehen an dieser Stelle, wie sehr sich die Ideenwelt der Navajo vom Denken der Euroamerikaner unterscheidet. Die Differenz tritt vielleicht noch deutlicher zutage, wenn wir jetzt dazu übergehen, jenes Prinzip der Ordnung oder Harmonie näher ins Auge zu fassen. Das ist notwendig, denn in der Navajophilosophie garantiert nur die Übereinstimmung mit diesem Prinzip des kosmischen Gleichgewichts dem Menschen Gesundheit und langes Leben.[14]

Hozho – so heißt der schön geordnete, wohltuende und gesunde Zustand des Weltalls und des menschlichen Lebens – ist von Wissenschaftlern, die die Weltanschauung der Navajo gut kennen, als zentrale Idee ihres religiösen Denkens bezeichnet worden. Wenn Hozho regiert, ist alles in bester Ordnung. Abweichung von diesem Prinzip – wir könnten es der Einfachheit halber auch Schönheit nennen, wie es andere bereits getan haben – erzeugt Krankheit und Tod. Harmonie und Schönheit werden dadurch gestört, daß menschliche Wesen böse denken und handeln und sich auf gefährliche Dinge einlassen. Der einzelne kann aber manchmal kaum für seine Taten verantwortlich gemacht werden. Gegen einen Zauberer etwa, der die Harmonie in einem Menschen zerstört, ist kein Kraut gewachsen. Es gibt dann nur ein Mittel, mit dieser Krise fertig zu werden: Man muß das richtige Ritual finden, das den Fehler korrigiert. Ein solches Ritual endet für gewöhnlich mit den Worten: »Die Schönheit ist wiederhergestellt.«

So ist also die Gesundheit eines Menschen kein isoliertes Geschehen. Sie ist mit dem ganzen Universum verbunden. Wer zur Aufrechterhaltung der Schönheit beiträgt und sie wiederherstellt, wenn sie verlorengegangen ist, wirkt für das Universum als Ganzes und seine Grundordnung.

Kosmisches Heilen bei den Navajo

Vielleicht steht die Sorge um Gesundheit und langes Leben bei den Navajo so im Vordergrund, weil erhebliche Unsicherheit über das Leben nach dem Tod herrscht. Sie stellen Krankheiten ausdrücklich in eine kosmologische Perspektive, eine religiöse Dimension, um dadurch die Menschen physisch und seelisch gesund zu halten. Mag auch ihre Religion, was ein glückseliges, künftiges Leben betrifft, keine Sicherheit vermitteln, so gibt sie der gegenwärtigen Existenz doch eine einigermaßen tragfähige Grundlage. Auch drücken sich in der Hoffnung auf Einheit mit den höheren Mächten des Universums die Sehnsucht nach einem langen Leben und sogar das Gefühl einer Identität mit dem unbegrenzten Glück dieser Mächte aus.

Dieser religiöse Glaube und der Gedanke, daß Gesundheit und langes Leben durch ein auf den Kosmos bezogenes Zeremoniensystem gefördert werden können, sind natürlich puebloindianischen Ursprungs. Wahrscheinlich ist überhaupt das ganze System der Heilrituale von den Keres- und Zuni-Pueblos übernommen worden. Es mischte sich mit dem ursprünglichen Schamanismus der Navajo und erhielt allmählich ein Gewicht und Prestige, das andere Merkmale der Navajoreligion fast ganz verdrängte.

Damit soll nicht gesagt sein, daß alle Zeremonien der Navajo unmittelbar auf Heilzwecke ausgerichtet wären. Ihre Riten erfüllen im Gegenteil mehrere Funktionen zugleich. Manche, etwa die Pubertätsriten, markieren Übergänge im menschlichen Leben, oder sie beziehen sich auf Ereignisse wie Krieg und Frieden (jetzt mehr oder weniger obsolet geworden). Wieder andere haben wirtschaftliche Ziele: Sie bitten um Mais und Regen oder rufen die Herren der gejagten Tiere an. Doch sind die medizinischen Heilrituale in der Tat die wichtigsten und am häufigsten praktizierten. Auch sollte nicht vergessen werden, daß viele Rituale, die nicht direkt zur Heilung Kranker bestimmt sind, die Menschen doch gegen die Gefahren von Krankheit und Tod schützen sollen. Bevor wir aber die verschiedenen Zeremonien näher charakterisieren, wollen wir kurz ihren Hintergrund und ihre Bedeutung streifen.

Die Navajozeremonien scheinen auf den ersten Blick nur unter Mitwirkung eines ganzen Kollektivs von Funktionären möglich zu sein. Aber dieser Eindruck trügt. Es ist immer nur die Anwesenheit eines Sehers, also eines Kultspezialisten, der manchmal noch von einem Helfer unterstützt wird, und eines Segenempfängers, für den ja die Zeremonie veranstaltet wird, erforderlich. Während die Rituale anderer Stämme oft aus Tänzen bestehen, nehmen die Navajozeremonien zumeist die Form von Rezitationen und Rollenspielen an. Die Zeremonie findet im Hogan statt, der das Universum symbolisiert. Das Feuer in der Mitte des Hauses stellt die Sonne dar.

In einer Heilzeremonie entsprechen die Rollen der agierenden Heiler der Art der Krankheit. Die allgemeine Ursache einer Krankheit ist immer, daß die Harmonie der Welt durch Ereignisse, in die der Kranke verwickelt ist, gestört wurde. In jedem einzelnen Fall wird dann die spezielle Ursache dieser Disharmonie durch einen sogenannten »Handzitterer« festgestellt. Es handelt sich dabei um einen Schamanen, der in Ekstase oder Trance (»Handzittern«) und durch bestimmte Maßnahmen dann auch erkennt, welche der vielen möglichen Zeremonien hier in Frage kommt. Im Anschluß an die Diagnose wird der Heilritus selbst zelebriert, meist durch einen Sänger. Jedem rituellen Drama liegt ein Mythos zugrunde, der den übersinnlichen Ursprung des Rituals illustriert und die Regeln des Vollzugs angibt. Diese Mythen sind großartige Schöpfungen, bestehend aus einem Gewebe sorgfältig durchkomponierter Geschichten, die sich auf geheimnisvolle Geschehnisse in der Urvergangenheit beziehen. Sie werden dadurch in Kulthandlungen umgesetzt, daß sie als Gesänge von herrlicher poetischer Schönheit von besonders dafür ausgebildeten Sängern vorgetragen, aber nicht nur gesungen, sondern auch rezitiert werden. Und jeder Teil des Rituals ist dabei aufs genaueste auszuführen, sonst erleidet die Person, für die die Lieder gedacht sind, Schaden (es sei denn, das Ritual wird sofort von einem anderen Sänger, und zwar richtig, wiederholt). Bedenkt man, daß eine einzige Zeremonie vielleicht aus mehreren hundert solcher Gesänge besteht, so wird man die Größe der Gefahr, daß Fehler passieren, ermessen können. Kein Wunder, daß eine Zeremonie mit normalerweise einem Sänger, die bis zu neun Nächten (und Tagen) dauern kann, oft die Kräfte und das Gedächtnis eines einzelnen überfordert. Heute vergessen die Sänger immer wieder einzelne Teile ihres Repertoires, weshalb die Zeremonien gekürzt werden mußten. Häufig werden die Sänger auch von maskierten Männern unterstützt, die das Heilige Volk (die Götter) verkörpern und pantomimisch mythische Ereignisse darstellen.

Es gibt über sechzig Zeremonien (Straßen der Gesänge) und zwar für Segnung, Heilung und Reinigung. Sie können an beliebigen Tagen im Jahr vollzogen werden. Die Segnungsrituale schützen das Land der Navajo, ihre Schafe und Felder, Wohnungen und Menschen. Sie dienen der Abwehr von Gefahren, die die Gesundheit schwächen könnten. Die Heiligungsrituale befassen sich mit seelischen und körperlichen Störungen. Es sind die eigentlichen medizinischen Zeremonien. Die Reinigungszeremonien reinigen alle Dinge, Orte und Menschen, die mit gefährlichen Dingen und Wesen in Berührung gekommen und verunreinigt sind. Solche gefährlichen Elemente – mögliche Ursachen auch für Krankheit und Unglück – sind Tiere, Wind und Blitz, Totengeister und Träume über Totengeister, falsches Verhalten bei einer Zeremonie, Verhexung, Bruch eines Tabus und so weiter.

Die Zeremonie des Segensweges

Unter den Segnungszeremonien der Navajo ist das Ritual des »Segensweges« das wichtigste. Man sagt, dieses Ritual bilde das Muster für alle anderen. Es ist eine Art Kennkarte des Navajovolkes, konzentriert es sich doch auf die Schilderung des Navajolandes zwischen den vier heiligen Bergen und auf den Vertrag, den einst die Götter mit den Menschen abschlossen. Die Aufgabe des Rituals ist es, einen vom rechten Weg abgewichenen Menschen auf den Weg des Lebens zurückzubringen und sein Dasein zu segnen. In den entsprechenden Gesängen wird das Heilige Volk, das in mythischen Zeiten richtig und vorbildlich handelte und dadurch Maßstäbe setzte, beschrieben. Auf diese Weise wird die Person, für die die Lieder gesungen werden, wiederhergestellt und glücklich. Es sind die Worte der Lieder, die diese magische Kraft ausstrahlen. Alle Segenszeremonien stärken Hozho dadurch, daß sie die Güte und Kraft, die den Göttern innewohnen, anziehen und verkörpern.

Die Zeremonie des Segensweges ist ein vorbeugendes Ritual. Man zelebriert es, wenn ein Mensch das Bedürfnis danach hat. Es dauert nur ein paar Nächte und ist von unerwarteter Schlichtheit, bestehend aus einigen Gebeten, einem Ritus mit Maismehl und Maispollen und, als Abschluß, einer rituellen Waschung mit Yuccabrühe.

Jedenfalls spielte sich die Zeremonie so ab, von der der Anthropologe Charles C. Case berichtet und die im folgenden geschildert werden soll.[15] Es waren dabei keine besonderen Gewänder erforderlich, auch gab es keine Sandmalereien (allerdings eine Maismehlmalerei) und keine maskierten Gestalten. Der Heiler bzw. Sänger bat den Hilfesuchenden, alle Gegenstände, die er gesegnet haben wollte, auf ein Tuch zu legen. Auch der Hogan der Familie, in der die Zeremonie stattfand, wurde vom Heiler gesegnet. Sowohl der Hilfesuchende als auch seine Familie segneten sich dann selbst mit Maispollen, die der Heiler im Uhrzeigersinn (in Richtung des Sonnenlaufs!) herumgehen ließ. Die Teilnehmer drückten sich eine Fingerspitze mit diesem Blütenstaub auf Stirn und Scheitel. Der Doktor sprach hierauf ein Gebet, das der Hilfesuchende wiederholen mußte, Wort für Wort. Schließlich reinigte er den Patienten mit Yuccabrühe, wobei er in einem Gesang berichtete, wie schon in den Tagen der Urzeit der Sprechende Gott den ersten Hilfsbedürftigen mit Yucca gewaschen hatte. Während dieser Handlungen konnten auch Geister als Zuschauer zugegen sein, die den Ritus schweigend beobachteten. Für sie lagen Schaffelle und Decken auf dem Boden des Hogan bereit.

In der zweiten Nacht stimmte der Heiler in vorgerückter Stunde einen Gesang über das Erste Haus, über die darin abgehaltene Zeremonie des Segensweges und die daran teilnehmenden Götter an. Die ganze übrige Nacht sang er dann Lieder über die Schöpfung der Erde und des Alls, über die der Erde von den Göttern gegebenen Eigenschaften, über die Erschaffung der Tiere und schließlich der Menschheit. Niemand durfte dabei schlafen, das hätte die ganze Zeremonie verdorben.

Häufig schreitet der Sänger oder Heiler bei der Zeremonie des Segensweges den Raum im Uhrzeigersinn ab und markiert die vier Ecken mit Maismehl. Dieses Detail zeigt, daß der Hogan mit den vier Himmelsrichtungen, also mit dem Universum selbst, identifiziert wird, und daß die Zeremonie ihrerseits die Nachschöpfung der Welt symbolisiert, oder, noch besser, mit dem ursprünglichen Schöpfungsvorgang identisch ist. So wird unterstrichen, daß der gesamte Kult Symbol für kosmische Ereignisse ist. Ein anderes Ritual, die Reinigung des Hilfesuchenden, kann die Form eines »Bades« annehmen, bei dem Maismehl auf seinen Körper gestreut wird. Maismehl oder Maispollen sind bei den Zeremonien der Navajo wie auch der Pueblo heilige Substanzen.

Besonderes Augenmerk verdienen die Gebete. In der Navajoreligion ist das Gebet kein Akt der Bitte oder Verehrung, sondern der Identifikation mit den Göttern und ihrer Macht. Es bedeutet, daß der Betende sich zum Gebieter über die göttlichen Kräfte aufschwingt. Wissenschaftler, die die Gebete der Navajo untersucht haben, kennzeichnen sie als »magisch zwingend« oder als »magische Äußerungen«, womit gemeint ist, daß das Aussprechen der Worte die beabsichtigten Wirkungen hervorruft. Tatsächlich gilt das Gebet bei den Navajo als überaus mächtige Waffe, ja man glaubt, es sei selbst ein heiliges Wesen mit starker Ausstrahlung. Wir werden hier wieder an das oben Gesagte erinnert: Worte und Gedanken besitzen schöpferische Kraft!

Das Ritual des Segensweges wird besonders bei Hochzeiten, für schwangere Frauen und Mädchen in der Pubertät abgehalten. In der Pubertätszeremonie wird das Mädchen zu Das sich wandelnde Weib, dieser über alles geliebten Göttin, dem Symbol des neuen Lebens, der Jugend und der Schönheit.

Die Zeremonien des Heiligungsweges

Die Heilzeremonie des »Heiligungsweges« wird durchgeführt, wenn ein Mensch krank geworden ist. Sie bezweckt, die von irgendwelchen Kräften geschickten bösen Einflüsse in gute zu verwandeln und dadurch eine Immunität des Patienten gegen das Böse zu erzeugen. Das Heilige Volk ist potentiell gefährlich, doch können seine Kräfte vom Menschen so gelenkt werden, daß sie Segen bewirken. Wie andere Riten vollziehen auch die Zeremonien des Heiligungsweges die in den Mythen erzählte Schöpfung der Welt nach. Das geschieht durch Gesänge, Gebete und Dramenspiele, bei denen der Kranke in den Mittelpunkt der wiederzuerschaffenden Welt gelegt und mit dem Hozho, wie ihn die Götter in ihren Taten ausdrücken, wiedervereinigt wird.

Mehrere Heilrituale werden unter dem Namen Heiligungsweg zusammengefaßt. Ihr gemeinsamer Nenner ist, daß sie alle mit dem Heiligen Volk in Beziehung stehen. Das Heilige Volk wird beleidigt, wenn ein Mensch die am Anfang der Zeiten gegebenen Tabus und Lebensgesetze verletzt. Zur Strafe verhängen dann die Heiligen ihren Bann über den Beleidiger, und dieser wird nicht genesen, bevor der Fluch aufgehoben ist. Das klingt ganz so, als ob es sich hier lediglich um Krankheiten durch eingedrungene Objekte handele, und es gibt gute Gründe für die Annahme, daß das ursprünglich auch der Fall war. Doch ist heute keine Heilung mehr möglich, ohne daß das gestörte Gleichgewicht und die Einheit des Patienten mit den Kräften der kosmischen Harmonie wiederhergestellt ist. Nur unter dieser Bedingung wird das Heilige Volk geneigt sein, seinen Fluch zurückzunehmen.

Ein Kranker, der die Ursache seiner Krankheit nicht kennt, läßt den »Handzitterer« kommen, dessen Aufgabe es ist, herauszufinden, welches Übel den Patienten quält.[16] Er löst das Problem durch Anwendung verschiedener Techniken. So läßt er sich z. B. draußen vor dem Hogan des Kranken nieder und lauscht den Winden, den Geräuschen der Tiere und Geister. Auch führt er seine Hand tastend über den Körper des Kranken, und in dem Augenblick, in dem sich ihm die Natur der Krankheit offenbart, fängt die Hand zu zittern an. Diese Fähigkeit ist die Gabe einer giftigen Eidechse, des Gila-Monsters, die bekannt dafür ist, daß sie sich mitunter aufrichtet und ihre Vorderfüße schüttelt.

Hierauf informiert der Diagnostiker den Patienten und seine Familie über das zur Wiederherstellung der Gesundheit erforderliche Ritual. Leidet der Kranke an einer Körperverletzung, so wird der Seher den Gesang des Lebensweges empfehlen. Wenn aber die Krankheit etwa durch die Begegnung mit einem Bären hervorgerufen wurde und gerade Winter ist, in dem der Donner schläft, ist der Gesang des Gebirgsweges die geeignete Behandlungsmethode. Doch für die meisten Krankheiten ist der Gesang des Heiligungsweges das richtige Mittel.

Hierbei wendet sich der Kranke oder seine Familie an einen Sänger oder Heiler, der die Zeremonie gut beherrscht. Sie kann bis zu neun Nächten dauern. Die große Erfahrung des Sängers – vielleicht hat er ein bis zwei Jahrzehnte Übung – gewährleistet, daß er seine Aufgabe gut meistert. Der von der Familie ausgesuchte Heiler entscheidet nun, wann und wo die Zeremonie stattfinden soll, woraufhin die Familie des Kranken ihre Vorbereitungen trifft: Der Hogan muß saubergemacht und der notwendige Proviant beschafft werden.

Das Ritual beginnt, indem der Heiler den Hogan segnet und dann weiter so vorgeht, wie es schon beim Gesang des Segensweges beschrieben wurde. Die Zeremonie des Heiligungsweges beruht auf dem Mythos des Aufstiegs (wie alle anderen Rituale auch). Im Zentrum steht die Figur eines der Helden der Vorzeit, die als Beendiger der mythischen Epoche und Urahnen der Menschen angesehen werden. Der Mythos erzählt, wie dieser Held heilige Orte entweihte und unzählige Missetaten beging – mit anderen Worten, er übertrat sämtliche vom Heiligen Volk aufgestellten Tabus. Infolgedessen fiel er Krankheiten und schließlich auch dem Tode zum Opfer. Doch schon eilte das Heilige Volk zur Rettung herbei. Der Held vereinigte sich mit diesen kosmischen Wesen, erlangte durch seine Gebete sogar die Herrschaft über sie und konnte so die Störung der Krankheit beseitigen.

Dieses mythische Drama wird nun im Heilritual für den jetzigen Patienten wiederholt. Er wird mit dem mythischen Helden identifiziert, der aus denselben Gründen wie er krank geworden ist. In allen Einzelheiten des Ritus ahmt der Kranke den Helden nach, singt seine Lieder und spricht, durch den Mund des Sängers, seine Gebete. Mit anderen Worten: Der Kranke »ist« der Held. In den Gebeten wird das Heilige Volk beschworen, seinen Bann aufzuheben und den Unglücklichen wieder »heil« zu machen. Der Patient nimmt diesen Zustand der Segnung sogar vorweg und tut so, als ob er schon realisiert wäre. Dies ist das Ergebnis seiner tiefen Identifikation mit den Göttern.

Das rituelle Drama gelangt zu besonderer Wirkung in den symbolischen Sandmalereien, die zwischen der fünften und achten Nacht der Zeremonie angefertigt werden.[17] Wahrscheinlich haben die Navajo von den Puebloindianern gelernt, solche Sandmalereien als Modelle des Kosmos anzulegen. So wird z. B. bei den Zuni der junge Anwärter auf Mitgliedschaft in der Koko-Gesellschaft dadurch initiiert, daß er den Fuß auf eine Sandmalerei setzt, die die übernatürlichen Mächte darstellt. Seine Einheit mit diesen Mächten wird noch durch ein weiteres Mittel bestätigt: Man reibt seine Arme mit dem Sand dieser Gemälde ein. Dieselben Vorstellungen und Handlungen sind von den Navajo übernommen worden.

Die Sandmalereien des Heilrituals der Navajo werden von erfahrenen Männern unter Leitung eines Sängers angefertigt. Sie haben unterschiedliche Größe und bestehen aus Farben, die aus Sandstein (rot, gelb und weiß), Maismehl, Blütenstaub, Blütenblättern und Holzkohle gewonnen sind. Der Künstler läßt diese Farben durch seine Finger auf eine Unterlage von hellem Sand rinnen, die Teile des Fußbodens bedeckt. Seine Gemälde stellen die heilige Welt, die höheren Wesen und die oben geschilderten mythischen Ereignisse dar. Die heilige Welt wird in ihrem Normalzustand als geordnete Welt, mit der sich der Patient vereinigen kann, heraufbeschworen.

Der Höhepunkt des Sandmalrituals liegt gegen Ende zu, wo nämlich der Patient selbst in die Malerei miteinbezogen wird. Er muß sich im Zentrum des Gemäldes niederlassen, nackt, soweit es sich mit dem Anstand verträgt, und so, daß sich seine Glieder möglichst mit den entsprechenden Körperteilen des dargestellten göttlichen Wesens decken. Auf diese Weise wird er in die heilige, geordnete Sphäre eingebettet. Der Sänger streut nun Sand von den Körperteilen der gemalten Gottheit auf die des Patienten. Damit wird der Prozeß der Einung vervollständigt. Auch Angehörige des Kranken können Sand nehmen und sich auf den Körper streuen, womit ebenfalls Segen auf sie übergeht. Sobald die rituelle Handlung beendet ist, wird der Sand eingesammelt und an einer Stelle im Norden, weit von den Wegen des Menschen entfernt, deponiert.

Manchmal kommt es vor, daß die Absicht dieser Riten, den Kranken zu heilen, fehlschlägt. In solchen Fällen schreibt man den Mißerfolg einem Fehler im Vollzug des Rituals zu. Vielleicht war auch schon die Diagnose falsch gewesen, und man hatte von vornherein das falsche Ritual gewählt. Die Abweichungen von dem ursprünglichen Muster können z. B. darin bestehen, daß man die Gebete nicht richtig gesprochen oder Teile von ihnen und auch der Gesänge zu rezitieren vergessen hat. Eins aber steht für die Navajo fest: Ein fehlerloses Ritual verfehlt niemals seine Wirkung.

Die Zeremonien des Weges der Reinigung

Beim dritten Typus der Zeremonien, die sich auf die Gesundheit des Menschen beziehen, den Zeremonien des »Weges der Reinigung«, wird ein Kranker, der bösen, normalerweise von übelwollenden übernatürlichen Mächten geschickten Kräften zum Opfer gefallen ist, wieder mit dem Hozho vereinigt.

Die Behandlung besteht hier in einer Austreibung dieser Kräfte. Bei den bösen Geistern handelt es sich um die Totengeister, die raubgierigen Gespenster des Jenseits. Der ursprüngliche »Weg der Totengeister«, wie er auch heißt, der Weg der Reinigung im engeren Sinn – auch der »Emporführende Weg« genannt –, hat es also mit den Totengeistern der Navajo selbst zu tun. Ein anderer Weg der Totengeister, der »Weg der Feinde«, richtet sich gegen Totengeister aus Stämmen, die nicht zu den Navajo gehören. Früher waren das Geister gefallener Feinde. Heute wird die Zeremonie auch bei den Navajo eingesetzt, die zuviel mit Weißen in Berührung gekommen sind.

Der hinter dem Ritus des Weges der Reinigung steckende Gedanke ist, daß Kontakte mit den Toten unbedingt vermieden werden müssen. Nicht so sehr die Furcht vor dem Tod als solchem ist also das Motiv. Man will vielmehr den Toten aus dem Weg gehen, weil der Umgang mit ihnen Krankheit und vorzeitigen Tod hervorrufen könnte. Das Heilritual ist deshalb nicht in erster Linie darauf angelegt, eine gestörte Ordnung wiederherzustellen, sondern es soll die krankheitserregende Kraft aus dem Körper des Kranken entfernen. Wie bei anderen Zeremonien wird auch hier der Mythos des Aufstiegs rezitiert, wobei man das Geisterland und den Ur-Totengeist besonders berücksichtigt. Das Ritual besteht aus einem Exorzismus der bösen Kraft. Es wird so getan, als ob Pfeile gegen die Totengeister abgeschossen würden. Manchmal wandern auch Sänger und Patient in gemeinsamem Gebet zusammen hinunter ins Reich der Unterwelt, worauf der Totengeist ins Totenland »hinuntergesprochen«, während der Patient von dort ins Land der Lebenden »hinaufgesprochen« wird.

Es wurde bereits auf die Vermutung hingewiesen, daß bestimmte Gesänge des Heiligungsweges der Zeremonie des Weges der Reinigung entlehnt sein könnten. Jedenfalls hat die letztere (die auf der Theorie beruht, daß Krankheiten durch eingedrungene Objekte entstehen) mehr gemeinsam mit den Techniken zur Beseitigung solcher Gegenstände, die bei den nördlichen Athapasken in Kanada (den eigentlichen Vorfahren der Navajo) üblich sind, als mit einer Wiederherstellung des gestörten Gleichgewichts.

Es ist auffällig, eine wie große Rolle die Krankheitstheorien der Navajo im Stammesleben spielen. Ihre ganze Religion ist von einem ausgeprägten Zeremonienwesen und der damit zusammenhängenden Mythologie bestimmt, und die meisten Zeremonien beziehen sich auf Krankheiten und ihre Heilung. Es ist immer noch ein großes Rätsel, wie es überhaupt dazu kam, daß dieser rituelle und mythologische Komplex einen solch großen Einfluß bei den Navajo gewinnen konnte. Sicher, ihre Gesellschaft wird offenbar von der Furcht vor Totengeistern und Krankheiten beherrscht, und es gibt kein gesichertes Wissen über das Leben nach dem Tod. Warum sich aber das Krankheitsproblem zu solchen Dimensionen auswuchs, wissen wir nicht.

Die Pima und Papago der südwestlichen Wüsten

Bis in jüngster Zeit fand die Frage, wie es bei den Pima und Papago, die diesseits und jenseits der Bundesgrenze in der Südwestecke Nordamerikas leben, mit der Ätiologie und Therapie von Krankheiten bestellt ist, kaum Beachtung. Aber neuere Forschungen von Donald Bahr und seinen Mitarbeitern haben gezeigt, daß ihre medizinischen Theorien höchst ungewöhnlich sind, weshalb wir ihnen hier einen Abschnitt widmen wollen.

Pima und Papago sind einander benachbarte Völker mit enger Sprachverwandtschaft. Auch sind ihnen zahlreiche kulturelle und religiöse Elemente gemeinsam. Daher ist es sinnvoll, sie als Einheit zu behandeln. Das von ihnen besiedelte Gebiet ist die rauhe Sonora-Wüste, trocken und abweisend im Westen, in den mittleren Teilen schon etwas weniger lebensfeindlich und am Gila-Fluß sogar sehr einladend. Diese natürliche Einteilung entspricht den drei Gruppen der Pima-Bevölkerung: den Sand-Papago, einem Volk von Sammlern am westlichen Wüstenrand, den »Zwei-Dörfer-Papago« in der Mitte – sie heißen so, weil sie abwechselnd in Winter- und Sommerwohnungen hausen –, und den »Fluß-Pima« am Gila River, den eigentlichen Pima.

Die früheren Sand-Papago durchstreiften als einfache Sammler ein Land mit Kreosotegebüsch und weißem Salbei. Sie ernährten sich vor allem von den Samen der Mesquitebäume, Kiefern und anderen Pflanzen, die an den meist ausgetrockneten Flußbetten wuchsen, jagten aber auch manchmal Bighornschafe, Maultierhirsche, Gabelböcke und Nagetiere. Sie führten ein ärmliches Leben, wanderten umher und schliefen in provisorisch errichteten Unterkünften, die gegen den Wind Schutz boten. Heute sind sie fast völlig verschwunden.

Die Zwei-Dörfer-Papago bezogen ihre Winterquartiere in der Nähe der Quellen am Fuß des Gebirges. Im Sommer wohnten sie an den trockenen Flußbetten auf den Ebenen und in den Tälern. Ihre Winterhäuser waren rund, ihre Sommerhäuser rechteckig und aus Zweigen errichtet. Diese Papago lebten von Bohnen (z. B. vom Mesquitebaum), Eicheln und Kiefernsamen. Auch jagten sie Rehe und Hirsche, die in großen Mengen in nächster Nähe weideten. Nach den Sommerregen trieben sie an den Flußbetten, wo sie Deiche errichteten, Ackerbau.

Die eigentlichen Pima am Gila River führten ein etwas üppigeres Leben. Sie nährten sich von reicher und vielfältiger Vegetation, jagten und wandten sich auch dem Akkerbau zu, teils mit Hilfe von Bewässerungskanälen.

Es sind die Papago, die einstigen Zwei-Dörfer-Papago, mit denen wir uns hier beschäftigen wollen. Natürlich leben sie heute in modernen Häusern, manchmal aus Holz, manchmal aus Stein, und verdingen sich häufig als Lohnarbeiter. Die alten Gesellschaftsstrukturen, mit einem Häuptling und Medizinmännern oder Schamanen an der Spitze, sind zumeist verschwunden. Immerhin sind noch Reste der alten Ordnung geblieben. So gibt es z. B. patrilineale Gruppen, die in Clans unterteilt sind. Häuptlinge findet man kaum noch, dafür trifft man durchaus auf Medizinmänner, die man längst ausgestorben glaubte, die sich aber gut behauptet haben. Eine kürzlich angestellte Berechnung kommt auf näherungsweise einen Medizinmann pro hundert Einwohner.

Dieser Medizinmann wird gut bezahlt und ist häufig sehr reich. Falls er einen guten Ruf hat, behandelt er zwei bis drei Patienten pro Tag. Aber während in früheren Zeiten ein Medizinmann Zeremonien veranstalten, alle möglichen magischen Prozeduren durchführen konnte und nicht zum wenigsten die Wahrsagekunst beherrschte, beschränkt sich seine berufliche Arbeit heute in der Regel auf Heilungen. Man behandelt ihn mit Respekt und Achtung, doch lebt er mit dem Risiko, umgebracht zu werden, wenn er als Sündenbock für eine Epidemie herhalten muß.

In der Stellung des Medizinmannes spiegelt sich die Gestalt des vorzeitlichen Helden, des »Älteren Bruders und Schamanen«, wider, den man sich als Urahn aller Medizinmänner und Schamanen vorstellt. Bevor er sich am Ende der mythischen Zeiten von den Menschen zurückzog, ermahnte er diese in seiner letzten Ansprache, die Erde nicht zu zerstören. Sie sollten sie ehren, wodurch sie gesund und von Krankheiten verschont bleiben würden. Auf der anderen Seite prophezeite er, daß die Angloamerikaner die Erde töten und die Indianer Zeugen dieses Vorgangs werden würden. Nach diesen Worten zog sich der mythische Held zurück. Doch bestimmte Medizinmänner können noch Kontakt mit ihm aufnehmen. Sie stehen in dem Ruf, Reisen in den Himmel und in die Unterwelt unternehmen zu können.

Unterschiedliche Krankheiten bei amerikanischen Natives und Weißen

Wie die Navajo sind also auch die Pima und Papago unausgesetzt mit dem Problem der Gesundheit im menschlichen Leben beschäftigt. Daher haben diese Stämme vieles gemeinsam, z. B. Heilrituale mit Sandmalereien und die Unterscheidung zwischen Diagnostikern und Sängern. Aber es ist interessant, daß im Gegensatz zur Praxis der Navajo bei den Pima und Pagago der Diagnostiker als der eigentliche Medizinmann, als ein von höheren Mächten inspirierter Heiler gilt, während die Sänger nur als Laien eingestuft werden, die die Gesänge, welche die Diagnostiker in ihren Offenbarungen spontan empfangen haben, mühsam erlernen müssen. In manchen Fällen gelingt es zwar den Medizinmännern auch, einen Patienten schon allein durch den diagnostischen Ritus wieder gesund zu machen. Doch meist überlassen sie die eigentliche Heilbehandlung den Sängern.

Typisch für die Pima und Papago ist ihre Unterscheidung zwischen »wandernden« und »bleibenden« Krankheiten.[18] Die »wandernden« Krankheiten sind die infektiösen, die sich durch Keime ausbreiten und durch Fremde übertragen werden. Diese Krankheiten (früher waren das Pocken, heute sind es Masern, Windpocken und einige Grippearten) verschwinden, sobald die Keime neue Gegenden aufsuchen. Sie treten meist epidemisch auf und gelten als große Übel: Die Leute personifizieren sie als böse Geister. Die Heiler der Natives behandeln solche Krankheiten nicht. Ihre Heilung bleibt den westlichen Ärzten überlassen.

Die »bleibenden« Krankheiten dagegen sind von anderer Art. Sie befallen nur die Pima und Papago, niemanden sonst, und halten sich dauernd bei ihnen auf. Sie sind auch nicht ansteckend. Sie werden von »gefährlichen Dingen« verursacht, die zurückschlagen, wenn ein Mensch ihre Würde und Integrität verletzt. Die Wissenschaftler kennen und berichten über etwa vierzig derartiger Objekte, aber im Glauben der Ureinwohner gibt es sicherlich sehr viel mehr. Sie sind ein Erbe des Älteren Bruders. Zu ihnen gehören alle möglichen Tiere, wie Dachs, Bär, Schmetterling, Bussard, Katze, Kojote, Hirsch, Hund, Adler, Frosch, Gila-Monster (die Eidechse), Taschenratte, Falke, Krötenechse, Eule, Kaninchen, Schlange und Schildkröte. Jedes dieser Tiere vertritt seine ganze Art und ist nicht nur ein einzelnes Exemplar seiner Gattung. (Wir können vielleicht sagen, es ist das Wesen oder der Geist der jeweiligen Tierart.) Auch finden sich Pflanzen unter den »gefährlichen Dingen«, etwa Stechapfel und Peyote, ferner Blitz, Wasser und Wirbelwind, sowie eine unsichtbare doppelköpfige Schlange, die unter der Erde lebt, fliegen kann und weite Entfernungen überbrückt. All diese Wesen oder Dinge können sich gegen den Menschen wenden, und zwar mit Hilfe von Eigenschaften, die man ihre »Wege« oder »Kräfte« nennt. Das scheint z. B. im Fall einer Schlange leicht begreiflich. Doch geht es hier nicht etwa um Schlangenbisse, ebensowenig um Beschwerden wie Magenverstimmung, Verstopfung, Knochenbrüche oder die jeweils entsprechende Zauberei: Das alles sind nur kleinere Übel und Verletzungen, keine wirklichen Krankheiten.

Der Ausdruck »ihre Wege« macht vielmehr deutlich, daß die Wirkungen der gefährlichen Wesen oder Objekte von einer höheren Ordnung abhängen (die vom Älteren Bruder eingerichtet sein dürfte). Die Wirklichkeit ist durch eine innere Norm, eine ihr eigentümliche Harmonie charakterisiert, die nicht verletzt werden darf. Und darüber sollen all diese Objekte wachen.

Man kann nicht immer von vornherein wissen, auf welche Weise die innere Ordnung verletzt worden ist. Nur ein Medizinmann kann das durch seine Diagnose herausfinden. Man glaubt, ein mehr oder weniger greifbares »Ding«, eine »Kraft« dringe in den Körper des Kranken ein und erzeuge die Krankheitssymptome. Die Kraft breitet sich im ganzen Körper aus und bewegt sich auf das Herz zu. Erreicht sie dieses, stirbt der Kranke. Oft ist die Kraft, die einem Patienten Schmerz verursacht, schon sehr lange in ihm und hat sich tief in ihn eingefressen. Andere, jüngere Kräfte, die noch nicht den gleichen Durchdringungsgrad erreicht haben, können die ältere überlagern.

Wie erwähnt, teilt sich die Behandlung in die Diagnose –

das kann ein sehr langwieriges und kompliziertes Verfahren sein – und die eigentliche Heilung, die teilweise schon vom Medizinmann als Diagnostiker eingeleitet, aber hauptsächlich von den Sängern durchgeführt wird.

Die Diagnose ist deswegen so schwierig, weil sich die Krankheiten im Körper des Patienten gegenseitig überlagern und auch versuchen können, Katz und Maus mit dem Medizinmann zu spielen. Es kommt vor, daß mehrere Medizinmänner sich um die Entlarvung des Übels bemühen und einer nach dem anderen scheitert. Die Aufgabe des Diagnostikers besteht in erster Linie darin, die älteste Krankheitskraft im Patienten ausfindig zu machen. Denn eine solche Kraft entwickelt erst dann Krankheitssymptome, wenn sie von späteren Kräften überlagert wird. Auch versucht er energisch, sie vom Herzen zurückzudrängen, damit der Patient nicht stirbt. Dabei haucht der Medizinmann den Kranken an, massiert ihn (um die Kräfte voneinander zu trennen), singt Geistergesänge und geht vielleicht auch dazu über, die verborgene Krankheit herauszusaugen. Es ist außerdem möglich, daß er einen Kristall hervorzieht, um die Krankheitskraft zu durchleuchten. Er fächelt schließlich dem Patienten mit einer Adlerfeder Luft zu, schwingt seine Rassel und bläst ihm Rauch ins Gesicht. Der Gesang ruft den helfenden Schutzgeist des Medizinmannes herbei. Dieser Geist war ja einst zu ihm gekommen, hatte ihn in seiner Kunst unterwiesen und ihm seine spezielle Melodie mitgeteilt. Und da der Medizinmann von vielen Geistern auf diese Weise eingeweiht wurde (wahrscheinlich in Visionen), kann er mit seinen Liedern viele Geister herbeirufen. Man erzählt sich, daß die Geister immer sehr erfreut sind, wenn sie die Melodien, die sie einmal vergeben haben, vernehmen. Und dann kommen sie und teilen ihrem Schützling die Natur der vorliegenden Krankheit mit.

Die ganze Nacht vergeht unter diesen diagnostischen Bemühungen. Am Morgen aber spricht der Heiler den Namen der Krankheit aus. Da nun der Patient ihr Wesen kennt, wird er aufgefordert, sich die Situation ins Gedächtnis zurückzurufen, in der sie ihn befiel. Er erinnert sich dann tatsächlich an ein früheres Fehlverhalten, das Jahre zurückliegen kann.

Und jetzt ist der Zeitpunkt der Heilung gekommen. Der Medizinmann mag die »Krankheitskraft« schon herausgesaugt haben, doch die endgültige Beseitigung der Krankheit ist Sache der rituellen Sänger. Sie singen ihre Melodien, blasen Rauchwolken in die Luft und legen dem Patienten bestimmte Gegenstände (Fetische) auf den Körper. Dabei kann es sich um Pferdeschwänze, Krötenechsen und andere Objekte, die den Krankheitserreger verkörpern, handeln. Mit ihren Gesängen versuchen die Heiler, den beleidigten Geist dazu zu bewegen, der Krankheit Einhalt zu gebieten. Mit dem Ausblasen von Rauch führen sie Lebensatem in den kranken Körper ein. Und wenn sie ihm den Fetisch auflegen, übertragen sie ihm dessen Heilkräfte.

Die rituellen Sänger bedienen sich also zwar der Medizingesänge, die dem »Weg« eines Objektes entsprechen, stoßen Rauch aus und fächeln dem Kranken mit Federn Luft zu, ganz wie der Medizinmann selbst. Doch fehlt ihnen dessen diagnostische Kraft. Alles hängt davon ab, daß die Ursache der Krankheit richtig diagnostiziert wird – in diesem Fall steht ihrer Entfernung aus dem Körper nichts mehr im Wege. Die rituellen Sänger übernehmen diese Aufgabe durch ihre Tätigkeit. Zusätzlich zu den schon erwähnten Methoden zelebrieren sie vielleicht auch Tänze, essen das Fleisch solch »gefährlicher Objekte« wie des Kaninchens oder Hirsches und fertigen Sandmalereien an. Sandmalereien werden meist in Fällen angelegt, wo Wind, Eule oder Krötenechse die Krankheit ausgelöst haben.

In vieler Hinsicht ähneln sich die Heilmethoden der Navajo und Pima-Papago. Doch spielt der Sänger bei den Navajo eine weit größere Rolle.

Die Medizin in den neuen Religionen

Bisher haben wir die Formen betrachtet, die medizinische Vorstellungen und Einstellungen in den traditionellen Religionen der amerikanischen Natives angenommen haben. Es ist ganz natürlich, daß sich das Interesse heute vor allem auf jene Systeme der Medizin konzentriert, die Bestandteil der alten indianischen Weltanschauungen sind. Doch dürfen wir nicht vergessen, daß gegenwärtig viele alte Stammesreligionen sehr in den Hintergrund gedrängt, ja fast verschwunden sind und häufig neuen Ideologien Platz gemacht haben. Infolgedessen hat sich auch das medizinische Weltbild gewandelt. Aber dieser Wandel besteht niemals in einer Säkularisation des traditionellen Glaubens und der damit zusammenhängenden Medizin. Im Gegenteil, die Indianer haben standhaft an der Vorstellung festgehalten, daß Gesundheit und Heilung prinzipiell von übernatürlichen Mächten abhängig sind. Die Methoden mögen sich in Zeit und Raum ändern, unverändert aber bleibt die Verbindung mit einer anderen, höheren Welt.

Neue religiöse Überzeugungen sind, wie wir wissen, aus den kulturellen und psychologischen Veränderungen entstanden, die mit den Euroamerikanern ins Land kamen: aus Krieg, Eroberungen, Epidemien und ähnlichem. All dies hat eine Auflösung kultureller und politischer Strukturen und großes menschliches Leid mit sich gebracht. Von Entbehrungen aller Art heimgesucht, versuchten die Natives, neue geistige Abwehrfronten aufzubauen. Sie behielten ihre religiöse Perspektive im Hinblick auf Ordnung und Sinn der Welt bei, kombinierten aber diese Anschauungen mit neuen kulturellen und ideologischen Inhalten, die sie aus dem Wissen und der Erfahrung der modernen westlichen Welt bezogen. Aus der Begegnung mit der fremden Kultur der modernen westlichen Welt, der sogenannten Akkulturation, wurden neue Religionen geboren, seltsame Mischungen aus originären Gedanken der Ureinwohner und fremden Elementen. Vielleicht wundern wir uns darüber, daß die Indianer überhaupt Anschauungen und Überzeugungen aus dem Lager ihrer Feinde und Unterdrücker übernehmen konnten, aber das war eher naheliegend: Die alten Glaubenssysteme waren in vieler Hinsicht zusammengebrochen, und die neuen Erfahrungen und Erkenntnisse verlangten dringend nach entsprechender Sinngebung.

Die Ausformung neuer Religionen begann im 18. Jahrhundert: Propheten mit eschatologischer Botschaft traten auf und verkündeten einen neuen Himmel und eine neue Erde. Häufig gerieten alte therapeutische Methoden in Mißkredit, weil die Propheten sie kritisierten oder weil die Frist, die bis zum Weltuntergang noch blieb, viel zu kurz war, als daß man sich noch groß mit dem hinfälligen Körper hätte beschäftigen wollen. So verschwanden z. B. die alten medizinischen Körperschaften der Seneca-Irokesen von der Bildfläche oder zogen sich in den Untergrund zurück, als der Prophet und Reformer Handsome Lake (tätig zwischen 1799 und 1815) der Religion der Irokesen Anfang des 18. Jahrhunderts ein radikal neues Gesicht gab.[1] Erst als die »neue« Religion doch wieder zum Sammelbecken der konservativen Tendenzen der Irokesen-Religion wurde, gewannen diese Organisationen ihren Einfluß zurück. Die Religion Handsome Lakes hatte wesentliche Elemente des Quäkerismus in sich aufgenommen. Sie empfahl ein Sündenbekenntnis als Mittel, um Krankheiten, Unreinheit und sonstige schlechte Einflüsse zu entfernen.[2]

Ganz anders verhielt es sich mit der letzten größeren prophetischen Bewegung, dem »Geistertanz«. Sie stellte keine alternative Religion dar wie viele andere prophetische Bewegungen zuvor, sondern bot eine Ergänzung zur alten Religion und Tradition. Sie hat in vieler Hinsicht ihre bis auf den heutigen Tag sichtbaren Spuren in den Religionen der Natives hinterlassen. Die Bewegung des Geistertanzes, so genannt nach dem großen Rundtanz, den die Gläubigen veranstalteten, um die Wiederkehr der Toten zu beschleunigen, hatte zwei große Höhepunkte: das erstemal 1869/70, als sie sich wie ein Lauffeuer unter den Indianern Nevadas, Kaliforniens und Oregons ausbreitete, das zweitemal 1889/90, als sie von den Indianern Nevadas (den Paiute des Nordens) ostwärts zu den Plainsindianern übersprang. Dort löste der Geistertanz heftigste Emotionen aus, die bis zum Aufstand der Sioux, zur Ermordung des Lakotahäuptlings Sitting Bull und der Schlacht bei Wounded Knee führten.

Die Kernbotschaft der zweiten Welle des Geistertanzes, wie sie von seinem Begründer, Wovoka, verkündet wurde, lautete, daß das Ende der gegenwärtigen Welt nahe sei, die Toten und die auf der Jagd erlegten Tiere wiederkehren und ein ewiger Frieden mit den Weißen seinen Einzug halten würde (oder ihre Vernichtung durch Naturkatastrophen bevorstünde). Da man diese Ereignisse in allernächster Zukunft erwartete, kümmerte man sich kaum noch um die Pflege der Kranken. Wovoka selbst z. B., ein Medizinmann der Paiute, weigerte sich, den kranken Paiute in seiner Umgebung Hilfe zu leisten. Erst später, als der Geistertanz zu einem Ritual innerhalb der traditionellen Religion geworden war, konnten die Anführer bei den Tänzen auch wieder als Medizinmänner ihrer Stämme fungieren.[3] So war es z. B. bei Tudy Roberts, einem Medizinmann der Schoschonen, dem ich in den 50er Jahren im Wind River-Reservat begegnete.

Heilung durch Peyote

Eine neue geistige Strömung von wieder anderem Typus ist die im Kapitel »Traditionelle Medizin in den Plains« erwähnte Peyotereligion. Ihr zentrales Element ist eine Art Sakrament, ein heiliges Mahl. Die Droge, die die Teilnehmer dabei zu sich nehmen, führt zu außergewöhnlichen seelischen Erfahrungen und fördert Freundschaft und Sympathie unter den Teilnehmern. Das heilige Mahl besteht also aus Peyote, einem Kaktus (*Lophophora williamsii*), der am Rio Grande del Norte und weiter südlich in Mexiko wächst. Hintergrund dieser sakramentalen Mahlzeit ist ein Ritual der mexikanischen Indianer, bei dem man Peyote aß, um Kontakt mit dem Übernatürlichen aufzunehmen. Es wurde im Lauf der Zeit in eine eigenständige, mit katholischen Einsprengseln versehene Religion umgewandelt. Im 18. Jahrhundert brachten die Apachen, die Tonkawa, Kiowa und Komantschen die Peyote-Zeremonie in die südlichen Gebiete der gegenwärtigen USA.

In dieser Religion gab es keine Propheten und Weltuntergänge. Es handelte sich einfach um einen Kult mit einem Sakrament, der die unmittelbaren religiösen Bedürfnisse von Menschen, deren kulturelle und geistige Welt in Auflösung begriffen war, befriedigte. Im 20. Jahrhundert verbreitete sich diese neue, panindianische Religion über die Vereinigten Staaten und das südliche Kanada und verdrängte die Stammesreligionen zum Teil. In vielen Reservaten ist heute ein Drittel der Nativebevölkerung Anhänger des Peyotekultes.[4]

Peyote ist eine universelle magische Kraft. Man kann in der Tat von einem Kult sprechen, gilt doch der Kaktus wirklich als »Gott«, als starke »Medizin«. Medizin ist, wie wir wissen, bei den amerikanischen Indianern der Allgemeinbegriff für alles, was sich auf übernatürliche Kräfte bezieht. Insofern bezeichnet Medizin auch speziell die Heilkräfte einer Substanz. Peyote ist eine Kraft, die ebenfalls derartige medizinische Aspekte besitzt. Man glaubt, daß durch den Genuß von Peyote ein Mensch von jeder physischen oder psychischen Krankheit geheilt werden kann. Mancher trägt sogar immer Peyote mit sich und nimmt es ein, sobald er seine Gesundheit gefährdet glaubt. Darin unterscheidet er sich kaum vom Umgang des westlichen Menschen mit seinen Medikamenten. Allerdings vergißt der Indianer niemals, daß er es hier mit übernatürlichen Energien zu tun hat.

In den kollektiven Zeremonien wird der heilige Charakter des Peyote betont. Ein ganzes Zeremoniensystem hat sich um den psychotropen Kaktus herum entwickelt, mit Amtsträgern (»Straßenmann«, »Feuermann« usw.) und sorgfältig aufeinander abgestimmten rituellen Vorgängen. Die Menschen, die an den kultischen Veranstaltungen teilnehmen, tun das vor allem wegen der Heilwirkungen des Peyote. Es läßt sich tatsächlich beweisen, daß die ersten »Missionare« der Peyotereligion einflußreiche Persönlichkeiten waren, die durch Peyote von schwerer Krankheit geheilt worden waren.

Kein Wunder, daß deshalb viele Peyoteriten durchgeführt wurden und werden, um Kranke zu heilen. Im Prinzip folgt man dabei demselben Muster wie bei den allgemeineren Peyotezeremonien, doch lassen sich durchaus kleinere Abweichungen, die dem spezifischen Heilzweck der Zeremonie dienen, feststellen. Nach dem Bericht eines bekannten Spezialisten für psychotrope

Botanik, Richard E. Schultes, spielte sich die folgende Szene ab, als ein Tuberkulosekranker in einer Peyotesitzung der Kiowa in Oklahoma behandelt wurde. Handelnde Personen in diesem Drama waren der Leiter (»Straßenmann«) der Zeremonie und sein Assistent (»Feuermann«), der unter anderem auch für das Feuer zuständig war.

> »Kurz nach Beendigung des Rituals des Mitternachtswassers verließ der Leiter seinen Platz und begab sich zum Patienten, der an der Seite des Tipis lag. Der Feuermann überreichte dem Leiter eine Tasse Wasser, und dieser sprach einige Gebete, in denen immer wieder die Worte Jesus Christus vorkamen. Er gab dem Kranken 14 Meskalinscheiben [Peyotestücke], die er selbst vorgekaut hatte. Während der Patient sie schluckte, schwenkte der Leiter die Tasse Wasser in Zedernweihrauch, den man erzeugte, indem man trokkene Wacholdernadeln ins Altarfeuer warf. Mit einem Fächer aus Adlerfedern fächelte er diesen Weihrauch auch gegen die nackte Brust des Kranken. Hierauf zerkaute er noch ein paar Scheiben, spuckte sich die Masse in die Hände und salbte den Kopf des Kranken unter fortwährendem Gebet mit diesem Brei. Und schließlich griff er sich ein verkohltes Stück Holz aus dem Altarfeuer, hielt es sich dicht vor den Mund und blies die Glut dem Patienten über die Brust. Das Ende der Zeremonie bestand in einem langen Gebet.«[5]

Interessanterweise tritt der Leiter der Peyotezeremonie hier als Medizinmann auf. Vielleicht war es tatsächlich ein professioneller Medizinmann, doch wahrscheinlicher ist, daß man ihm in seiner Funktion als Leiter des Peyotekultes auch die Fähigkeit zutraute, Menschen durch Peyote zu heilen. Aber im Grunde ist es nicht seine eigene Beziehung zum Übersinnlichen, sondern die große vom Kranken geschluckte Peyotemenge, welche das Wunder der Heilung vollbringt. Man sollte den Leiter der Peyotezeremonie vielleicht besser einen Priester oder Arzt nennen. Überdies erinnern manche seiner Heiltechniken an den Medizinmann der Plains, etwa daß er mit einem Adlerflügel über den Kranken hinstreicht, Weihrauch benützt und den Kopf des Patienten salbt.

Bei den Mescalero-Apachen des Südwestens waren früher alle Medizinmänner, wenn sie an der Peyotezeremonie teilnahmen, dem Peyoteanführer unterstellt. Die Navajo fürchteten zunächst, der Peyotekult als Therapie könnte ihre eigene traditionelle Religion, bei der, wie wir gesehen haben, das Heilwesen im Zentrum stand, untergraben. Erforscher der Navajokultur beobachteten tatsächlich, daß Peyotezeremonien tendenziell die traditionellen Heilmethoden verdrängten, da sie nicht so zeit- und kostenaufwendig waren. In neuerer Zeit versuchten aber dann die Navajo doch, ihre anfängliche Abneigung zu überwinden und den Peyotekult in die alten Rituale zu integrieren.

Besonders aufschlußreich ist es, die Rolle des Peyote als Heilfaktor bei den Washo zu studieren, einem Stamm in der Gegend um den Lake Tahoe an der Grenze zwischen Nevada und Kalifornien. Hier läßt sich nämlich feststellen, daß der Peyotekult wegen seiner therapeutischen Potenz den Schamanismus fast zum Erliegen gebracht hat.[6] Die Schamanen der Washo waren einst sehr mächtig. Sie bezogen ihre Kräfte aus spontanen Träumen, in denen sie Tiere verschiedener Arten und vor allem Fischottern sahen. Sie verfügten häufig über eine große Zahl von Schutzgeistern. Der erste dieser Geister, den sich ein Schamane erwarb, war der Haupthelfer (oder Kontrollgeist). Alle Kraft ging von diesem Geist aus, und

Menschen, die an Krankheiten litten – oft waren sie durch Träume verursacht –, wandten sich an die Schamanen mit der Bitte um Heilung. Eine Heilzeremonie dauerte vier Nächte. Der Schamane tanzte mit der Rassel in der Hand, sang Lieder, sprach mit seiner Geistkraft und saugte das Übel aus dem Körper. Immer aber bestand das Risiko, daß die Krankheit dann ihrerseits vom Schamanen Besitz ergriff, der in einem solchen Fall eine Zeitlang bewußtlos war. Diese Schamanen waren wegen ihrer Kraft und Heilkunst die mächtigsten Persönlichkeiten bei den Washo. Sie waren gefürchtet als Zauberer, und Anklagen wegen Zauberei waren gang und gäbe. Auch auf andere Weise verstießen sie zunehmend gegen die Gesetze der Washo. Sie nahmen sich nämlich ungeheuer wichtig und glaubten, über die allgemein gültigen Gebräuche und Sitten erhaben zu sein. Starben verdächtig viele Patienten eines Schamanen, so wurde er angeklagt und früher sogar getötet.

Daß diese Schamanen so unpopulär waren, ebnete dem Peyotekult den Weg. Die Peyotereligion entwickelte sich ab 1932, als Peyote von einem Uteindianer, der eine Washofrau heiratete, eingeführt wurde, zum grimmigsten Feind des Schamanismus. Man hat behauptet, 90% der Bevölkerung seien zur neuen Religion übergegangen, weil sie an Peyote als Allheilmittel glaubten. Als besonders wichtige Substanz der Heilkunst galt und gilt Peyote auch, weil es den Anführer, den »Straßenmann«, dazu befähigt, eine Krankheit zu diagnostizieren. Der Straßenmann, der Peyote geschluckt hat, kann nämlich in den Patienten hineinsehen und seine Krankheit erkennen. Er fächelt dann der schmerzenden Stelle Kraft zu und betet um das Verschwinden der Krankheit, woraufhin der Patient erwartungsgemäß das Übel ausspuckt.[7] Der Unterschied zur traditionellen Religion, bei der die

Krankheit vom Medizinmann ausgesaugt oder sonstwie entfernt wird, liegt auf der Hand.

Erstaunlich ist, wie viele Schamanen bei den Washo zu Peyoteanhängern wurden. Vor allem die Anwärter auf das Schamanenamt gingen häufig ins Lager der Peyoteanhänger über, wahrscheinlich um dem konzentrierten Haß der Menschen gegen die Schamanen zu entgehen. Der erste, der zum Peyotekult übertrat, war ein Schamane, der in einem Traum die Anweisung bekam, sein Schamanenamt niederzulegen und die heilige Straße des Peyote zu gehen. Aber die meisten Schamanen blieben doch erbitterte Gegner des Peyote.

Der Kampf, der nun zwischen den Parteien ausbrach, wurde auf beiden Seiten mit Erbitterung geführt. Die Peyoteanhänger sprachen den Schamanen ihre führende Rolle ab und behaupteten, jedermann könne Krankheiten aus eigener Machtvollkommenheit heilen (sofern er ein Straßenmann war). Die Peyoteanhänger warfen den Schamanen Hexerei vor, die Schamanen schleuderten dieselbe Anklage zurück. Zugleich behaupteten sie, einigermaßen unlogisch, den Peyoteleuten fehle es an übernatürlichen Kräften. Das Ende vom Lied war, daß die Schamanen, die anfänglich noch einige Erfolge bei der Bekämpfung der Peyotereligion aufzuweisen hatten, im Lauf der Zeit immer weniger wurden und schließlich fast ganz von der Bildfläche verschwanden.

Man könnte sagen, der Peyotekult bilde für seine Anhänger den Rahmen, in dem sie auch ihre Heilkunst ausüben. Er ersetzt die traditionelle Medizin durch seine eigene Therapie. Doch heute verliert die Peyotereligion ihrerseits an vielen Orten an Einfluß und macht wiederauflebenden traditionellen Religionen Platz.

Die Schwitzhüttenbewegung

Die jüngste panindianische religiöse Strömung, die Schwitzhüttenbewegung, ist wie die Peyotereligion eine kultische Neubelebung, die im Prinzip auf das Heil und die Wohlfahrt des gesamten Stammes abzielt, aber natürlich auch die Bedürfnisse des einzelnen im Auge hat. Etwa ab 1970 – nach anderen, mir zugänglichen Informationen erst ab 1980 – hat sich diese neue Bewegung über einen großen Teil des Westens ausgebreitet, unter anderem in Kalifornien, dem Great Basin und den Plains. Grundlage der Bewegung ist die indianische Schwitzhütte, eine Einrichtung, die seit Hunderten von Jahren in verschiedenen Formen bei vielen nordamerikanischen Stämmen existiert.[8] Ihr Gegenstück sind die altbekannte finnische Sauna und ähnliche Institutionen im nordeurasischen Raum. Doch gibt es einen wesentlichen Unterschied zwischen den Schwitzhäusern Nordamerikas und der Alten Welt: Jene bezwecken spirituelle Reinigung, diese jedoch Körperhygiene und Vergnügen. Natürlich ist es möglich, daß früher auch das eurasische Schwitzritual spirituellen Zwecken gedient hat.

In Nordamerika gab es in den Plains schon immer provisorische Schwitzhütten aus Tierfellen und Leinwand. Ähnliche Einrichtungen, mit Rindenstücken bedeckt, fanden sich weiter im Norden. Die Indianer in Alaska und Kalifornien dagegen bauten schon festere Häuser aus Holz und Erde, die länger benutzt wurden und auch als Versammlungshäuser für Männer sowie Schlafräume für unverheiratete Männer dienten. Diese Häuser hatten offenbar den Zweck, eher das persönliche Wohlbefinden als religiöse Ziele zu fördern. Ein anderer Unterschied bestand darin, daß in den kleinen Schwitzhütten im Inneren des Kontinents mit Wasserdampf gearbeitet wurde, während die Schwitzhäuser in Alaska und Kalifornien Hitze durch offenes Feuer erzeugten.

Aber nicht alle Indianer hatten früher Schwitzhäuser. Sie fehlten auffälligerweise bei den numischen Stämmen (z. B. Schoschonen und Paiute), während schon die ihnen benachbarten Washo wieder welche besaßen. Daß sie bei den numischen Stämmen fehlten, ist um so bemerkenswerter, als die neue Schwitzhüttenbewegung heute gerade bei ihnen am stärksten Fuß gefaßt hat.

Die traditionelle Schwitzhütte im Innern des Kontinents ist meist ein kleiner Verschlag, niedrig, rund und kuppelförmig, mit einer Grube in der Mitte und einer Tür oder Öffnung nach Osten, der heiligen Himmelsrichtung. Steine werden über einem Feuer vor der Hütte erhitzt und in die Grube gelegt. Wenn Wasser darübergegossen wird, füllen ungeheure Dampfschwaden den Raum. Die Hitze kann unglaublich stark, fast unerträglich werden. Rituelle Vorschriften legen fest, wie man sich in der Hütte verhält, daß man z. B. nach einem heiligen Ritus raucht, betet und singt.

In früheren Tagen war der Aufenthalt in einer Schwitzhütte nur das vorbereitende Ritual für eine größere Zeremonie, etwa den Sonnentanz in den Plains. Das heilige Schwitzen sollte die Menschen geistig und seelisch für die eigentliche Zeremonie reinigen. Bei manchen Stämmen wie den Cree der Plains konnte der Schwitzakt mehrere Male am Tag vollzogen werden, so daß der Betreffende stets in sauberer geistiger Verfassung blieb. Aber in der neuen Schwitzhüttenbewegung ist das Schwitzritual selbst die eigentliche Zeremonie, die den Schwitzenden frisch und gesund, glücklich und zufrieden macht. Kranke kommen in kleineren Gruppen zusammen und werden geheilt. Das ist eine Auswirkung des Segens, der allen von den höheren Mächten gewährt wird. Mit anderen Worten: Wie in der Peyotereligion ist die Wiederherstellung der Gesundheit ein Ergebnis der allgemeinen Krafteinflößung und des allgemeinen Wohlbefindens, das der den Ritus zelebrierenden Gruppe zuteil wird.

Blicken wir zurück: Typisch für das Medizinverständnis der nordamerikanischen Indianer ist, daß es immer religiös verwurzelt ist. Aus Pflanzen oder Tieren gewonnene Arzneien können Heilwirkungen haben. Doch wichtiger sind die Therapien, die auf religiöse Visionen oder übernatürliche Kräfte zurückgehen. Sie sind Teil des allgemeinen Segens, der durch die höheren Mächte vermittelt wird. Sicherlich kann ein bestimmter Tiergeist, etwa der Bär, über besondere Heilkräfte verfügen, er kann aber durchaus auch andere Segnungen senden. Heilkunst, die religiösen Quellen entspringt, ist immer eine Gabe der geheimnisvollen, vielfältigen Segen bergenden Sphäre göttlicher Mächte.

Medizin zwischen den Kulturen: Wechselbeziehungen zwischen den Heilmethoden der Natives und der Euroamerikaner

Sowohl die traditionelle Medizin als auch die Medizin der neuen Religionen hatten ihre Wurzeln in den alten Glaubensvorstellungen der amerikanischen Indianer. Beide Systeme behaupten sich heute bei den amerikanischen Natives. Sie sind gelegentlich auch Weißen zugute gekommen, vor allem wenn diese von den Indianern als Gäste oder Menschen in Not betrachtet wurden. Ich glaube, es gibt eine beträchtliche Anzahl von Weißen, denen durch indianische Medizinmänner geholfen worden ist.

Doch sind umgekehrt die amerikanischen Natives immer mehr in die euroamerikanische Zivilisation integriert worden. Häufig mag diese Akkulturation nicht weiter auffallen. Trotzdem sind die Weißen und ihre Institutionen, nicht zuletzt ihr Gesundheitswesen, bei den Indianern zunehmend präsent. In ihren Reservaten haben die meisten Natives die Wahl, ob sie sich von einem traditionellen Medizinmann oder einem westlichen Arzt behandeln lassen wollen. Viele wenden sich an beide oder ziehen bei manchen Krankheiten den Medizinmann, bei anderen den modernen Arzt zu Rate. Sie plädieren vielleicht sogar dafür, ihre Medizinmänner sollten auch bei Leuten außerhalb ihres engeren Stammesverbandes praktizieren, sei es bei Kranken anderer Stämme, sei es bei weißen oder schwarzen Patienten.

Alles hängt davon ab, wie die Medizin der Ureinwohner bewertet wird – von den Indianern selbst oder den Euroamerikanern. Es stehen sich hier zwei Welten diametral gegenüber, zwei Wertsysteme, zwei Systeme der Medizin: das eine religiös fundiert und ganzheitlich – es ist das System der amerikanischen Natives –, das andere durch die westliche Wissenschaft geprägt und repräsentiert durch akademisch ausgebildete Ärzte. Wenn sich diese Systeme überlappen und überlagern, können wir von transkulturellen Systemen sprechen. Da dies die Situation in den meisten heutigen Reservaten ist, kann man sagen, daß die nordamerikanischen Natives transkulturelle Heilmethoden anwenden.

Die Einstellung weißer Ärzte zur Medizin der Natives ist nicht unser Thema. Doch bewerten sie die Heilkunst der Indianer in ähnlicher Weise, wie umgekehrt die Natives die weiße Medizin einschätzen: Die Skala reicht von hochmütiger Ablehnung über Toleranz bis zu positiver Einstellung. Man könnte aber doch behaupten, daß die Bewertung insgesamt einen allmählichen Wandel zum Besseren durchgemacht hat: Bloße Herablassung ist im Lauf der Zeit einer gewissen Sympathie für die Heiler der Natives und ihre Heilkunde gewichen. (Ich sage das, obwohl ich mir bewußt bin, daß viele in der Medizin des Westens geschulte Ärzte jede nichtakademische Heilkunst von vornherein pauschal ablehnen.) Manche modernen Ärzte, etwa Andrew Stanway vom Institut für vergleichende Medizin in London, unterscheiden zwei Arten von Medizin: zum einen die konventionelle, nur biologisch-chemisch arbeitende Medizin, die den Körper als bloße Maschine, als Motor mit auswechselbaren Teilen, betrachtet, zum anderen die alternative Medizin, die man auch komplementäre oder holistische Medizin nennen könnte (letzterer Terminus wird in den USA bevorzugt), da ihre Vertreter den Menschen als eine aus Körper und Seele bestehende Ganzheit auffassen. Abgesehen von der Kräuterheilkunde und gelegentlich vorkommenden chirurgischen Eingriffen wäre die indianische Heilkunde dem zweiten Typus zuzuordnen. Es handelt sich bei den Indianern um »Heilung durch Glauben«, denn man bezieht das Bedürfnis des Patienten, an die entsprechenden Heilverfahren zu glauben, als integrierenden Faktor in die Behandlung mit ein. Man weiß, daß sich Seele und Körper gegenseitig bedingen. Diese Heilkunst hat große Ähnlichkeit mit der »Volksmedizin« der euroamerikanischen Völker. Auf medizinischen Kongressen und in wissenschaftlichen Veröffentlichungen wird heute diese Volksmedizin immer mehr in den Vordergrund gestellt. Anthropologen und Forscher anderer Disziplinen im Bereich der »Medizin der Primitiven« haben schon in der Vergangenheit festgestellt, daß die Behandlung übernatürlich verursachter Krankheiten einheimischen Heilern anvertraut wird, während man kleinere, natürlich bedingte Unpäßlichkeiten zu Hause kuriert und nur bei schweren, nicht übernatürlichen Krankheiten (z.B. Tuberkulose oder Blinddarmentzündung) auf die Hilfe moderner Ärzte zurückgreift.[1] Diese Einteilung deckt sich weitgehend mit dem, was wir über das medizinische Verhalten der nordamerikanischen Indianer der Gegenwart wissen, mögen sich auch Abweichungen von diesem Schema entsprechend den mehr oder weniger engen Beziehungen zwischen der Medizin der Natives und der Weißen ergeben.

Eine andere wichtige Unterscheidung ist die für die Lakota von William K. Powers, der lange Zeit als provokativer Beobachter bei ihnen verbracht hat, vorgeschlagene: die Unterscheidung zwischen »Krankheiten des weißen Mannes« – d.h. von Euroamerikanern eingeschleppt – und »Krankheiten des roten Mannes«.[2] Wir haben gesehen, daß Pima und Papago in der Tat ihre Krankheiten auf diese Weise einteilen.

Fragen wir uns jetzt, wie die nordamerikanischen Indianer ihre Heilverfahren modifizieren, wenn sie sich mit weißen Ärzten und weißer Medizin konfrontiert sehen. Wir können hier natürlich nur einige Kostproben aus einem überreichen Material geben. Die Einteilungsprinzipien dabei sollen die oben erwähnten sein – Ablehnung, Toleranz und positive Bewertung der weißen Ärzte und ihrer Praxis durch die Indianer. Zugleich wollen wir zu ergründen suchen, wie die traditionelle Medizin in der modernen Welt überleben könnte und ob sie vielleicht sogar dazu bestimmt ist, die weiße Medizin zu ersetzen.

Kritik und Toleranz der Indianer gegenüber der euroamerikanischen Medizin

Die grundsätzliche Einstellung der Indianer gegenüber weißen Ärzten ist, daß diese zwar bei der Heilung profaner Krankheiten sehr geschickt, aber doch auch nicht völlig zuverlässig sind. Viele scheitern in ihren Bemühungen, den Kranken wirklich zu helfen. Das ist nun aber bei den traditionellen Medizinmännern auch nicht anders. Das Dilemma ist in den westlichen Gesellschaften dasselbe wie in den traditionellen. Eine unter Ojibwaindianern in Manitoba durchgeführte Untersuchung zeigt, daß man, wenn ein weißer Arzt nicht helfen kann, einen Medizinmann, männlich oder weiblich, zu Rate zieht. Man fragt ihn dann oft, ob die Krankheit wirklich natürliche Ursachen hat und also doch vom weltlichen Arzt behandelt werden sollte, oder ob übernatürliche Faktoren im Spiele sind, so daß ein indianischer Heiler eingeschaltet werden müßte. Wir stellen auch hier wieder fest, daß der ätiologische Aspekt immer eine große Rolle spielt. Gelangt dann ein Medizinmann bei diesen Ojibwa zu dem Ergebnis, die Krankheit sei durch Zauberei verursacht, gehe auf ein falsches Verhalten des Betreffenden Tieren gegenüber oder etwa auf Berührung von Menstrualblut zurück, so kommt nur ein indianischer Doktor in Frage.

Erhellend ist ein Beispiel, das Dr. L. C. Garro aus einem Bezirk in Winnipeg anführt. Eines Morgens erwachte ein Ojibwa und stellte fest, daß Beine und Hände gelähmt waren. Er wurde ins Krankenhaus gebracht, doch die Ärzte waren nicht in der Lage, die Ursache des Übels herauszufinden. Sie gaben ihm ein Paar Krücken und einige Pillen gegen Arthritis und schickten ihn wieder nach Hause. Dort blieb er eine Woche, ohne daß eine Besserung eingetreten wäre. Jetzt holte man einen Medizinmann. Dieser kam zu dem Ergebnis, daß die Krankheit des Mannes durch Zauber verursacht war, mit dem ihn ein neidischer Konkurrent behext hatte. Er hatte fremde Substanzen in die Glieder des Patienten eindringen lassen und ihn dadurch bewegungsunfähig gemacht. Der Medizinmann saugte diese Gegenstände durch ein Rohr, das er an die befallenen Stellen anlegte, heraus. Es dauerte nicht lange, und der Mann war geheilt. Die Krankheit ist seither nicht wieder aufgetaucht.[3]

Begreiflicherweise sind Vorkommnisse wie dieses dem Glauben an die Macht der westlichen Medizin nicht eben förderlich. Im Verständnis der Natives sind Krankheiten niemals unerklärlich. Sie haben immer letzte Ursachen, die auch spiritueller Natur sein können. Wenn eine Frau bei den Ojibwa eine Fehlgeburt hat oder ein taubes Kind zur Welt bringt, weiß der westliche Arzt vielleicht nicht, warum das so ist. Doch der Medizinmann weiß es. Eine Krankenschwester in einem Navajokrankenhaus sagte in einem Interview, das Problem mit den weißen Ärzten sei, daß sie nur die Symptome der Krankheit behandelten und niemals zu ihrer Wurzel vordrängen.

Trotzdem hat man in der Regel Vertrauen zum weißen Arzt und hält ihn für einen tüchtigen Fachmann. Ganz anders ist das beim Psychotherapeuten, der ja unmittelbar in die Domäne des Medizinmannes eingreift. Er wird von den Indianern nicht akzeptiert: So stellt William Powers fest, daß Psychotherapeuten bei den Oglala Lakota gar nicht beliebt sind. Er schreibt, nach Auffassung der Oglala schaue der Psychotherapeut auf die Indianer herab, verstehe ihre Sprache nicht, sei immer nur zeitweise da, mehr oder weniger verrückt und kenne die Indianer nicht – auch sei er oft zu jung und unerfahren. Die Oglala verweisen demgegenüber darauf, daß ein Medizinmann, der die *Yuwipi*-Rituale anwende, weit schneller, in ein bis vier Stunden schon, heile.[4]

Man setzt also in den angestammten Medizinmann und Schamanen weit höheres Vertrauen als in den fremden Psychotherapeuten. Die psychische (und physische) Therapie des Medizinmannes ist in der übernatürlichen Welt verankert, die des Psychiaters nur in der profanen Welt, und sein System beruht auf Voraussetzungen, die für die Indianer einfach nicht glaubwürdig sind. Dr. Wolfgang Jilek, dessen Schilderung der Heilzeremonien der Salish wir oben zitiert haben, schreibt über die westliche Medizin, sie werde von den Indianern als mangelhaft empfunden, weil ihr »erstens eine ganzheitliche Theorie und Praxis fehlt, weil sie zweitens übergroßen Wert auf physische und biochemische Aspekte legt, wobei die sozialpsychologische und kulturelle Dimension der Krankheit und ihrer Behandlung außer acht bleibt, und weil ihr drittens die Therapien der Natives überlegen sind, da sie die krankheitsverursachenden Faktoren isolieren und beim Kranken positive psychische Prozesse in Gang setzen«.[5]

Während also der moderne westliche Arzt körperliche

Krankheiten und Verletzungen mit Methoden heilt, die den traditionellen Heilweisen weit überlegen sind (obwohl sie von den Indianern kaum verstanden werden), z. B. durch wirksame Pharmaka und Chirurgie, ist sein Kollege von der Psychotherapie weit weniger angesehen. Er bringt seinen indianischen Patienten keine substantielle Hilfe. Das bedeutet, daß zwar physisch Kranke sich gern in weiße Krankenhäuser bringen lassen, daß sich aber Patienten, die nach Auffassung der Indianer einer ganzheitlich-übernatürlichen Behandlung bedürfen, den Medizinmännern anvertrauen.

Die Verhältnisse bei den Krähenindianern der nördlichen Plains, wie sie von dem Anthropologen Fred Voget beschrieben werden, belegen das:

> »Man trägt den modernen Krankenhäusern und der modernen Medizin Rechnung, indem man ihnen einen Platz neben den Sonnentanzheilungen anzuweisen sucht. So benutzen die Anführer beim Sonnentanz auch moderne Medikamente und Salben, etwa gegen Husten und Herzbeschwerden. Sie schicken einen Patienten ins Krankenhaus, wenn sie von ihren Geistern die Botschaft erhalten, ihre Kräfte seien seiner Krankheit nicht gewachsen. Zugleich wissen sie aber auch recht gut, daß sie Menschen geheilt oder ihr Leben verlängert haben, denen in den Krankenhäusern nicht geholfen werden konnte.«[6]

Ähnliche Berichte liegen von den Washo vor. Menschen mit neurotischen und psychosomatischen Störungen suchen nicht den weißen Arzt auf, sondern gehen zum Schamanen. Die meisten anderen Patienten aber wenden sich an den weißen Arzt. Beim Schamanen als einem Geistheiler wissen die Patienten eben, daß er fähig ist, neurotische oder psychosomatische Störungen zu behandeln. Der Schamane der Washo heilt den Kranken dadurch, der er den Geist oder das Objekt, das in den Körper des Patienten eingedrungen ist und die Wasser- und Blutfeuchtigkeit austrocknet, entfernt.[7]

In vielen Gegenden herrscht eine ausgewogenere Einstellung zur Kompetenz indianischer und weißer Ärzte. So denken etwa auch die modernen Cherokee, die beiden medizinischen Systeme könnten sich gegenseitig gut ergänzen.[8] Die Navajo glauben, beide Arten Medizin seien für sie notwendig.[9] Das scheint auch die Ansicht der sie behandelnden westlichen Ärzte zu sein. Denn sie erlauben den Indianern ab und zu, eine Zeremonie mit Gesängen zu veranstalten, wenn ein Navajopatient im Krankenhaus behandelt wird. Das erinnert uns an die Praxis in britischen Krankenhäusern, wo manchmal Geistheiler Seite an Seite mit berufsmäßigen Ärzten arbeiten.

Die Zulassung von Heilmethoden der Natives in Krankenhäusern hat der indianischen Medizin einen gewaltigen Auftrieb gegeben. Tatsächlich durchbricht manchmal die Schamanenpraxis die übliche Krankenhausroutine. Einer meiner Schüler, der den Schamanismus an der Nordwestküste erforscht, C.J. Gurt, berichtet von einer aufsehenerregenden Heilung einer Nootkafrau von der Vancouverinsel, die nach einem lebensgefährlichen Autounfall in die Klinik eingeliefert wurde. Im Dämmerbewußtsein sah sie, wie ihr ein Froschgeist auf die Brust sprang. Er sang eine Melodie und sagte, sie würde eine große Schamanin werden und nach ihrer Genesung Kranke heilen. Diese Frau ist heute wirklich tatsächlich eine Schamanin und macht Seelenreisen.[10]

Ein anderes Beispiel für das Eindringen des Schamanismus in amerikanische Krankenhäuser liefert ein moderner Medizinmann der Oglala, Wallace Black Elk (Schwarzer Elch). Sein Bericht, in dem sich die traditionelle Perspektive mit der modernen medizinischen Fachsprache mischt, verrät seine Absicht, die medizinischen Traditionen der amerikanischen Natives und der Euroamerikaner miteinander zu verbinden. Dadurch würden der Medizinmann der Natives und seine Medizin, in Black Elks Stamm und anderswo, einen höheren Status gewinnen. Die Art Schamanismus, von der Schwarzer Elch in seinem Bericht ausgeht, ist die des Geisterhauses, das Yuwipiritual, das wir bei der Behandlung der Heilzeremonien der Arapaho beschrieben haben.

Der Kranke im Bericht von Schwarzer Elch ist ein Junge, der kurz nach der Geburt in eine Klinik in Denver gebracht wurde, wo er vier Jahre zubringen mußte. Er war total bewegungsunfähig, konnte weder trinken und schreien noch sitzen oder gehen. Ernährt wurde er durch einen Schlauch in der Speiseröhre. Den Ärzten gelang es trotz aller Bemühungen nicht, ihn zu heilen. Wie Schwarzer Elch sagt, wußten sie nicht, was mit dem Jungen nicht stimmte. Nun aber nahmen Schwarzer Elch und sein Team sich des Falles an. Auf Anregung der Ärzte gestattete das Kuratorium der Klinik den Indianern, eine Heilzeremonie zu veranstalten. Viele andere Patienten des Krankenhauses baten, daran teilnehmen zu dürfen. Es wurde ihnen erlaubt. Alle Fenster und sonstigen Lichtquellen im Krankenzimmer wurden mit Plastikbahnen und Stoffen verhängt. Man errichtete einen Altar und brachte eine Trommel. Soweit war alles fertig.

Jetzt begannen die Indianer, Lieder zu singen und ihre Geister zu rufen. Nach einiger Zeit hörte man Donnergrollen, und ein Blitz zuckte durch den Raum. Eine Gestalt wie ein Mensch, von schimmerndem Licht umgeben, trat herein. »Sie sah wie ein Geist aus.« Das Wesen fragte, warum man es gerufen habe. Schwarzer Elch gab zur Antwort, es sei wegen des armen Jungen geschehen.

Der Geist schritt bis zu der Stelle, wo der Junge lag: in einem Kinderbettchen, das zwischen dem Arzt und der Krankenschwester stand. Der Geist untersuchte ihn und ließ dann verlauten, eine unbekannte Macht habe Spinngewebe genommen und um alle Nerven des Jungen Knoten geknüpft. Man müsse den Spinnengeist rufen.

Deshalb sangen die Indianer nun ein Spinnenlied. Und schon trat Rote Spinne, der Anführer aller Spinnen, herein. Er erklärte, die medizinische Wissenschaft könne die Ursache der Krankheit nicht erkennen, weil ihr Mikroskop und ihre Röntgenstrahlen ungeeignet seien, das Spinngewebe zu sehen. Nach einem weiteren Lied ging er zu dem Jungen hinüber und entfernte die Spinnenfäden. Da gab der Junge plötzlich unartikulierte Laute von sich und lief im Zimmer herum. Man dankte dem Geist und schenkte ihm Kautabak und Kleider.

Als das Licht wieder anging, stand das Kind aufrecht da und trank mit offensichtlichem Genuß Milch aus einer Tasse. Lachend wanderte es im Zimmer hin und her. Auch die anderen Patienten, die der Zeremonie beigewohnt hatten, waren geheilt. Der Geist hatte sich unter sie gemischt und ihnen Kraft zugefächelt. Auch hatte er ihnen Wasser gegeben, das das Gift und die Bakterien, die in ihnen steckten, herausspülte. Schwarzer Elch beendet seinen Bericht mit der Behauptung, die Gaben für den Geist seien verschwunden gewesen, als das Licht wieder anging. Er spricht auch dem Arzt, der über die Ereignisse Bericht erstatten mußte, sein herzliches Beileid aus. Denn wie sollte dieser erklären, daß der Geist die Gaben mitgenommen hatte? Bleibt zu berichten, daß die hier abgedruckte Schilderung in der Autobiographie von Schwarzer Elch enthalten ist. Wie die Ärzte des Krankenhauses auf die zweistündige Veranstaltung reagierten, ist nicht bekannt – es dürfte in diesem Zusammenhang auch ohne Bedeutung sein. Wir haben diesen Bericht hier eingerückt, um zu zeigen, wie Indianer ihre Heilkunst in modernen Krankenhäusern unter Beweis stellen und ihre Überlegenheit über die Medizin des Westens demonstrieren.[11]

Damit sind wir bei einer anderen Tendenz der modernen indianischen Heilkunst, nämlich den Eroberungen des Schamanismus innerhalb der weißen Bevölkerung.

Das Eindringen der Medizin der amerikanischen Natives in die weiße Gesellschaft

Die Erkenntnis, daß die Medizinmänner der Ureinwohner ebenso geschickt, wenn nicht geschickter sind als ihre akademisch ausgebildeten Kollegen in den Kliniken (ohne daß wir hier den Wahrheitsgehalt dieser Auffassung nachprüfen wollen!), hat viele Indianer zu der Überzeugung veranlaßt, sie könnten ihre medizinische Tätigkeit auch auf die Welt der Weißen ausdehnen.

Es ist heute nichts Ungewöhnliches, daß indianische Medizinmänner in den Wohnungen der Weißen erscheinen. So sind z. B. Medizinmänner aus South Dakota in den weißen Distrikten bei Rapid City tätig. Manche Medizinmänner machen noch weitere Reisen. Tom Yellowtail etwa, ein Medizinmann der Krähenindianer, hat schon Patienten in Kalifornien, Wisconsin und New York aufgesucht. Es ist klar, daß diese Expansion ohne die wachsende Aufgeschlossenheit der Weißen für die indianische Medizin nicht möglich wäre. Menschen, die sich der weißen Volksmedizin anzuvertrauen pflegen, beziehen zunehmend auch die indianische Heilkunst in ihr Gesundheitsprogramm mit ein. Früher geschah das nur ab und zu, in Fällen, wo weiße Trapper und Waldläufer allein durch die Wildnis streiften und Indianer ihre nächsten Nachbarn waren. Aber heute vollzieht sich der Austausch der Heilmethoden in größerem und geschäftsmäßigerem Stil. Daß die indianische Medizin auch in den Krankenhäusern Fuß fassen konnte, hat diese Transaktionen begünstigt.

Für die Indianer ist das nicht nur ein Sieg ihrer Rasse und Kultur. Es ist auch ein Beweis dafür, daß ihre Heilkunst organischer ist als die der Weißen und daß bei ihnen Ätiologie, soziale Betreuung und religiöser Glaube engstens miteinander verknüpft sind. Der Weiße, der das religiöse Universum der Indianer betritt, wird entdekken, daß es groß genug ist, auch seine religiösen Werte mit zu umfassen, jedenfalls fast. Er stößt außerdem auf keinen religiösen Imperialismus, der die Medizin des Westens schroff ablehnte. Ein Beispiel von den Woodland Cree in Kanada möge zeigen, daß die Indianer durchaus offen und tolerant sein können.

Der Bericht eines Teams von Anthropologen aus Edmonton erwähnt Russell Willier, einen Heiler der Cree aus Nordalberta. Er setzt sich dafür ein, die Traditionen der Cree so wiederzubeleben, daß sie den ihnen gebührenden Platz in der multikulturellen Welt Kanadas einnehmen können. Als Medizinmann, der seinen Medizinbeutel vom Urgroßvater ererbt hat, hat er doch auch versucht, Vorstellungen und Techniken der Weißen in seine Medizin miteinzubeziehen. Er meint, seine Heilkunst sei für jeden da, und bietet sie daher auch den Weißen an. Damit hat er sowohl Proteste als auch Zustimmung in den Siedlungen der Indianer, nicht minder aber in Kreisen der weißen Bevölkerung, geerntet. Willier macht aus seinen Methoden kein Geheimnis. Er hat sich bei seiner Tätigkeit filmen lassen, und auch akademische Mediziner, die ihm zuschauen wollen, sind immer willkommen.

Unter Williers Heilmethoden befinden sich auch diagnostische Verfahren mit Hilfe von Schutzgeistern und Behandlungen mit Kräutertees und -salben, die ihm von diesen Geistern empfohlen werden. Es kommt vor, daß die Geister ihm im Traum eine Änderung der alten Kräutermischungen vorschlagen. Jede Behandlung ist von Tabakopfern begleitet, weil Willier der Meinung ist, daß sonst seine Kräuter nicht wirken würden. Die Krankheiten, die er behandelt, sind vielfältig. Psychosomatische Störungen stehen im Vordergrund, doch fallen auch organische Krankheiten wie etwa Krebs in sein Gebiet.

Williers Heilaktivität nach Creetradition war so erfolgreich, daß er ein eigenes Gesundheitszentrum, wo auch andere indianische Heiler arbeiten, gründen konnte. Er strebt eine Kooperation mit westlichen Ärzten an. Er ist überzeugt, daß er helfen kann, wo sie scheitern, und daß sie umgekehrt Methoden nutzen können, die er aus rechtlichen Gründen nicht anwenden darf. Sehr orthodoxe Ärzte lehnen es bisher ab, mit ihm zusammenzuarbeiten. Aber er beharrt auf seiner Meinung, daß Kooperation zwischen den beiden Systemen der Medizin überfällig ist. Kooperation, nicht Integration!

Das ist nur ein Beispiel für die Haltung eines indianischen Medizinmannes. Doch nach meiner Erfahrung ist es typisch für die Wechselbeziehungen, die sich gerade heute zwischen traditioneller und moderner Medizin anbahnen.

Es besteht kein Zweifel darüber, daß die traditionelle Heilkunst der Indianer in modifizierter Form in der multikulturellen Welt der Zukunft Bestand haben wird. Es gibt zwar Autoren, die anderer Meinung sind und glauben, zunehmende Akkulturation werde die Medizin der amerikanischen Natives praktisch auslöschen. Z. B. ist das Argument zu hören, das Vordringen euroamerikanischer Ausbildung und die Anforderungen der modernen Lohnarbeit würden das traditionelle Heilsystem der Navajo langsam, aber sicher beseitigen.[13] Doch wenn man bedenkt, welche Vitalität die traditionelle Medizin besitzt – wir haben es in den vorhergehenden Kapiteln gesehen –, so ist das sehr unwahrscheinlich. Nur einheimische Kulturen, deren Traditionen von selbst aussterben und die daher von der Übermacht der weißen Kultur geschluckt werden können, werden dieses Schicksal erleiden. Die Navajo gehören nicht dazu. Auf lange Sicht wird die Medizin der amerikanischen Natives überleben, weil sie an all jene Menschen appelliert, die in der gegenwärtigen Medizin des Westens kein ganzheitliches religiöses Weltbild finden, in dem auch das Phänomen Krankheit seinen Platz hätte.

Zusammenfassung

Blicken wir auf das in diesem Buch gesammelte Material zurück, so fällt uns auf, wieviel wir über Gesundheit und Medizin bei den nordamerikanischen Indianern wissen. Und dabei haben wir nur einen Bruchteil des Materials ausgebreitet! Doch ist auch so sicherlich ein Eindruck davon entstanden, wie vielfältig die medizinische Theorie und Praxis in der Vergangenheit der Natives gewesen ist und daß sie immer engstens mit religiösen Überzeugungen und Einstellungen verbunden war. Wir haben gesehen, daß die jeweiligen Heilverfahren größtenteils sogar gleichzeitig als religiöse Riten betrachtet werden müssen.

Ein problematisches Gebiet

Diese Erkenntnis dürfte das eigentliche Ergebnis unseres Buches sein. Doch sollten wir auch nicht übersehen, daß wir dabei gewisse Einschränkungen machen müssen. In erster Linie war es nicht immer einfach, genau festzustellen, bis zu welchem Grade die traditionelle Medizin auch heute noch lebendig ist, denn es gibt so ungeheuer viele ethnische Gruppen in Nordamerika, und unser Kenntnisstand von ihnen ist sehr unterschiedlich. Ich habe feststellen können, daß moderne Feldforscher sogar auf ihren Spezialgebieten gerade über die medizinischen Aspekte der jeweiligen Kultur nur wenig informiert sind. In manchen Fällen verfügen wir über verläßliche aktuelle Daten, in anderen müssen wir auf älteres Material zurückgreifen, wobei wir uns jedoch sicher sein können, daß die alten Bräuche auch heute noch lebendig sind. In manchen Gegenden werden Heilverfahren, die im 17. Jahrhundert beobachtet wurden, auch noch in unseren Tagen angewendet, während es in anderen Landstrichen schon fraglich ist, ob medizinische Vorstellungen und Rituale, die im letzten Jahrhundert beobachtet wurden, noch ihre Gültigkeit haben. Ich habe nach bestem Wissen beurteilt und gewichtet, doch ist das Fehlerrisiko trotzdem groß.

Zweitens ist es wegen des Reichtums und der Komplexität der medizinischen Theorien und Therapien der Urbevölkerung Nordamerikas praktisch unmöglich, sie auf einen Nenner zu bringen. Dennoch wollen wir im folgenden noch den Versuch machen, einige charakteristische Merkmale herauszuarbeiten, die unser Datenmaterial strukturieren können und die engen Beziehungen zwischen Medizin und Religion noch einmal unterstreichen.

Konzepte und Praxis der Medizin der Natives

Bei aller Unterschiedlichkeit des in diesem Buch vorgelegten Materials ist doch ein gemeinsamer Hintergrund erkennbar: der Schamanismus. Mit anderen Worten: Die »religiöse« Ätiologie überwiegt.

Dieses Ergebnis war natürlich zu erwarten, da wir uns ja gerade die Aufgabe gestellt hatten, die religiösen Aspekte in der Medizin der amerikanischen Natives herauszuarbeiten. Aber es ist tatsächlich so, daß man dieses Bild erhält, wenn man die Medizin der amerikanischen Ureinwohner empirisch untersucht. Richtig ist, daß es Heilverfahren gibt, bei denen keine tieferliegenden Ursachen zu entdecken sind. Die Kräutermedizin z. B. wird ohne Bezug auf übernatürliche Faktoren praktiziert.

Und es ist ebenfalls richtig, daß die Kräutermedizin einen Großteil der Heilkunst der nordamerikanischen Natives abdeckt, wie das bei jeder Volksmedizin der Fall ist. Es sind dicke Bände über die Kräuterapotheken verschiedener Indianerstämme Nordamerikas veröffentlicht worden, wobei die Pflanzen sowohl innerlich als auch äußerlich, von männlichen und weiblichen Medizinmännern oder weisen Alten angewendet wurden. Aber es ist schon hier nichts Ungewöhnliches, daß die Kräuterkundigen auch magische Formeln einsetzen, wodurch ihre Heilungen zu übernatürlichen Vorgängen werden. Gute Beispiele dafür haben wir bei den Cherokee gesehen.

Es ist ganz natürlich, daß für kleinere Wunden und Beschwerden nicht immer gleich die Metaphysik bemüht wird. Wir wissen nicht genau, ob man auch kleinere chirurgische Eingriffe, die noch vor nicht allzu langer Zeit vorgenommen wurden, vor dem Hintergrund übernatürlicher Ursachen sah. Möglich ist das durchaus, wie Cushing z. B. bei den Zuni sah.

Jedenfalls sind schwerere, lebensbedrohliche Krankheiten immer von einzelnen Medizinmännern oder Ärztevereinigungen behandelt worden. Man ist auch heute der Überzeugung, daß sie von Geistern verursacht werden, und die Beziehung zwischen den Heilern und ihren Hilfsgeistern stellt sicher, daß die Krankheit erkannt und nach allen Regeln der Kunst geheilt wird. Beides liegt in den Händen übernaturlicher Mächte. Krankheit und Heilung einer Krankheit sind in Wirklichkeit religiöse Phänomene.

Wie wir immer wieder betont haben, wird dies durch die Tatsache belegt, daß überall der Schamanismus die Grundlage für kompliziertere Heilverfahren bildet. An manchen Orten sind die Heiler schon per definitionem Schamanen, mit der Fähigkeit, selbst in die Welt der

Geister zu fliegen oder die Geister herbeizuzitieren. In anderen Gegenden – und das ist die Mehrzahl – ist es der schamanenähnliche Medizinmann, der aktiv wird, eine Persönlichkeit, die ursprünglich in einer Vision oder einem nächtlichen Traum zum Heiler berufen wurde und daher über übernatürliche Mittel verfügt, den krankheitserregenden Geist oder Gegenstand zu entfernen. Die Übergänge zwischen beiden Kategorien von Heilern sind oft fließend. Man könnte sagen, daß beide sich aus dem schamanistischen Weltbild heraus entwickelt haben. Das bedeutet, ihre Handlungen haben zum Ziel, Störungen zu beheben, die durch übernatürliche Verursacher auftreten oder den Fluß übernatürlicher Kräfte zum Menschen blockieren.

Diese schamanische Substruktur macht sich überall bemerkbar, besonders bei den Indianern, die bis in die Gegenwart hinein von Jagd und Fischfang lebten. Echter Schamanismus, bei dem der Heiler Seelenreisen unternimmt und Seelen zurückholt, wird von den Algonkinindianern Kanadas, den Indianern des Nordwestens und des Great Basin berichtet. Im Südabschnitt der Nordwestküste ist es aber nicht die Seele, sondern der Schutzgeist des Kranken, der verlorengeht und vom Schutzgeist des Schamanen zurückgebracht wird. Eine merkwürdige Variante des Schamanismus ist die bei den Küsten-Salish übliche Zeremonie des Geisterkanus, ein Psychodrama und die Nachahmung einer Schamanenséance, durch die von den Toten geraubte Seelen ins Land der Lebenden zurückgeholt werden.

Eine andere Form des echten Schamanismus, bei der hilfreiche Geister zum Schamanen und Kranken gerufen werden, ist ebenfalls von den Algonkinindianern bekannt, tritt aber auch etwas modifiziert – als Yuwipi – bei den Stämmen der nördlichen Plains auf. Medizinmänner, die Krankheitsobjekte (oder Krankheitsgeister – oft verwandeln sich Geister in Objekte und umgekehrt) aus dem Körper heraussaugen, finden sich praktisch überall, mit Ausnahme von Teilen des Südostens und Südwestens. Wie oben erwähnt, gibt es Gebiete, wo Therapien eines Seelenverlustes und introjizierter Krankheiten nebeneinander existieren. In diesen Fällen richten sich die Heilverfahren, was Seelenverlust anbelangt, meist auf Situationen, die das Bewußtsein des Kranken bedrohen und es allmählich auslöschen würden, wenn nichts dagegen unternommen würde (deshalb sind die Worte der Natives für Bewußtseinsverlust und Tod in weiten Teilen Nordamerikas die selben). In anderen Gegenden jedoch dominiert entweder die Ätiologie der introjizierten Krankheiten oder die der Seelenverlust-Krankheiten. Mit anderen Worten: Eine Erklärung schließt hier die andere aus.

Je weiter man in den Süden kommt, desto mehr tritt das eigentlich schamanische Element zurück. Theorien über Seelenverlust begegnet man zwar, aber von Ausflügen der Schamanen, um Seelen zurückzuholen, hört man nur noch selten. Solche Ausflüge sind, wie die Wind-River-Schoschonen erklären, sehr anstrengend für den Heiler. Daher werden sie sogar im Norden oft durch mimische Darstellungen (bei den Salish) und Seelenjagd in den Wäldern (bei den Tlingit) ersetzt. In diesem Rahmen sollte auch der Gebrauch von Seelenfängern aus Holz an der Nordwestküste gesehen werden. Der Chorgesang, mit dem bei den Schoschonen der Schutzgeist in den Heilséancen angerufen wird, ist ein interessantes Relikt des alten Schamanismus aus dem Norden. Erwähnt haben wir schon, daß der Schamanismus im Südosten und großen Teilen des Südwestens praktisch fehlt. Ein Rest davon könnte sich in der Institution der Wahrsager gehalten haben, die im Südwesten so verbreitet ist (professionelle Wahrsager treten, wie wir gesehen haben, bei den Navajo, Pima und Papago auf, und auch Zuniheiler üben Wahrsagefunktionen aus, wenn sie nach dem Schlucken von Halluzinogenen Diagnosen stellen). Im Südosten gibt es Wahrsager bei den Cherokee, die aber gewöhnliche Magier sind.

Zweifellos ist die verbreitetste Erklärung von Krankheiten in Nordamerika und überhaupt in traditionellen Gesellschaften die, daß eine Krankheit durch die Introjektion eines Objektes oder Geistes in den Körper entsteht. In manchen Gebieten wird dieser Krankheitserreger mit einer »Kraft« gleichgesetzt (man denke z. B. an die Migi der Ojibwa, den »Schmerz« bei den Bewohnern des Südabschnitts der Nordwestküste und die von den Medizinmännern der Arapaho verschluckten Pfeile). Der Krankheiten heraussaugende Medizinmann wird daher manchmal für das Risiko, das er dabei eingeht, reichlich entschädigt; denn eingedrungene Objekte oder Geister stellen übernatürliche Kräfte dar. Neben den gängigen Methoden, die Krankheit zu entfernen – Saugen, Beißen, Wegstreichen mit Federn, Herausziehen oder Erbrechen des Patienten – finden sich auch, etwa bei den Tlingit, Exorzismen durch das gesprochene Wort.

Sowohl der Schamane als auch der gewöhnliche Medizinmann können sich mit bestimmten Kleidungsstücken und Gegenständen behängen, die ihnen in Visionen und Träumen von ihren Schutzgeistern vorgeschrieben wurden. Meistens sind es die Haut und die Symbole des Geistes – also des Tieres, in dessen Gestalt er erscheint –, die vom Visionär oder Medizinmann getragen werden. In vielen Fällen schmückt sich der Visionär mit symbolischen Zeichen, etwa den Federn eines Vogels (des Geistes) und einer Halskette aus Grizzlyzähnen, oder er malt sich ein Wassertier aufs Gesicht. Sowohl die Medizinmänner der Plains als auch die Puebloheiler kleiden sich in Bärenfell, um den Bären zu verkörpern, denn der Bär besitzt die stärkste »Medizin« – eine Überzeugung, die in Nordamerika praktisch Allgemeingut ist. Ebenso ist es üblich, daß ein Bärenheiler sich während der Behandlung wie ein Bär verhält und brummt. Die Beziehung zwischen dem Bärengeist und dem Menschen, der ihn verkörpert, ist im Heilritual fast die einer Identität.

An der Nordwestküste trägt der Schamane die Maske seines Schutzgeistes und ist manchmal von diesem besessen. Masken werden auch von anderen Medizinmännern aufgesetzt – z. B. bei den Irokesen und Puebloindianern in deren Ärztekorporationen –, aber die Beziehung zwischen der Maske und der sie tragenden Person ist nicht so leicht zu charakterisieren. Welche Bedeutung aber die Kleidung der Medizinmänner bei den verschiedenen Stämmen und Persönlichkeiten auch haben mag – sie steigert jedenfalls deren übernatürliche – und dadurch auch heilende – Kräfte.

Im Süden Nordamerikas weichen die Heilverfahren der Ureinwohner mehr oder weniger von den Schamanen und schamanenähnlichen Mustern des Nordens ab. Im Südosten hat die Berührung mit der Zivilisation der Weißen die ursprüngliche religiöse Grundlage der Therapien auf ein Minimum reduziert. Bei den Cherokee ist die Vorstellung geistiger Urheber der Krankheit noch virulent, aber die Heilmethoden (Rezitation von Formeln, Blasen oder Infusion von Medikamenten) unterscheiden sich, ausgenommen die rituellen Aspekte, von religiös bedingter Behandlung. Wissen, nicht visionäre Offenbarung, steht hinter den Aktivitäten dieser Heiler.

Ganz anders ist die Situation im Südwesten, wo die alten Traditionen noch lebendig sind. Hier aber hat sich das Bild durch die Einführung des Ackerbaus gewandelt. Ackerbau bei den Ureinwohnern gibt es zwar auch im Südosten und den Wäldern des Ostens, doch sind dort die Einflüsse einer Ackerbaukultur auf die bestehende Volksmedizin niemals sehr stark gewesen – teils weil im Südosten diese Kultur schon bald zerstört wurde, teils weil der Ackerbau in den mehr nach Norden gelegenen Gegenden keine tieferen Spuren hinterließ. Dennoch lassen sich Gemeinsamkeiten der Medizin in allen vom Ackerbau geprägten Gebieten erkennen. Hier sind nämlich die individuell agierenden Heilerpersönlichkeiten in medizinische Körperschaften integriert oder sogar ganz von ihnen ersetzt worden, wie etwa bei den Irokesen, Pawnee und Puebloindianern (Keres und Zuni). (Wahrscheinlich haben auch die Therapeutischen Gesellschaften der Ojibwa und die Midewiwin der zentralen Algonkinindianer an der Peripherie der Ackerbaugebiete Nordamerikas denselben Hintergrund.) Wie oben beschrieben, dürften solche Kollektivierungen professioneller ärztlicher Tätigkeit durch die Ackerbaukultur bedingt sein. Bei den Puebloindianer haben diese Tendenzen ihren Höhepunkt erreicht.

Kollektivierung ist zwar ein Merkmal der medizinischen Organisation mancher Stämme, das muß aber nicht heißen, daß sie auch die hinter den Anschauungen und Handlungen des Einzelnen wirkende Religiosität reduziert. Sie drückt nur den Übergang von subjektiven Erfahrungen zu konformistischen Zeremonien aus. Ein Mensch wird Arzt nicht aufgrund außergewöhnlicher visionärer Erfahrungen, sondern weil er in eine Ärztekorporation initiiert wird. Wie wir bei den Zuni gesehen haben, kann eine solche Einweihung auch einen Kranken wieder gesund machen (vergleichbar damit ist die Situation im Midewiwin der Ojibwa). Hier wie in anderem

Zusammenhang handelt es sich um das Phänomen des »geheilten Heilers«, wobei hier die Vorstellung zugrunde liegt, daß der Heiler eine Entwicklung vom schwachen irdischen Menschen zum mächtigen, mit übernatürlichen Kräften im Bunde stehenden Magier durchmacht – ein ideologisches Erbe des alten Schamanismus, das wir z. B. bei den Küsten-Salish beobachtet haben. Der Glaube an Schutzgeister und die therapeutischen Prozesse auch in der Gesellschaft der Puebloindianer untermauern unsere These, daß die kulturelle und religiöse Basis der Medizin überall in Nordamerika der Schamanismus ist, nur manchmal im Gewand eines priesterlichen Rituals auftretend. Die bei kollektiven Heilungen angewandten Methoden können vom Aussaugen eines eingedrungenen Objekts oder Geistes über Maßnahmen, einen Hexer zum Geständnis zu zwingen (wodurch das störende Objekt seine Kraft verliert), bis zur inneren Wandlung des Patienten reichen, der durch ein Ritual von Tod und Wiedergeburt zu neuem Leben erweckt wird: Trotzdem haben all diese Verfahren ihre Vorläufer in verschiedenen Formen schamanischer Heilkunst.

Doch besitzen die medizinischen Systeme im Südwesten – und gelegentlich auch in anderen Gebieten der Natives mit Ackerbau oder den ihnen benachbarten Gegenden – noch eine weitere Gemeinsamkeit. Es ist das, was wir hier als kosmisches Heilen bezeichnet haben. Die Krankheit gilt dabei als eine Abirrung vom Sollzustand des Lebens und der Welt, also als Störung des Gleichgewichts der kosmischen Mächte. Jede auch noch so kleine Einzelheit der Welt wird in diese Perspektive miteinbezogen. Dieser Gedanke ist in den Ackerbaugesellschaften, wo symbolische Ordnungen eine große Rolle spielen, stark verwurzelt – man denke an die komplizierten Zeremonien in Teilen der östlichen Wälder, der

Plains und des Südwestens. Kosmische Symbolik, wie wir dieses System auch nennen könnten, kennzeichnet überdies einige Athapaskenstämme wie die Navajo. Krankheit wird als Abweichung von der heiligen Norm betrachtet. Sie kann dadurch aufgehoben werden, daß sich der Kranke mittels symbolischer Handlungen, z. B. indem er sich mit dem heiligen Universum vereinigt, wieder in die Ordnung der Welt einfügt. Wir haben gezeigt, daß man zu diesem Zweck häufig Sandmalerien anfertigt oder den Patienten mit heiligen Essenzen salbt.

Auch heute noch sind die alten Heilverfahren aktuell, doch mischen sie sich zunehmend mit der westlichen Medizin oder werden von dieser sogar ersetzt. Als ganzheitliche Medizin mit religiösem Hintergrund wird die Heilkunst der Natives sicher überall dort überleben, wo auch die Stammesidentität der Indianer erhalten bleibt, es sei denn, es gewinnt eine andere Art ganzheitlicher Medizin, christlicher oder anderer religiöser Provenienz, die Oberhand.

In diesem Buch haben wir die grundlegenden religiösen Deutungen von Krankheiten und ihrer Heilung betrachtet. Anderen Aspekten der Praxis indianischer Medizin und einigen sehr interessanten Einzelheiten konnte hier nicht die nötige Aufmerksamkeit geschenkt werden, da sie außerhalb unseres eigentlichen Themas lagen. Trotzdem seien hier einige dieser Aspekte und Einzelheiten noch kurz erwähnt.

Mehrere Autoren haben darauf hingewiesen, daß der Brauch der »Beichte« im Krankheitsfall in vielen Teilen des indianisch geprägten Nordamerika bekannt ist. Er stammt offensichtlich aus vorchristlicher Zeit. Derartige Geständnisse können die Kraft der Krankheit, die einen Menschen quält, brechen. Wir haben ab und zu beobachten können, wie sie wirken und welche Art von Flüchen sie aufheben. Es gibt zwei Arten von Kränkungen der höheren Mächte, die durch Geständnisse unwirksam gemacht werden. Die erste betrifft die Verletzung eines Tabus, also eines im Übernatürlichen wurzelnden Verbotes. Manchmal ist der Täter der Kranke selbst, manchmal eine andere Person im Umkreis seiner Verwandten und Freunde. Mitunter ist sich der Täter seines Frevels bewußt, weit öfter aber nicht. Wir haben gesehen, daß sich bei den Pima und Papago der Patient an vergangene Tabuverletzungen, die die Krankheit hervorgerufen haben können, erst erinnern muß – eine Parallele zur Freudschen Psychoanalyse. Bei den Wind-River-Schoschonen und anderen Stämmen entstehen Krankheiten durch Fehler bei der Durchführung von Ritualen.

Die andere Art von Kränkungen der heiligen Ordnung besteht in Zauberei. Die Tlingit führen alle gefährlichen Krankheiten auf Behexung zurück. Bei den Zuni sind immer wieder prominente Persönlichkeiten der Verursachung von Krankheiten angeklagt worden, und auch bei den Pawnee gab es Ärzte, die dafür bekannt waren, daß sie Menschen durch Zauberei krank machten. In all diesen Fällen konnte allein ein Schuldbekenntnis des Übeltäters die Krankheit beseitigen. Bekenntnis heißt hier, daß das starke, richtige Wort zur richtigen Zeit gesprochen wird, das verursachende, schöpferische Wort. Es ändert die Lage, entbindet den Gebundenen, neutralisiert die bösen Kräfte und löst sie auf. Es hat befreiende Wirkung für den Betreffenden und ist keinesfalls ein Beweis für seine Unterwerfung, wie das in den Erlösungsreligionen der Alten Welt der Fall ist.

Der Medizinmann und seine Rolle wurden in den vorhergehenden Kapiteln recht ausführlich dargestellt. Doch möchten wir hier noch einige seiner Eigenschaften hervorheben, die in einer vergleichenden Untersuchung nicht fehlen dürfen. Wir stellen zunächst fest, daß die theoretische und praktische Ausbildung der mit Geistern in Verbindung stehenden künftigen Heiler auf verschiedenen Wegen erfolgen kann. So ist es möglich, daß dem Kandidaten in einer Vision gezeigt wird, wie er einen Kranken heilen muß, oder der Schutzgeist selbst sagt es ihm ausdrücklich. Vielleicht versucht er aber auch aus eigener Initiative sein Bestes oder lernt von erfahrenen Kollegen. Letzteres Vorgehen ist weniger häufig in Fällen, wo Medizinmänner in eigener Verantwortung arbeiten, ist aber dann die Regel, wenn die Ärzte in Ärztekorporationen zusammengeschlossen sind.

Die Höhe der Zahlungen an Schamanen oder Medizinmänner variiert von Stamm zu Stamm. Früher erwarteten die Heiler in den Plains von ihren Klienten oder deren Verwandten Decken und Pferde als Honorar. Heute bekommen sie Geld, oft beträchtliche Summen. Es gibt Medizinmänner, die häufigere und höhere Honorare verlangen als ihre euroamerikanischen Kollegen in ähnlich gelagerten Fällen. Anderen wird von ihren Schutzgeistern befohlen, ihre Patienten gratis zu heilen. Man muß sich hier daran erinnern, daß ein Medizinmann immer nur »Teilzeitheiler« ist. Die übrige Zeit ist er Jäger, Fischer oder Bauer wie seine Stammesbrüder.

Interessant für uns sind die »ärztlichen Instrumente« der Schamanen. Üblich war bisher im Norden Nordamerikas und in den Plains die Trommel, die den Heiler und die Teilnehmer an einer Zeremonie in Erregung versetzte und dramatische oder ekstatische Seelenzustände mit ihren Rhythmen begleitete. Aber in den anderen Gebieten der Vereinigten Staaten befindet sie sich jetzt auf dem Rückzug und macht der gebräuchlicheren Rassel Platz. Die Tendenz geht dahin, daß Schamanen mit Trommeln, gewöhnliche Medizinmänner mit Rasseln arbeiten. Ein anderes Instrument ist ein Kristall, der im Westen Nordamerikas als magisches Objekt geschätzt und dem Visionär von dessen Geisthelfer übergeben wird. Im Südwesten wird er als Erzeuger von hellem Licht benutzt, das dem Arzt hilft, die Krankheit im Körper des Patienten zu lokalisieren.

Unser gesammeltes Material über Theorie und Praxis der Krankheit bei nordamerikanischen Indianern zeigt, daß die Ätiologie immer im Vordergrund steht und außerdem in eine vor allem religiöse Perspektive gerückt wird. Das führt dazu, daß auch die Heilverfahren in rituelle Zeremonien eingebettet werden, wie bei den Ojibwa, deren größte Zeremonien Heilzeremonien sind, bei den Schoschonen, deren Sonnentanz heute auch medizinische Bedeutung hat, und bei den Navajo, deren Zeremoniensystem von der Zielsetzung beherrscht wird, den Kranken Gesundheit und Kraft zu vermitteln.

Vielleicht war diese generelle Verankerung der Heilkunst in der Religion mit ein Grund dafür, daß die ersten sich mit den Ureinwohnern Amerikas beschäftigenden Anthropologen von deren Gesundheitssystem nicht allzuviel hielten. Sie betrachteten den Beitrag der sogenannten »primitiven Medizin« der Indianer zur Wissenschaft überhaupt als zu vernachlässigende Größe. Sogar die Verwendung von Heilkräutern wurde negativ bewertet. James Mooney, einer der besten Kenner der Cherokeeindianer und die größte ethnologische Autorität auch in bezug auf ihre Heilkunst, schreibt, es wäre absurd zu unterstellen, die Indianer, »Kinder im Geist«, hätten ein wissenschaftliches Niveau, das mit dem des »zivilisierten Menschen« konkurrieren könnte.[1] Daß die Indianer ihre Medizin insbesondere mit übernatürlichen Mächten in Verbindung brachten, veranlaßte noch einen bekannten Anthropologen aus späterer Zeit, Sol Tax, zwischen Wissen und Ignoranz, rationalem und irrationalem Denken zu unterscheiden.[2] Nach seiner Meinung sind die »Primitiven«, obwohl sie zu logischem Denken fähig sind, unwissend und irrational. Dafür sei ihre Beziehung zum Übernatürlichen der beste Beweis. Was aber, wenn diese Beziehung zum Übernatürlichen als Heilfaktor wirkt? Wenn diese »Ignoranz« den Weg zur Genesung ebnet? Es ist offensichtlich, daß wir unsere Begriffe von Wissenschaft und Medizin gründlich revidieren müssen.

Der allgemeine Bezugsrahmen für medizinische Theorie und Praxis

Aus einer umfassenderen Perspektive betrachtet, enthält die indianische Medizin weit mehr als nur medizinische Theorien und Methoden. Sie ist vielmehr ein sozioreligiöser Gesamtkomplex mit zahlreichen kulturellen Aspekten, wie das ja in den allermeisten Ländern auch sonst der Fall ist. Diese Aspekte sind in allen Bänden »Gesundheit und Medizin« und »Traditionen des Glaubens«, veröffentlicht vom Park Ridge Center, benannt und untersucht worden. Wendet man die dort entwickelten zehn Kategorien auf das Nordamerika der Ureinwohner an, so ergibt sich folgendes:

1. Wohlbefinden

Das eigentliche Ziel in Sachen Medizin ist natürlich immer Gesundheit und Wohlbefinden von Einzelnen oder Gruppen. Gesundheit ist eine Gabe der höheren Mächte oder die Folge eines geordneten Lebens. Das zeigt sich sehr deutlich bei den Navajo, bei denen man sich möglichst genau an die im Universum geltenden Prinzipien hält, um sich Gesundheit und langes Leben zu sichern. Was hier zählt, ist das gegenwärtige, nicht so sehr das künftige Leben. Über letzteres wissen die Navajo nach eigenem Eingeständnis so gut wie nichts. Sie besitzen überdies ein Ritual, das Erkrankungen vorbeugt: die Zeremonie des Weges der Segnung. Bei bestimmten Stämmen ist es üblich, daß die Leute sich abhärten, um dadurch genügend Widerstandskraft gegen Krankheiten aufzubauen. Vorzügliche Beispiele dafür liefern die Tlingit.

2. Sexualität
Sex wird überall als normaler Ausdruck des Lebens aufgefaßt. Unterdrückt wird er nur im Zusammenhang mit bestimmten Riten, die etwa vor der Jagd abgehalten werden und mit denen sich die Menschen bei den Tieren für die Jagd entschuldigen wollen. Sexuelle Kraft ist als schöpferische Kraft bedeutsam und gefährlich.

In manchen Zeremonien, besonders in Ackerbaukulturen, werden ausgewählte Männer und Frauen offiziell zum Geschlechtsverkehr zusammengebracht, um das Wachstum der Pflanzen und die allgemeine Entwicklung zu stimulieren.

Alle Natives wissen, daß Geschlechtsverkehr die Ursache für die Empfängnis von Kindern ist. Das Leben beginnt im Leib der Mutter, doch die Seelen können schon vorher da sein. Sie kommen vom Himmel und/oder werden vom Höchsten Wesen geschenkt, wie bei den Schoschonen. Allgemein verbreitet ist in Nordamerika der Glaube, daß im besonderen die Atemseele von Gott kommt. Es heißt sogar (wie bei den Delaware), daß der Mensch ein Teil Gottes ist.

3. Lebensstufen
Der Verlauf des menschlichen Lebens wird durch besondere Initiationsriten markiert: Geburt, Namengebung,

Pubertät, Krankheit und Tod. Wir haben gesehen, daß bei den Schoschonen und Tlingit die Geburt eines Kindes von sehr strengen Regeln begleitet ist und daß der Vater bestimmte Übungen durchführt, um die Ankunft des Babys zu erleichtern (ein Brauch, der international als Couvade, »Männerkindbett«, bekannt ist). Der Name des Kindes bietet bei vielen Stämmen Schutz vor Unglück, da er oft von einem Vorfahren oder Geist übernommen wird und die mit diesem Wesen verbundene Kraft verkörpert. (Natürlich gibt es auch einfach Spitznamen, die weiter keine Bedeutung haben.)

Das Leben ist eine gefährliche Reise, und jeder neue Abschnitt erfordert übernatürlichen Schutz und Führung. Als besonders gefährdet gilt der Übergang vom Kind zum Erwachsenen, die Pubertät. Pubertierende Mädchen der Athapasken in Alaska, Westkanada und im Südwesten (Apachen) müssen endlose Zeremonien der Reinigung und Initiation über sich ergehen lassen – die längsten in diesem Stamm überhaupt durchgeführten Zeremonien. Im Südwesten und in Kalifornien werden Jugendliche durch Rituale von Tod und Wiedergeburt ins Erwachsenenalter geleitet. In den östlichen Wäldern, Teilen der Plains und auf dem Plateau geht die Pubertätszeremonie eines Jungen Hand in Hand mit dem Erwerb eines individuellen Schutzgeistes.

Überall sind Gesundheit, Glück und langes Leben ersehnte Güter. Nur in Kriegerstämmen wie denen der Plains war einst auch ein früher Tod auf dem Schlachtfeld ein gepriesenes Schicksal.

4. Moral

Es ist ungemein schwierig, eine generelle Einschätzung darüber abzugeben, was bei den nordamerikanischen Indianern als moralisch richtig oder falsch gilt, da sich die

Bewertungen je nach Stamm und Kultur unterscheiden. Doch ist der gemeinsame Nenner für das moralisch Gute in der Regel das, was sich als gut für den Stamm, seine Weltanschauung, seine soziale Struktur, seine Tradition usw. erwiesen hat.

Wie wir zuvor gesehen haben, gibt es in dieser Hinsicht große Unterschiede von Stamm zu Stamm, insbesondere, was die Bedeutung des einzelnen und etwaiger Zusammenschlüsse einzelner bei kollektivistischen Ackerbauern einerseits, individualistischen Jägern und Sammlern andererseits anbelangt. Die moralischen Vorstellungen sind immer vom Konsensus der gesamten Gruppe und von der Tradition abhängig (sehr häufig sind dabei die Beschreibungen dessen, was gut und schlecht ist, in Mythen enthalten).

5. Menschenwürde

Die Heiligkeit des Lebens wird respektiert, soweit es den eigenen Stamm betrifft, aber auch für Angehörige anderer Gemeinschaften, vorausgesetzt, es sind keine Feinde. Aber es gibt bedeutsame Ausnahmen von dieser Regel. So haben z. B. Menschen, die die Stammesnormen übertreten (Diebe, Mörder und dergleichen), weniger Anspruch auf persönliches Glück und Lebensqualität. Zauberer sind früher vielerorts sogar umgebracht worden.

Es ist vorgekommen, daß Menschen Selbstmord begingen, weil das Leben für sie Sinn und Würde verloren hatte. Wir wissen, daß Anfang des 19. Jahrhunderts stolze Plainsindianer Selbstmord einem unrühmlichen Leben oder einem Leben als Krüppel vorzogen. Es gibt Berichte über junge Häuptlinge, die an Pocken erkrankten und sich, in vollem Häuptlingsschmuck, lieber das Messer in die Brust stießen, als mit entstelltem Gesicht weiterzuleben.

Früher wurden Zwillinge oft dem Tod überantwortet, weil man glaubte, einer der beiden sei von bösen Kräften besessen. Zumindest in einigen Fällen dürfte hier der Mythos der Zwillingsgötter (von denen der eine gut, der andere böse ist) Pate gestanden haben. In nomadisierenden Stämmen wurden früher die Alten und Schwachen zurückgelassen, um einsam zu sterben, im allgemeinen auf eigenen Wunsch, da sie nicht mehr die Kraft hatten, den Stammesbrüdern von Lager zu Lager zu folgen. So war es bis in jüngste Zeit vor allem in Kanada. Auch Krüppel und hoffnungslos Kranke konnte in früheren Tagen dieses Schicksal treffen, ohne Rücksicht auf die damit verbundenen Leiden. Das Leben der Gruppe hatte in Notsituationen Priorität vor dem Los des einzelnen.

6. *Wahnsinn*

Es gibt (und gab) mehrere Ursachen für Zustände, die man Geisteskrankheit zuschrieb. Wir haben Beispiele für zwei Ursachen behandelt: Ein »falscher« Schutzgeist wird in einer Vision empfangen oder ein wahnsinnig machender Geist wird, in der Regel von einem Hexer, in den Körper eines Menschen hineingezaubert. So kann die »freie Seele« einer Person (jene Seele, die den Körper, etwa im Traum, für kürzere Zeit verlassen kann, ohne daß der Mensch Schaden erleidet) auch von Geistern geraubt werden, wodurch Wahnsinn entsteht. Andererseits hört man nur selten von Geisteskrankheit im Sinne einer wirklichen Besessenheit, daß also ein Geist das Ich eines Menschen total überschattet.

Viele Abweichungen von der Norm, bei denen »wir« schon von Geisteskrankheit sprechen würden, gelten bei den Indianern noch als normal, vor allem wenn es sich um Ausnahmemenschen handelt, denen besondere Umstände zugebilligt werden, etwa Schamanen oder Mitglieder besonderer Gesellschaften, deren Verhaltensmuster von Geistern in Visionen festgelegt worden sind.

7. Heilung
Heilung ist das Zentralthema dieses Buches. Wir haben vergleichende Untersuchungen über Theorien, Therapien und Therapeuten angestellt. Die meisten Stellen in der Literatur über Gesundheit und Medizin der indianischen Urbevölkerung beziehen sich auf dieses Thema.

8. Pflege
Aus dem Vorhergehenden dürfte klargeworden sein, daß die Pflege der Kranken im allgemeinen Rahmen sozialer Fürsorge bei den Indianern einen hohen Stellenwert einnimmt. Im Ernstfall bekunden nicht nur die nächste Familie, sondern auch entfernte Verwandte und Freunde, ja in vielen Fällen sogar das ganze Lager und Dorf Anteilnahme. Wenn der Medizinmann tätig wird, sind oft Scharen Neugieriger zugegen, die, falls erforderlich, die Krankenpflege übernehmen. Auch sonst beteiligen sich die Leute an den Vorgängen und singen, maskieren sich, trommeln und so weiter. Die Heiler lehnen eine Behandlung des Kranken nur in seltenen Fällen ab, es sei denn, sie fühlen sich selbst inkompetent (etwa wenn sie nicht Spezialisten für eine bestimmte Krankheit sind). In der Regel werden die Patienten zu Hause behandelt und gepflegt.

9. Leiden
Das Leben ist voller Leiden und Schmerzen. Verschiedene Mythen versuchen die Ursachen dafür zu erhellen. Warum ist eine Geburt mit Schmerzen verbunden, warum ist der Alltag des Lebens so hart, warum müssen Menschen krank werden, sterben und ihre Lieben verlas-

sen? Auch bei vielen Versuchen, mit den übernatürlichen Kräften Kontakt aufzunehmen, steht das Leiden im Mittelpunkt: Wohl bekannt sind die Qualen, die sich die Visionäre der Plains bei ihren Bemühungen selbst zufügen, mit den höheren Mächten in Kontakt zu treten. Indianer haben immer wieder höchste Selbstbeherrschung im Ertragen von Schmerzen bewiesen, was gewiß nicht zum geringsten Teil auf ihr hartes Training schon in der Kindheit zurückzuführen ist. Von den Patienten werden die Schmerzen einer Krankheit meist mit Gelassenheit hingenommen.

10. Sterben

Die Indianer Amerikas schätzen das Leben im Diesseits sehr, während das Leben nach dem Tode für sie meist nur ein Schattenbild des jetzigen ist. Sie betrachten den Tod als Anomalie, mit der man eben leben muß. Die Mythen erzählen, daß er von einer Versammlung der Urwesen, von einem bösen Gott oder einem Orakel eingeführt wurde. Im allgemeinen wird der Sterbende von seiner Familie umringt. Aber bei den Athapasken und Navajo wird, sobald der Tod eintritt, das Lager des Kranken und jeder Kontakt mit dem Leichnam gemieden. Viele Stämme veranstalteten früher aufwendige Begräbniszeremonien und begruben ihre Toten mit reichen Grabbeigaben.

Zahlreiche Überlieferungen beschreiben die Reise des Abgeschiedenen ins Reich der Totengeister. Oft wird die Reise schon begonnen, bevor der Tod eintritt. Dann verläßt die freie Seele den Körper, und erst, wenn sie im Land der Toten ankommt, verabschiedet sich auch die Körperseele, die dem Körper Leben und Bewegung verleiht. Das ist dann gleichbedeutend mit dem Tod. Manchmal läßt man vier Tage zwischen Tod und Begräbnis verstreichen. So lange, meint man, dauert es, bis die Seele den Weg ins Totenreich zurückgelegt hat.

Aussehen und Beschaffenheit des Totenreiches ähneln den Lebensumständen auf der Erde. Es kann dem Verstorbenen dort aber besser (»die ewigen Jagdgründe«) oder schlechter als in der Welt der Lebenden gehen. Die Lage dieses Landes variiert – es befindet sich irgendwo jenseits der Gefilde der Lebenden: im Himmel, in der Unterwelt, hinter den Bergen, auf einer Insel im Meer und so weiter. Manchmal werden verschiedene Regionen im Land der Toten unterschieden, denen auch soziale, ja ethische Differenzierungen parallel laufen. Wohin ein Verstorbener gelangt, hängt von seiner Todesart ab und dem Grad, in dem er sich an den Sittenkodex der Gemeinschaft gehalten hatte. Wie das Leben nach dem Tod im einzelnen aussieht, bleibt relativ vage, außer bei persönlichen Erinnerungen an Erfahrungen außerhalb des Körpers und in mythischen Erzählungen. Der Glaube an Reinkarnation existiert Seite an Seite mit Vorstellungen über ein künftiges Leben in einer anderen Existenz. Von Unsterblichkeit der Seele ist seltener die Rede.

Die medizinischen Konzepte der Natives setzen all diese Vorstellungen und Praktiken voraus und sind von ihnen bedingt. Sehr häufig tragen aber umgekehrt die medizinischen Fakten auch zur Entwicklung von religiösen Überzeugungen und rituellen Verfahren bei. Das entscheidende Merkmal der amerikanischen Indianermedizin ist und bleibt: Sie ist ganzheitlich und stellt den Kranken und seine Umwelt in eine sinngebende religiöse Perspektive.

Anmerkungen

Einführung

1 Es gab Heiler beiderlei Geschlechts, aber da sie meist männlich waren, spreche ich in der Regel von Medizin»männern«.

2 Wie in allen Religionen wird auch bei den nordamerikanischen Indianern im Prinzip deutlich unterschieden zwischen »natürlichen« – im Sinne von gewöhnlich, üblich, profan – und »übernatürlichen« Vorgängen, wobei mit »übernatürlich« eine andere Dimension der Wirklichkeit gemeint ist. Man beachte in diesem Zusammenhang meinen Artikel: »The Concept of the Supernatural in Primal Religion« (»Der Begriff des Übernatürlichen in den ursprünglichen Religionen«). Man verwechselt manchmal »übernatürlich« mit »transzendent«, obwohl das Übernatürliche häufig immanent ist. Die Auffassung, daß die amerikanischen Natives nicht an eine übernatürliche Welt glaubten und glauben, da ihre Geister im Alltag und in den Ritualen sichtbar erscheinen, ist daher falsch. Auch die Geistwesen und Heiligen des Christentums erscheinen ja im Alltag! Etwas anderes ist es, wenn jemand im Leben und in Mythenerzählungen nicht immer zwischen »natürlich« und »übernatürlich« unterscheidet.

3 Das ist generell gemeint und soll den Medizinmann nicht auf einen Psychologen reduzieren, der seine Therapie eher auf psychologischen Prozessen als auf der Wirksamkeit von Geistern aufbaut.

4 Siehe z. B. Hultkrantz, *Belief and Worship in Native North America*, S. 28-47.

Das kulturelle und religiöse Umfeld

1 Wir gehen hier von einer rein kulturhistorischen Betrachtungsweise, nicht von einer Evolutionstheorie der Kulturen der Menschheit aus. Unserer Rekonstruktion liegen archäologische und historische Daten zugrunde. Charakterisierungen wie »höher« und »einfacher« beziehen sich auf Grade der soziokulturellen Integration und Differenzierung, nicht auf eine linear fortschreitende Entwicklung.

2 Benedict, *Patterns of Culture* (dt. *Urformen der Natur*) S. 15-29

3 Diese Vorstellung von einer kosmischen Harmonie taucht eigentlich überall auf, ist aber im Südwesten besonders ausgeprägt.

4 Zu den bei den Natives üblichen Kategorien von Heilern siehe meinen Aufsatz »The Shaman and the Medicine-Man«. Mit Eliades Definition des Schamanen in seinem Buch *Shamanism: Archaic Techniques of Ecstasy*, S. 3-13, setze ich mich in meinem Artikel »A Definition of Shamanism« kritisch auseinander. Siehe auch Hultkrantz, »Ecological and Phenomenological Aspects of Shamanism«, S. 30f. Über Schamanismus siehe außerdem Harner, *Hallucinogens and Shamanism* und *The Way of the Shaman*; Hoppál und von Sadovszky, »Shamanism: Past and Present«; und Leh, »The Shaman in Aboriginal North American Society«.

5 Hartmann, *Die Plains- und Prärieindianer Nordamerikas*, S. 186; Wheatley, *The Pivot of the Four Quarters*, S. 414.

Traditionelle Medizin im Nordosten

1 Siehe Kenton, *The Jesuit Relations and Allied Documents*, S. 79 ff., und Leacock, »Seventeenth-Century Montagnais Social Relations and Values«, S. 192f.

2 Hultkrantz, »The Problem of Christian Influence on Northern Algonkian Eschatology«.

3 Gilfillan, »The Ojibways in Minnesota«, S. 59.

4 Teicher, »Windigo Psychosis«, S. 109f.

5 Vecsey, *Traditional Ojibwa Religion and Its Historical Changes*, S. 145.

6 Mandelbaum, »The Plains Cree«, S. 254.

7 Hilger, *Chippewa Child Life*, S. 89.

8 Kinietz, *The Indians of the Western Great Lakes*, S. 306.

9 Jenness, *The Ojibwa Indians of Parry Island*, S. 18.

10 Coleman, »The Religion of the Ojibwa of Northern Minnesota«, S. 52f.

11 Jenness, *Ojibwa Indians of Parry Island*, S. 20.

12 Densmore, *Chippewa Customs*, S. 46f.

13 Jenness, *Ojibwa Indians of Parry Island*, S. 61, 82 ff.; Hilger, *Chippewa Child Life*, S. 90 ff.

14 Ebd., S. 93f.; Steinbring, »Saulteaux of Lake Winnipeg«, S. 249.

15 Jenness, *Ojibwa Indians of Parry Island*, S. 63 ff.; Kinietz, *Chippewa Village*, S. 167 ff.; Grim, *The Shaman*, S. 140 ff.

16 Kinietz, *Chippewa Village*, S. 170.

17 Jenness, *Ojibwa Indians of Parry Island*, S. 65 ff.; Grim, *The Shaman*, s. 149 ff.

18 Jenness, *Ojibwa Indians of Parry Island*, S. 67.

19 Harlan Smith, »Certain Shamanistic Ceremonies among the Ojibwas«, S. 283.

20 Hallowell, »The Spirits of the Dead in Saulteaux Life and Thought«, S.33.
21 Jenness, *Ojibwa Indians of Parry Island*, S. 62 f.; Vecsey, *Traditional Ojibwa Religion*, S. 191 f.; Hoffman, »The Midéwiwin or ›Grand Medicine Society‹ of the Ojibwa«, S. 156 f.; Krusche, »The Wabeno Cult as an Adversary of the Midewiwin; Grun, *The Shaman*, S. 144 ff.
22 Zum Midewiwin siehe Hoffman, »The Midéwiwin«, und Vecsey, *Traditional Ojibwa Religion*, S. 174-90.
23 Ray, »Historic Backgrounds of the Conjuring Complex«.
24 Hallowell, *The Role of Conjuring in Saulteaux Society*; John Cooper, »The Shaking Tent Rite among Plains and Forest Algonquians«; Hilger, *Chippewa Child Life*, S. 75 ff.; Brown und Brightman, *The Orders of the Dreamed*, S. 39 ff., 61 ff., 102 ff., 146 f.
25 Burgesse, »The Spirit Wigwam as Described by Tommie Moar«, S. 51.
26 Kohl, *Kitschi-Gami*, Band 2, S. 78.
27 Hallowell, »Sin, Sex and Sickness in Saulteaux Belief«, S. 196 f.
28 Hoffman, »The Midéwiwin«, S. 187 ff.; Densmore, *Chippewa Customs*, S. 86 ff.; Jenness, *Ojibwa Indians of Parry Island*, S. 69 ff.; Kinietz, *Chippewa Village*, S. 174 ff.; Hilger, *Chippewa Child Life*, S. 69 ff.; Landes, *Ojibwa Religion and the Midewiwin*, S. 71 ff.
29 Siehe besonders Dewdney, *The Sacred Scrolls of the Southern Ojibway*.
30 Jenness, *Ojibwa Indians of Parry Island*, S. 75.

Traditionelle Medizin an der Nordwestküste

1 Swanton, *Social Condition, Beliefs, and Linguistic Relationship of the Tlingit Indians*, S. 463.
2 Holmberg, *Ethnographische Skizzen*, S. 37 f.
3 Ebd.
4 Aurel und Arthur Krause, *Zur Tschuktschen-Halbinsel und zu den Tlingit-Indianern*, S. 171.
5 Ebd., S. 134.
6 Zitiert in Aurel Krause, *The Tlingit Indians*, S. 173.
7 Ebd., S. 110.
8 Holmberg, *Ethnographische Skizzen*, S. 42.
9 Krause, *The Tlingit Indians*, S. 103.
10 Aurel und Arthur Krause, *Zur Tschuktschen-Halbinsel*, S. 187.
11 Krause, *The Tlingit Indians*, S. 115.
12 Siehe beispielsweise de Laguna, *Under Mount Saint Elias*, Teil 2, S. 654-659. De Laguna betont, es habe offensichtlich keine scharfe Grenze zwischen natürlichen Heilmitteln und »magischen Heilmitteln«, die Unglück abwehren und Glück beschworen, gegeben. Alles waren Manifestationen ein und derselben übernatürlichen Macht. (S. 654).

13 Swanton, *Social Condition, Beliefs, and Linguistic Relationship of the Tlingit Indians,* S. 446.
14 Ebd.
15 Es sieht so aus, als ob zu Zauberern gewordene Heiler von anderen Zauberern angesteckt werden. Man haßte Zauberer, weil sie auch gegen ihre eigenen Angehörigen arbeiteten. Vgl. de Laguna, *Under Mount Saint Elias*, S. 708 ff.
16 Holmberg, *Ethnographische Skizzen*, S. 71.
17 De Laguna, *Under Mount Saint Elias*, S. 670.
18 Krause, *The Tlingit Indians*, S. 194.
19 De Laguna, *Under Mount Saint Elias*, S. 684, 687 ff.; Swanton, *Social Condition, Beliefs, and Linguistic Relationship of the Tlingit Indians*, S. 464.
20 De Laguna, *Under Mount Saint Elias*, S. 678.
21 Ebd., S. 719 f.
22 Ebd., S. 690.
23 Aurel und Arthur Krause, *Zur Tschuktschen-Halbinsel*, S. 146.
24 De Laguna, »Tlingit Shamans«.
25 De Laguna, *Under Mount Saint Elias*, S. 702.
26 De Laguna bemerkt, daß der Kranke von einem Schamanen aus einer anderen Sippe geheilt zu werden pflegt. Das könnte mit dem Problem der Hexerei zusammenhängen: Ein Schamane, der zur selben Sippe wie der Patient gehört, läuft Gefahr, von den Verwandten des Hexers, wenn er ihn entlarvt, verfolgt zu werden. Siehe de Laguna, *Under Mount Saint Elias*, S. 709.
27 Vgl. ebd., S. 736 f.
28 Krause, *The Tlingit Indians*, S. 203.
29 Zitiert in de Laguna, *Under Mount Saint Elias*, S. 721
30 Jilek, *Indian Healing*, S. 10.
31 Eliade, *Shamanism*, S. 33 ff.
32 Jilek, *Indian Healing*, S. 66.
33 Duff, *The Upper Stalo Indians*, S. 113.
34 Marian Smith, *The Puyallup-Nisqually*, S. 77 ff.
35 Haeberlin, »SbEtEtda'q«, S. 249-257.
36 Smith, *The Puyallup-Nisqually*, S. 98.
37 Jilek, *Indian Healing*, S. 90, 138 ff.
38 Ebd., S. 90.

Traditionelle Medizin in den Plains

1 Hultkrantz, *Native Religions of North America*, S. 66 ff.
2 Hultkrantz, *Belief and Worship in Native North America*, S. 235 ff.
3 Bourke, *On the Border with Crook*, S. 337 f.

4 Vgl. Hultkrantz, »The Peril of Visions«.
5 Siehe Hultkrantz, »The Origin of Death Myth«.
6 Hultkrantz, »The Concept of the Soul held by the Wind River Shoshone«, S. 36f.
7 Vgl. Hultkrantz, »The Peril of Visions«.
8 Kroeber, *The Arapaho*, S. 451.
9 Ebd., S. 438, 452.
10 Ebd., S. 20
11 Vgl. Kemnitzer, »Structure, Content, and Cultural Meaning of *yuwipi*«; Powers, Yuwipi.
12 Ein weiteres Beispiel für diese Heilzeremonie findet sich in Hultkrantz, *Belief and Worship in Native North America*, S. 65-72.
13 Parks und Wedel, »Pawnee Geography«.
14 Weltfish, *The Lost Universe*, S. 347ff.

Traditionelle Medizin im Südosten

1 Mooney, »Myths of the Cherokee«, S. 250ff., Zitat von S. 252; Mooney, »The Sacred Formulas of the Cherokees«, S. 319ff.
2 Mooney und Olbrechts, *The Swimmer Manuscript*, S. 27ff.
3 Martin, *Keepers of the Game*, S. 129f., 144.

Traditionelle Medizin im Südwesten

1 Kroeber, *Handbook of the Indians of California*, S. 754f.; 775ff.
2 Parsons, *Hopi and Zuñi Ceremonialism*, S. 71.
3 Parsons, *Pueblo Indian Religion*, Band 2, S. 708.
4 Ebd., S. 879.
5 Cushing, *Zuñi*, S. 220.
6 Stevenson, »The Zuñi Indians«, S. 552.
7 Ebd., S. 487-490.
8 Benedict, *Zuni Mythology*, Band 1, S. 188f.
9 Vgl. z. B., Yazzie (Hrsg.), *Navajo History.* Von diesem Mythos existieren zahlreiche Varianten.
10 Kluckhohn, »Navaho Morals«.
11 Witherspoon, *Language and Art in the Navajo Universe*, S. 75f.
12 Ebd., S. 8f., 22ff.
13 Ebd., S. 30ff.
14 Ebd., S. 23ff.
15 Case, »Blessing Way«.
16 Siehe z. B. Leighton und Leighton, *Gregorio, the Hand-trembler.*
17 Reichard, *Navajo Medicine Man*, Wyman, *Navaho Indian Painting.*
18 Bahr u. a., *Piman Shamanism and Staying Disease*, S. 19ff.

Die Medizin in den neuen Religionen

1 Parker, »The Code of Handsome Lake«, S. 113 ff.
2 Deardorff, »The Religion of Handsome Lake«, S. 101.
3 Bailey, *Wovoka: The Indian Messiah*, S. 59 ff., 67 f. Es sieht so aus, als ob sich Wovokas Heilkräfte wie bei Wodziwob, seinem Vorgänger als Anführer des Geistertanzes, immer erst am Ende des Geistertanzes voll entfaltet hätten. Siehe Hittman, *Wovoka and the Ghost Dance*, S. 143 ff.
4 La Barre, *The Peyote Cult*; Stewart, *Peyote Religion*.
5 Schultes, »The Appeal of Peyote«, S. 709 f.
6 Siskin, *Washo Shamans und Peyotists*; d'Azevedo, »Washoe«, S. 489 ff., 496.
7 Merriam und d'Azevedo, »Washo Peyote Songs«, S. 618.
8 Siehe Lopatin, »Origin of the Native American Steam Bath«, und Paper, »Sweat Lodge«.

Medizin zwischen den Kulturen

1 Landy, »Role Adaptation«, S. 106 f.
2 Powers, *Beyond the Vision*, S. 126 ff.
3 Garro, »Resort to Folk Healers«, S. 319.
4 Powers, *Beyond the Vision*, S. 126-146.
5 Jilek, »Native Renaissance«, S. 143.
6 Voget, *The Shoshoni-Crow Sun Dance*, S. 318.
7 Handelman, »Transcultural Shamanic Healing«, S. 157 f.
8 Fogelson, »Change, Persistence, and Accomodation in Cherokee Medico-magical Beliefs«, S. 222.
9 Adair, »Physicians, Medicine Men, and Their Navaho Patients«, S. 246.
10 Gurt, »Fältnoteringar«, S. 24.
11 Black Elk und Lyon, *Black Elk*, S. 171 ff.
12 Young, Ingram und Swartz, »A Cree Healer Attempts to Improve the Competitive Position of Native Medicine«.
13 Kunitz, *Disease, Change, and the Role of Medicine: The Navajo Experience*.

Zusammenfassung

1 Zitiert in Moses, The Indian Man, S. 48.
2 Tax, »Animistic and Rational Thought«, S. 411 ff.

Bibliographische Anmerkungen

Der in diesem Buch gegebene Überblick über Kultur, Religion und Medizin in verschiedenen Stämmen der nordamerikanischen Indianer beruht auf einer großen Anzahl von Publikationen, die hier nicht alle erwähnt werden können. Im folgenden sei daher eine Auswahl genannt. Die vollständigen bibliographischen Angaben zu den hier erwähnten Büchern und Artikeln findet der Leser in der eigentlichen Bibliographie.

Einführung

Eine allgemeine Skizze der amerikanischen Nativesmedizin gibt der Verfasser des vorliegenden Buches in »Health, Religion, and Medicine in Native North American Traditions«.

Einen Überblick für junge Leser gibt Evelyn Wolfson, *From the Earth to Beyond the Sky. Native American Medicine.*

Es existieren auch einige ältere Werke über die Medizin der nordamerikanischen Natives Nordamerikas. Zwei hervorragende Arbeiten sind Forrest E. Clements, *Primitive Concepts of Disease*; und S. L. Rogers, »Disease Concepts in North America«. Als weitere klassische Artikel seien genannt: Weston La Barre, »Primitive Psychotherapy in Native American Cultures« und W. W. Elmendorf, »Soul Loss Illness in Western North America«.

Das kulturelle und religiöse Umfeld

Über die Geschichte der Kulturen der nordamerikanischen Indianer informieren allgemeine ethnographische Sammelwerke, etwa Robert F. Spencer, Jesse D. Jennings u. a., *The Native Americans.* Eine Beschreibung der Religionen nach ihren Verbreitungsgebieten in Nordamerika gibt Lawrence E. Sullivan als Herausgeber von *Native American Religions: North America.*

Die grundlegenden medizinischen Theorien sind in dem unter »Einführung« zitierten Artikel des Verfassers aufgeführt.

Traditionelle Medizin im Nordosten

Einen Überblick über die Religion der Ojibwa gibt Christopher Vecsey, *Traditional Ojibwa Religion and Its Historical Changes*. Über die Creereligion im Gebiet der Großen Wälder existiert keine Monographie.

Die Anschauungen der Ojibwa über Krankheit und Schamanismus werden behandelt in Diamond Jenness, *The Ojibwa Indians of Parry Island: Their Social and Religious Life*; und in John A. Grims, *The Shaman: Patterns of Siberian and Ojibway Healing*.

Über die medizinischen Körperschaften der Ojibwa gibt es gute Bücher, z. B. W. J. Hoffman, »The Midéwiwin or ›Grand Medicine Society‹ of the Ojibwa«, und Ruth Landes, *Ojibwa Religion and die Midewiwin*.

Traditionelle Medizin an der Nordwestküste

Die Hauptinformationsquellen über die Tlingit sind Aurel Krause, *The Tlingit Indians*, John R. Swanton, *Social Condition, Beliefs, and Linguistic Relationship of the Tlingit Indians*, und Frederica de Laguna, *Under Mount Saint Elias. The History and Culture of the Yakutat Tlingit*. Ein wichtiger Artikel über die Heiler der Tlingit ist de Lagunas »Tlingit Shamans«.

Informationen über die Küsten-Salish geben H. G. Varnett, *The Coast Salish of British Columbia*, Wilson Duff, *The Upper Stalo Indians*, Hermann Haeberlin und Erna Gunther, *The Indians of Puget Sound*, und Marian W. Shmith, *The Puyallup-Nisqually*.

Ein Klassiker enthält Beschreibungen der Zeremonie des Geisterkanus: Herman Haeberlin, »SbEtEtda'q. A Shamanistic Performance of the Coast Salish«, und in Wolfgang G. Jilek, *Indian Healing. Shamanic Ceremonialism in the Pacific Northwest Today.*

Traditionelle Medizin in den Plains

Die Daten über Kultur und Religion der Schoschonen der Plains sind Ergebnis meiner Feldstudien von 1948–58, worüber bisher nur wenig publiziert ist, siehe mein Buch *Belief and Worship in Native North America*. Eine allgemeine Schilderung der Religion der Schoschonen enthält Hultkrantz, *Native Religions of North America*, S. 36-84.

Das Standardwerk über die Arapaho ist von A. L. Kroeber, *The Arapaho*. Die Arapahozeremonie des Geisterhauses, die ich selbst 1955 beobachten konnte, wird im allgemeinen und unter psychologischem Aspekt diskutiert in meinem Buch, *Belief and Worship in Native North America*, S. 61-90. Die Lakota-Zeremonie, die dafür Pate gestanden hat, analysiert Luis S. Kemnitzer in »Structure, Content, and Cultural Meaning of *yuwipi*. A Modern Lakota Healing Ritual«.

Zu Religion und Medizin der Pawnee siehe James E. Murie, *Ceremonies of the Pawnee*, und Gene Weltfish, *The Lost Universe*.

Traditionelle Medizin im Südosten

Den allgemeinen kulturellen und religiösen Hintergrund des Lebens der Cherokee vermitteln John R. Swanton, »Aboriginal Culture of the Southeast«, und W.H. Gilbert, »The Eastern Cherokees«. Schöpfungsmythen der Cherokee sind enthalten in James Mooneys »Myths of the Cherokee«.

Was durch Tiere verursachte Krankheiten betrifft, siehe Calvin Martin, *Keepers of the Game. Indian-Animal Relationships and the Fur Trade*, S. 128ff. Vergleiche aber auch die davon abweichenden Thesen bei W.C. Sturtevant, »Animals and Disease in Indian Belief«.

Zum Heiler der Cherokee und seinen Büchern siehe James Mooney, »The Sacred Formulas of the Cherokees«, James Mooney und F. M. Olbrechts, *The Swimmer Manuscript*, und J. F. und A. G. Kilpatrick, *Notebook of a Cherokee Shaman.*

Traditionelle Medizin im Südwesten

Das Standardwerk über die Puebloreligion und -medizin ist Elsie Clews Parsons, *Pueblo Indian Religion*. Eine Zusammenfassung der Verhältnisse im ganzen Südwesten bringt Ruth M. Underhill in *Ceremonial Patterns in the Greater Southwest.*

Die Kultur und Religion der Zuni wird beschrieben in Matilda Coxe Stevenson, »The Zuñi Indians«. Wesentliche Aspekte der Schriften F.H.Cushings über die Zuni finden sich auch in *Zuñi. Selected Writings of Frank Hamilton Cushing.*

Ruth Bunzel hat Religion und Zeremonien der Zuni in drei Abhandlungen analysiert: »Introduction to Zuñi Ceremonialism«, »Zuñi Katchinas« und Zuñi Ritual Poetry«. F.H. Cushing ist der Autor von »Zuñi Fetiches«. Eine Übersicht über die Zunireligion gibt der Verfasser des vorliegenden Buches in *Native Religions of North America*, S. 86-124.

Über die Navajo existiert eine reichhaltige Literatur. Eine gute Einführung in die Religion und Medizin der Navajo stellt Gary Witherspoon, *Language and Art in the Navajo Universe*, dar. Von den Werken, die unmittelbaren Bezug zu unserem Text haben, seien erwähnt Sam D. Gill, *Songs of Life. An Introduction to Navajo Religious Culture,* und Guy H. Coopers, *Development and Stress in Navajo Religion;* ferner Clyde Kluckhohn, »Navaho Morals«; Gladys A. Reichard, *Prayer: The Compulsive Word*, und Sam D. Gill, »Prayer as Person. The Performative Force in Navajo Prayer Acts«.

Zum kosmischen Heilen der Navajo siehe Charles C. Case, »Blessing

Way: The Core Ritual of Navajo Cermony«; Charlotte J. Frisbie und David P. McAllester (Hrsg.), *Navajo Blessingway Singer: The Autobiography of Frank Mitchel, 1881-1967*, und Leland C. Wyman u. Flora L. Bailey, *Navaho Upward-Reaching Way.*

Über Kultur und Religion der Pima und Papago berichtet Frank Russell, *The Pima Indians*, und Ruth M. Underhill, *Papago Indian Religion.*

Die Behandlung der Krankheiten beschreiben Donald M. Bahr u. a. in *Piman Shamanism and Staying Disease* und Donald M. Bahr, »Pima and Papago Medicine and Philosophy«.

Die Medizin in den neuen Religionen

Bücher über die in unserem Text erwähnten Propheten und Bewegungen sind M. H. Derdorff, »The Religion of Handsome Lake«, Paul Bailey, *Wovoka. The Indian Messiah*, Weston la Barre, *The Peyote Cult,* und Edgar E. Siskin, *Washo Shamans and Peyotists. Religious Conflict in an American Indian Tribe*. Was den Zusammenhang mit der Bewegung der Schwitzhütten anbelangt, siehe Ivan A. Lopatin, »Origin of the Native American Steam Bath«.

Medizin zwischen den Kulturen

Eine allgemeine Einführung geben Charles John Erasmus, »Changing Folk Beliefs and the Relativity of Empirical Knowledge«, David Landy, »Role Adaptation: Traditional Curers under the Impact of Western Medicine«, und Wolfgang G. Jilek, »Native Renaissance: The Survival and Revival of Indigenous Therapeutic Ceremonials among North American Indians«.

Zur Reaktion einiger Stämme auf den Modernisierungsprozeß siehe W. K. Powers, *Beyond the Vision. Essays on American Indian Culture* (S. 126ff. über die Lakota), Wallace Black Elk und William S. Lyon, *Black Elk. The Sacred Ways of a Lakota*, Don Handelman, »Transcultural Shamanic Healing. A Washo Example«, Raymond D. Fogelson, »Change, Persistence, and Accomodation in Cherokee Medico-magico Beliefs«, D. E. Young u. a., »A Cree Healer Attempts to Improve the Competitive Position of Native Medicine«, und Stephen J. Kunitz, *Disease, Change, and the Role of Medicine. The Navajo Experience.*

Zusammenfassung

Verwiesen sei noch auf: L. B. Moses, *The Indian Man. A Biography of James Mooney*, S. 48, und Sol Tax, »Animistic and Rational Thought.

Literatur

Hinweise der Originalausgabe auf englischsprachige Publikationen

John Adair, »Physicians, Medicine Men, and Their Navaho Patients«, in: L. Galdston (Hrsg.), *Man's Image in Medicine and Antrhopology,* New York: International Univeristies Press, 1963, S. 237–257.

Donald M. Bahr, »Pima and Papago Medicine and Philosophy«, in: *Handbook of North American Indians,* Bd. 10, Washingthon,D. C.: Smithsonian Institution, 1983, S. 193–200.

Donald M. Bahr, Juan Gregorio, David I. Lopez u. Albert Alvarez, *Piman Shamanism and Staying Disease,* Tuson: University of Arizona Press, 1974.

Paul Bailey, *Wovoka The Indian Messiah,* Los Angeles: Westernlore Press, 1957.

H. G. Barnett, *The Coast Salish of British Columbia,* Eugene: University of Oregon Press, 1955.

Ruth F. Benedict, *Patterns of Culture,* London: Routledge, 1964 (s. auch deutsche Literaturliste).

Ruth F. Benedict, *Zuni Mythology* (Columbia University Contributions to Anthropology 21), 2 Bde., New York: Columbia University Press, 1935.

Wallace Black Elk u. William S. Lyon, *Black Elk The Sacred Ways of a Lakota,* San Francisco: Harper & Row, 1990.

John G. Bourke, *On the Border with Crook,* New York: Charles Scribner's Sons, 1891.

Jennifer S. H. Brown, u. Robert Brightman, *»The Orders of the Dreamed«. George Nelson on Cree and Northern Ojibwa Religion and Muth, 1823,* Winnipeg: University of Manitoba Press, 1988.

Ruth Bunzel, »Introduction to Zuñi Ceremonialism« in: *47th Annual Report of the Bureau of American Ethnology,* Washington, D. C., 1932, S. 467–544.

Ruth Bunzel, »Zuñi Katcinas«, in: *47th Annual Report of the Bureau of American Ethnology,* Washington, D. C., 1932, S. 837–1086.

Ruth Bunzel, »Zuñi Ritual Poetry«, in: *47th Annual Report of the Bureau of American Ethnology,* Washington, D. C., 1932, S. 611–835.

J. Allan Burgesse, »The Spirit Wigwam as Described by Tommie Moar, Pointe Bleue«, in: *Primitive Man* 17, Nr. 3–4 (1944), S. 50–53.

Charles C. Case, »Blessing Way. The Core Ritual of Navajo Ceremony« in: *Plateau 40–41 (1967–69), S. 35–42.*

Forrest E. Clements, Primitive Concepts of Disease, (University of California Publications in American Archaeology and Ethnology 32, Nr. 2), 1932.

Sister Bernard Coleman, »The Religion of the Ojibwa of Northern Minnesota«, in: *Primitive Man 510, Nr. 3–4 (1937), S. 33–57.*

Guy H. Cooper, Development and Stress in Navajo Religion (Stockholm Studies in Comparative Religion 23), Stockholm 1984.

John M. Cooper, »The Shaking Tent Rite among Plains and Forest Algonquians«, in: *Primitive Man* 17, Nr. 3–4 (1944), S. 60–84.

Frank Hamilton Cushing, *Zuñi Selected Writings of Frank Hamilton Cushing* hrsg. v. J. Green), Lincoln: University of Nebraska Press, 1979.

Frank Hamilton Cushing, »Zuñi Fetiches«, in: *2nd Annual Report of the Bureau auf American Ethnology, Washington, D. C., 1883, S. 9–45.*

Warren L. d'Azevedo, »Washoe«, in: Handbook of North American Indians, Bd. 11, Washington, D. C.: Smithsonian Institution, 1986, S. 466–498.

M. H. Deardorff, »The Religion of Handsome Lake«, in: Bulletin 149 of the Bureau of American Ethnology, Washington, D. C., 1951, S. 77–108.

Frederica de Laguna, »Tlingit Shamans«, in: *The Far North 2000 Years of American Eskimo and Indian Art* (hrsg. v. Henry B. Collins), Bloomington: Indiana University Press, 1977, S. 227–279.

Frederica de Laguna, *Under Mount Saint Elias The History and Culture of the Yakutat Tlingit* (Teil II, Smithsonian Contributions to Antrhopology 7), Washington, D. C.: Smithsonian Institution, 1972.

Frances Densmore, *Chippewa Customs* (Bulletin 86 of the Bureau of American Ethnology), Washington D. C., 1929.

Selwyn Dewdney, *The Sacred Scrolls of the Southern Ojibway,* Toronto and Buffalo: University of Toronto Press, 1975.

Wilson Duff, *The Upper Stalo Indians,* Victoria: British Columbia Provincial Museum, 1952.

Mircea Eliade, *Shamanism Archaic Techniques of Ecstasy,* New York: Bollingen Foundation, 1964 (s. auch deutsche Literaturliste).

W. W. Elmendorf, »Soul Loss Illness in Western North America«, in: *Proceedings of the International Congress of Americanists* 29, Nr. 3 (1952), S. 104–14.

Charles John Erasmus, »Changing Folk Beliefs andthe Relativity of Empirical Knowledge«, in: *Southwestern Journal of Anthropology* 8 (1952), S. 411–28.

Raymond D. Fogelson, »Change, Peristence, and Accommodation in Che-

rokee Medico-magical Beliefs«, in: W. N. Fenton and John Gulick (Hrsg.), *Sypmposium on Cherokee and Iroquois Culture,* (Bulletin 180 of the Bureau of American Ethnology), Washington, D. C., 1961, S. 215–225.
Charlotte J. Frisbie u. David P. McAllester (Hrsg.), *Navajo Blessingway Singer The Autobiography of Frank Mitchell, 1881–1967,* Tuscon: University of Arizona Press, 1978.
L. C. Garro, »Resort to Folk Healers in a Manitoba Ojibwa Community«, in: *Arctic Medical Research,* 47, Suppl. 1 (1988), S. 317–20.
W. H. Gilbert, »The Eastern Cherokees«, in: *Bulletin 133 of the Bureau of American Ethnology,* Washington, D. C., 1943, S. 169–414.
Joseph Alexander Gilfillan, »The Ojibways in Minnesota«, in: *Collections of the Minnesota Historical Society* 9 /1901(, S. 55–128.
Sam D. Gill, »Prayer as Person The Performative Force in Navajo Prayer Acts«, in: *Histroy of Religions* 17, Nr. 2 (1977), S. 143–57.
Sam D. Gill, *Songs of Life An Introduction to Navajo Religious Culture* (Iconography of Religions 10, Nr. 3), Leiden: E. J. Brill, 1979.
John A. Grim, *The Shaman Patterns of Siberian and Ojibway Healing,* Norman: University of Oklahoma Press, 1983.
Carl Johan Gurt, »Fältnoteringar från Nordamerikas nordvästkus«, in: *Svenska Amerikaniställskapets Årsskrift* [1989], Uppsala: Svenska Amerikanistsällskapet, 1990, S.8–28.
Herman Haeberlin, »SbEtEtda'g: A Shamanistic Performance of the Coast Salish«, in: *Amiercan Anthropologist* 20, Nr. 3 (1918), S. 249–57.
Herman Haeberlin u. Erna Gunther, *The Indians of Puget Sound* (University of Washington Publications in Anthropology 4, Nr. 1), Seattle, 1942.
A. Irving Hallowell, *The Role of Conjuring in Saulteaux Saulteaux Society* (Publications of the Philadelphia Anthopoligical Society 2), Philadelphia 1942.
A. Irving Hallowell, »Sin, Sex and Sickness in Saulteaux Beliefs«, in: *British Journal of Medical Psychology* 18 (1939, S. 191–97.
A. Irving Halowell, »The Spirits of the Dead in Saulteaux Life and Thought«, in: *Journal of the Royal Anthopoligical Institute* 70, Nr. 1 (1940), S. 29–51.
Don Handelman, »Transcultural Shamanic Healing A Washo Example« in: *Ethnos 32 (1967), S. 149–66.*
Michael J. Harner, The Way of the Shaman, San Francisco: Harper & Row, 1980 (s. auch deutsche Literaturliste).
Michael J. Harner (Hrsg.), *Hallucinogens and Shamanism,* New York: Oxford University Press, 1973.
Horst Hartmann, *Die Plains- und Prärieindianer Nordamerikas,* Berlin: Museum für Völkerkunde, 1973.

Sister M. Inez Hilger, *Chippewa Child Life and Its Cultural Background* (Bulletin 146 of the Bureau of American Ethnology), Washington, D. C. 1951.

Michael Hittman, *Wovoka and the Ghost Dance,* Carson City, Nev.: Grace Dangberg Foundation, 1990.

W. J. Hoffman, »The Midéwiwin or ›Grand Medicine Society‹ of the Ojibwa«, in: *7th Annual Report of the Bureau of American Ethnology,* Washington, D. C.: Smithsonian Institution, 1891, S. 145–300.

H. J. Holmberg, *Ethnographische Skizzen über die Völker des russischen Amerika,* Helsingfors: Finnish Society of Sciences, 1855.

Mihály Hoppál u. Otto von Sadovszky (Hrsg.), *Shamanism Past and Present,* 2 Bde. Budapest: Ethnographic Institute, 1989.

Åke Hultkrantz, *Belief and Worship in Native North America,* Syracuse: University of Syracuse Press, 1981.

Åke Hultkrantz, »The Concept of the Soul Held by the Wind River Shoshone«, in: *Ethnos 16, Nr. 1–2 (1951), S. 18–44.*

Åke Hultkrantz, »The Concept of the Supernatural in Primal Religion« in: History of Religions 22, Nr. 3 (1983), S. 231–53.

Åke Hultkrantz, »Ecological and Phenomenoligcal Aspects of Shamanism« in: V. Diószegi u. M. Hoppál (Hrsg.), *Shamanism in Siberia,* Budapest 1978, S. 27–58.

Åke Hultzkrantz, »Health, Religion, and Medicine in Native North American Traditions«, in: Lawrence E. Sullivan (Hrsg.), *Healing and Restoring Helath and Medicine in the World's Religious Traditions,* New York: Macmillan, 1989, S. 327–358.

Åke Hultkrantz, »The Origin of Death Myth as Found among the Wind River Shoshoni Indians«, in: *Ethnos* 20, Nr. 2–3 (1955), S. 127–36.

Åke Hultkrantz, »The Peril of Visions. Changes of Vision Patterns among the Wind River Shoshoni« in: *History of Religions* 26, Nr. 1 (1986), S. 34–46.

Åke Hultkrantz, »The Shaman and the Medicine-Man«, in: *Social Science ? Medicine* 20, Nr. 5 (1985), S. 511–15.

Diamond Jenness, *The Ojibwa Indians of Parry Island. Their Social and Religious Life* (Bulletin 78 of the Canada Department of Mines), Ottawa, 1935.

Wolfgang G. Jilek, *Indian Healing. Shamanic Ceremonialism in the Pacific Northwest Today,* Surrey, B. C.: Hancock House Publications, 1982.

Wolfgang G. Jilek, »Native Renaissance. The Survival and Revival of Indigenous Therapeutic Ceremonials among North American Indians«, in: *Transcultural Psychiatric Research Review* 15 (1978), S. 117–47.

Luis S. Kemnitzer, »Structure, Content, and Cultural Meaning of *quiwipo.* A Modern Lakota Healing Ritual«, in: *American Ethnologist* 3, Nr. 2 (1976), S. 261–80.

Edna Kenton (Hrsg.), *The Jesuit Relations and Allied Documents,* New York: Vanguard press, 1954.

A. G. Kilpatrick, *Notebook of a Cherokee Shaman* (Smithsonian Contributions to Anthropology 2, Nr. 6), Washington, D. C., 1970.

W. Vernon Kinietz, *Chippewa Village* (Bulletin 25 of the Cranbrook Institute of Science), Bloomfield Hills, Mich., 1947.

W. Vernon Kinietz, *The Indians of the Western Great Lakes, 1615–1760* (Occasional Contributions from the Museum of Anthropology of the University of Michigan 10), Am Arbor 1940.

Clyde Kluckhohn, »Navaho Morals«, in: Vergilius Ferm (Hrsg.), *Cncyclopedia of Morals,* New York: Philosphical Library, 1956, S. 383–390.

J. G. Kohl, *Kitschi-Gami oder Erzählungen vom Obern See, 2 Teile, 1859, Reprint Graz: Akademische Druck- und Verlagsanstalt, 1970.*

Aurel Krause, The Tlingit Indians (deutsche Originalausgabe; übers. v. Erna Tunther), Seattle: University of Washington Press, 1956 (s. auch deutsche Literaturliste).

Aurel Krause, u. Arthur Krause, *Zur Tschuktschen-Halbinsel und zu den Tlinkit-Indianern 1881/82,* Berlin: Dietrich Reimer, 1984.

Alfred L. Kroeber, *The Arapaho,* 1902–7, Reprint Lincoln: University of Nebraska Press, 1983.

Alfred L. Kroeber, *Handbook of the Indians of California.* Bulletin 78 of the Bureau of American Ethnology, Washington, D. C., 1925.

Rolf Krusche, »The Wabeno as an Adversary of the Midewiwin«, in: Pieter Hovens (Hrsg.), *North American Indian Studies. European Contributions,* Göttingen: Edition Herodot, 1981, S. 77–98.

Stephen J. Kunitz, *Disease, Change, and the Role of Medicine. The Navajo Experience,* Berkeley and Los Angeles: University of California Press, 1983.

Weston La Barre, *The Peyote Cult,* Hamden, Conn.: Archon Books, 4. Aufl. 1975.

Weston La Barre, »Primitive Psychotherapy in Native American Cultures«, in: *Journal of Abnormal and Social Psychology* 24 1947), S. 294–309.

Ruth Landes, *Ojibwa Relgion and the Midewiwin,* Madison: University of Wisconsin Press, 1968.

David Landy, »Role Adaptions. Traditional Curers under the Impact of Western Medicine« in: *American Ethnologist* 1, Nr. 1 (1974), S. 103–27.

Eleanor Leacock, »Seventeenth-Century Montagnais Social Relations and Values«, in: *Handbook of North American Indians,* Bd. 6, Washington, D. C.: Smithsonian Institution, 1981, S. 190–195.

Leonard L. Leh, »The Shaman in Aboriginal North American Society« in: *University of Colorado Studies* 21 (1934), S. 199–263.

A. H. Leighton, D. C. Leighton, *Gregorio, the Hand-trembler. A Psycho-*

Biological Study of a Navaho Indian (Papers of the Peabody Museum of American Archaeology and Ethnology 40), Cambridge, Mass.: Harvard University Press, 1949.

Ivan A. Lopatin, »Origin of the Native American Steam BAth«, in: *American Anthropologist* 62 (1960), S. 977–93.

David G. Mandelbaum, »The Plains Creeg«, in: *Anthropological Papers of the American Museum of Natural History* 37, Teil II, New York, 1940.

Calvin Martin, *Keepers of the Game. IndianAnimal Relationships and the Fur Trade,* Berkeley and Los Angeles: University of California Press, 1978.

Alan P. Merriam u. W. L. d'Azevedo, »Washo Peyote Songs«, in: *American Anthropologist* 59,Nr. 4 (1957), S. 615–41.

James Mooney, »Myths of the Cherokee«, in: *19th Annual Report of the Bureau of American Ethnology,* Teil I, Washington, D. C., 1900, S. 3–548.

James Mooney, »The Sacred Formulas of the Cherokees«, in: *17th Annual Report of the Bureau of American Ethnology,* Washington, D. C., 1891, S. 301–397.

James Mooney u. F. M. Olbrechts, *The Swimmer Manuscript* (Bulletin 99 of the Bureau of American Ethnology), Washington, D. C., 1932.

L. G. Moses, *The Indian Man. A Biopgrahy of James Mooney,* Urbana: University of Illinois Press, 1984.

James E. Murie, *Ceremonies of the Pawnee,* 2 Bde. (hrsg. v. Douglas R. Parks; Smithsonian Contributions to Antrhopology 27), Washington, D. C., 1981.

Jordan Paper, »›Sweat Lodge‹. A Northern Native American Ritual for Communal Shamanic Trance«, in: *Temenos 26 (1990), S. 85–94.*

Arthur C. Parker, »The Code of Handsome Lake« in: William N. Fenton (Hrsg.), *Parker on the Iroquois,* Syracuse: Syracuse University Press, 1968.

Douglas R. Parks u. Waldo R. Wedel, »Pawnee Geography, Historical and Sacred«, in: *Great Plains Quarerly* 5, Nr. 3 (1985), S. 143–76.

Elsie Clews Parsons, *Hopi and Zuñi Ceremonialism* (Memoir 39 of the American Anthropological Associaton), Menasha, Wis., 1933.

Elsie Clews Parsons, *Pueblo Indian Relgion,* 2 Bde. Chicago: University of Chicago Press, 1939.

William K. Powers, *Beyound the Vision. Essays on American Indian Culture,* Norman: University of Oklahoma Press, 1987

William K. Powers, *Yuwipi. Vision and Experience in Oglala Ritual,* Lincoln: University of Nebraska Press, 1982.

Verne F. Ray, »Historic Backgrounds of the Conjuring Complex in the Plateau and the Plains« in: Leslie Spier, A. L. Hallowell u. S. S. Newman (Hrsg.), *Language, Culture, and Personality. Essays in Memory of*

Edard Sapir, Menasha, Wis.: Sapir Memorial Publication Fund, 1941, S. 204–216.

Gladys A. Reichard, *Navajo Medicine Man,* New York: J. J. Augustin, 1939.

Gladys A. Reichard, *Prayer. The Compulsive World* (Monographs of the American Ethnological Society 7), New York 1944.

S. L. Rogers, »Disease Concepts in North America«, in: *American Anthropologist* 46 (1944), S. 558–64.

Frank Russell, *The Pima Indians,* 1908; Reprint Tucson: University of Arizona Press, 1975.

Richard E. Schultes, »The Appeal of Peyote *(Lophophora Williamsii)* as a Medicine«, in: *American Anthropologist* 40 (1938), S. 698–715.

Edgar E. Siskin, *Washo Shamans and Peyotists. Religious Conflict in an American Indian Tribe,* Salt Lake City: University of Utah Press, 1983.

Harlan I. Smith, »Certain Shamanistic Ceremonies amongt the Ojibwas«, in: *American Antiquarian and Oriental Journal* 18 (1896), S. 282–84.

Marian W. Smith, *The Puyallup-Nisqually,* New York: Columbia University Press, 1940.

Robert F. Spencer, Jesse D. Jennings u. a., *The Native Americans,* New York: Harper & Row, 1965.

Jack H. Steinbring, »Saulteaux of Lake Winnipeg« in: *Handbook of North American Indians,* Bd. 6, Washington, D. C.: Smithsonian Institution, 1981, S. 244–255.

Matilda Coxe Stevenson, »The Zuñi Indians«, in: *23rd Annual Report of the Bureau of American Ethnology,* Washington D. C., 1904, S. 13–608.

Omer C. Stewart, *Peyoute Religion. A History,* Norman: University of Oklahoma Press, 1987.

William C. Sturtevant, »Animals and Disease in Indian Belief«, in: Shepard Krech III (Hrsg.), *Indians, Animals, and the Fur Trade,* Athens: University of Georgia Press, 1981. S. 177–188.

Lawrence E. Sullivan (Hrsg.), *Native American Religions. North America,* New York: Macmillan, 1989.

John R. Swanton, »Aboriginal Culture of the Southeast«, in: *42nd Annual Report of the Bureau of American Ethnology,* Washington, D. C., 1928, S. 673–726.

John R. Swanton, *Social Condition, Beliefs, and Linguistic Relationship of the Tlingit Indians,* 1908; Reprint New York: Johnson Reprint Corporation, 1970.

Sol Tax, »Animistic and Rational Thought«, in: *Kroeber Anthropological Society Papers 2 (1950), S. 1–5.*

Morton I. Teicher, *»Windigo Psychosis«, in: Proceedings of the American Ethnological Society,* Seattle: University of Washington Press, 1960, S. 1–129.

Ruth M. Underhill, *Ceremonial Patterns in the Greater Southwest* (Monographs of the American Ethnological Society 13), New York, 1948.

Ruth M. Underhill, *Papago Indian Religion,* New York: Columbia University Press, 1946.

Christopher Vecsey, *Traditional Ojibwa Religion and Its Historical Changes,* Philadelphia: American Philosophical Society, 1983.

Fred Voget, *The Shoshoni-Crow SunDance,* Norman: University of Oklahoma Press, 1984.

Gene Weltfish, *The Lost Universe,* New York: Basic Books, 1965.

Paul Wheatley, *The Pivot of the Four Quarters,* Chicago: Aldine Publishing, 1971.

Gary Witherspoon, *Language and Art in the Navajo Universe,* Ann Arbor: University of Michigan Press, 1977.

Evelyn Wolfson, *From the Earth to Beyond the Sky. Native American Medicine,* Boston: Hougthon Mifflin, 1992.

Leland C. Wyman, *Navaho Indian Painting. Symbolism, Artistry, and Psychology,* Boston: Boston University Press, 1959.

Leland C. Wyman u. Flora L. Baley, Navaho Upward-Reaching Way, university of New Mexico Bulletin, Albuquerque, 1943.

Ethelou Yazzie (Hrsg.), Navajo Histoy, Bd. 1. Tsaile, Ariz.: Navajo Community College Press. 1971.

D. E. Young, G. Ingram u. L. Swartz, »A Cree Healer Attempts to Improve the Competitive Position of Native Medicine«, in: *Arctic Medical Research* 47, Suppl. 1 (1988), S. 313–16.

Hinweise der aktuellen Ausgabe auf deutschsprachige Publikationen

Ruth Benedict, *Urformen der Kultur,* Reinbek: Rowohlt, 1960 (s. auch engl. Literaturliste).

Doug Boyd, *Rolling Thunder. Erfahrungen mit einem Schamanen der neuen Indianerbewegung,* München: Trikont-Dianus, 1981.

Alois Closs, Die Ekstase des Schamanen, in: *Ethnos* 34 (1969).

Frank H. Cushing, *Ein weißer Indianer. Mein Leben mit den Zuni* (hrsg. von Holger Kalweit), Olten u. a.: Walter, 1983.

Adolf Dittrich u. Christian Scharfetter, *Ethnopsychotherapie,* Stuttgart: Enke, 1987.

Mircea Eliade, *Schamanismus und archaische Ekstasetechnik,* Zürich/Stuttgart: Rascher, 1957 (s. auch englische Literaturliste).

Hans Findeisen u. Heino Gehrts, *Die Schamanen, Jagdhelfer und Ratgeber, Seelenfahrer, Künder und Heiler,* München: Diederichs, 1993.

Jerome D. Frank, *Die Heiler. Über psychotherapeutische Wirkungsweisen von Schamanismus bis zu den mod. Therapien,* München: dtv, 1985.

Peter Gerber, *Die Peyote-Religion* (Völkerkundemuseum der Universität Zürich), Zürich 1980.

Evelyn Haase, *Schamanismus – was ist das?* (Ausstellungskatalog des Museums für Völkerkunde Berlin), Berlin 1988.

Josef Haekel, »Initiationen und Geheimbünde an der Nordwestküste Nordamerikas«, *in: Mitteilungen der Anthropologischen Gesellschaft in Wien* 83 (1954)

Josef Haekel, »Kosmischer Baum und Pfahl in Mythus und Kult der Stämme Nordwestamerikas«, in: *Wiener Völkerkundliche Mitteilungen* 4 (1958)

Michael J. Harner, *Der Weg des Schamanen,* Reinbek: Rowohlt, 1984 (s. auch englische Literaturliste).

Thomas Jeier (Hrsg.), *Das geheime Wissen. Von Schamanen, Magiern und Medizinmännern,* München: Heyne, 1985.

Holger Kalweit, *Urheiler, Medizinleute und Schamanen. Lehren aus der archaischen Lebenstherapie,* München: Kösel, 1987.

Holger Kalweit u. Amelie Schenk, *Heilung des Wissens. Forscher erzählen von ihrer Begegnung mit dem Schamanen. Der innere und der äußere Weg des Wissens,* München: Goldmann, 1987.

Holger Kalweit, *Die Welt der Schamanen. Traumzeit und innerer Raum. Entdeckungsreisen in die Terra incognita der Seele. Der Schamane als Pionier der modernen Bewußtseinsforschung,* München: O. W. Barth, 1987.

Walter Kihm, *Zur Symbolik im Schamanismus,* Diss. Freiburg 1976.

Aurel Krause, *Die Tlinkit-Indianer,* Jena 1885 (s. auch englische Literaturliste).

Ludwig Kuhlenbeck, *Der Occultismus der nordamerikanischen Indianer,* Leipzig 1896.

Kenneth Meadows, *Das Netz der Kraft. Praktische Anleitungen zum Schamanismus in heutiger Zeit,* München: Irisiana/Hugendubel, 1993.

Werner Müller, *Die Religion der Waldlandindianer Nordamerikas,* Berlin 1956.

Werner Müller, *Weltbild und Kult der Kwakiutl-Indianer,* Wiesbaden 1955.

Christian Rätsch, *Indianische Heilkräuter. Tradition und Anwendung. ein Pflanzenlexikon,* München: Diederichs (DG 71), 5. Aufl. 1994.

Amelie Schenk, *Schamanen auf dem Dach der Welt,* Graz: Akademische Druck- u. Verlagsanstalt, 1994 (zum östlichen Schamanismus).

Dominik Schröder, »Zur Struktur des Schamanismus«, in: *Anthropos* 50 (1955).

Dennis u. Barbara Tedlock (Hrsg.), *Über den Rand des Canyon. Lehren indianischer Schamanen,* München: Diederichs (DG 17), 8. Aufl. 1994.

Zum Autor

Åke Hultkrantz, 1920 in Kalmar in Schweden geboren, einer der weltweit führenden Experten für transkulturelle Traditionen der Natives Nordamerikas, war von 1958 bis 1986 Professor und Direktor des Instituts für vergleichende Religionswissenschaft an der Universität von Stockholm. Ausgehend von Feldstudien in den vierziger und fünfziger Jahren, erforscht er bis heute Heilkunst und Religion von Stämmen verschiedenster Regionen, so der Schoschonen aus dem Plains-Basin-Gebiet, der Ojibwa von den Great Lakes, der Komantschen aus Süd-Kalifornien oder der Zuni aus New Mexico. Mit mehr als 20 Büchern und zahlreichen Aufsätzen hat er versucht, die nordamerikanischen Indianer auf der »religionsgeschichtlichen Landkarte« zu verewigen.

Register

DIEDERICHS GELBE REIHE

DG 1 I Ging
DG 5 Han Shan: 150 Gedichte vom Kalten Berg
DG 6 Das Totenbuch der Tibeter
DG 7 Heinrich Zimmer: Der Weg zum Selbst
DG 8 Helmuth von Glasenapp: Pfad zur Erleuchtung
DG 12 Hellmut Wilhelm: Sinn des I Ging
DG 13 Geshe Lhündub Söpa u. Jeffrey Hopkins: Der Tibetische Buddhismus
DG 14 Dschuang Dsi: Das wahre Buch vom südlichen Blütenland
DG 15 Upanishaden
DG 16 Mahabharata
DG 17 Über den Rand des tiefen Canyon
DG 18 Popol Vuh
DG 19 Laotse: Tao te king
DG 20 Annemarie Schimmel: Rumi
DG 21 Bhagavadgita / Aschtavakragita
DG 22 Kungfutse: Gespräche. Lun Yü
DG 23 Al Ghasali: Das Elixier der Glückseligkeit
DG 24 Basil Johnston: Und Manitu erschuf die Welt
DG 26 Le Saux/Abhishiktananda: Die Spiritualität der Upanishaden
DG 27 Idries Shah: Die Sufis
DG 28 Liä Dsi: Das wahre Buch vom quellenden Urgrund
DG 29 Tantra in Tibet
DG 30 Chang Chung-yuan: Tao, Zen und schöpferische Kraft
DG 31 Li Gi. Das Buch der Riten, Sitten und Bräuche
DG 32 Annemarie Schimmel: Und Muhammad ist Sein Prophet
DG 33 Heinrich Zimmer: Indische Mythen und Symbole
DG 34 Santideva. Lehrgedicht des Mahayana
DG 35 Der Sohar. Das heilige Buch der Kabbala
DG 37 Annemarie Schimmel: Gärten der Erkenntnis
DG 38 Wang Wei: Jenseits der weißen Wolken
DG 39 Emma Brunner-Traut: Die Kopten
DG 40 Orpheus. Altgriechische Mysterien
DG 42 Mong Dsi: Die Lehrgespräche des Meisters Meng K'o
DG 43 Diana ffarington Hook: I Ging für Fortgeschrittene
DG 44 Thomas Hoover: Die Kultur des Zen
DG 45 Ramayana
DG 46 Germanische Götterlehre
DG 47 Hans Findeisen u. Heino Gehrts: Die Schamanen
DG 48 Rätsch/Ma'ax: Ein Kosmos im Regenwald
DG 50 Firdausi: Geschichten aus dem Schahnameh
DG 51 Erfahrungen mit dem I Ging
DG 52 Franz Carl Endres u. Annemarie Schimmel: Das Mysterium der Zahl
DG 53 Die Bruderschaft der Rosenkreuzer
DG 54 Nordische Nibelungen
DG 55 Mary Steiner-Geringer: Tarot als Selbsterfahrung
DG 56 Albert Y. Leung: Chinesische Heilkräuter
DG 57 Chactun. Die Götter der Maya
DG 61 John Blofeld: Der Taoismus

DG 62 Alfred Douglas: Ursprung und Praxis des Tarot
DG 64 Richard Wilhelm u. C. G. Jung: Geheimnis der Goldenen Blüte
DG 65 Astrologie des I Ging
DG 67 Heinrich Zimmer: Abenteuer und Fahrten der Seele
DG 68 Wolfram Eberhard: Lexikon chinesischer Symbole
DG 71 Christian Rätsch: Indianische Heilkräuter
DG 73 Hans Wolfgang Schumann: Der historische Buddha
DG 74 Heinrich Seuse u. Johannes Tauler: Mystische Schriften
DG 76 Mahatma Gandhi: Wegweiser zur Gesundheit
DG 77 Abraham von Worms: Das Buch der wahren Praktik in der göttl. Magie
DG 78 Robert Aitken: Zen als Lebenspraxis
DG 79 Robert Aitken: Ethik des Zen
DG 82 Annemarie Schimmel: Muhammad Iqbal
DG 83 James N. Powell: Das Tao der Symbole
DG 84 Namkhai Norbu: Der Zyklus von Tag und Nacht
DG 85 M. Hiriyanna: Vom Wesen der indischen Philosophie
DG 86 Ikkyu Sôjun: Im Garten der schönen Shin
DG 87 Chantal Zheng: Mythen des alten China
DG 88 Rocque Lobo: Traum und Karma im Ayurveda
DG 89 Uwe Topper: Sufis und Heilige im Maghreb
DG 90 Taisen Deshimaru: Die Lehren des Meister Dogen
DG 91 Weisheit der Völker
DG 92 Volker Zotz: Der Buddha im Reinen Land
DG 93 L. S. Dagyab: Buddhistische Glückssymbole im tibetischen Kulturraum
DG 94 Mo Ti: Von der Liebe des Himmels zu den Menschen
DG 95 George William Russell – A. E.: Weg zur Erleuchtung
DG 96 Benjamin Walker: Gnosis
DG 97 Seyyed Hossein Nasr: Ideal und Wirklichkeit des Islam
DG 98 Das Weisheitsbuch des Zen
DG 99 Hans Wolfgang Schumann: Buddhismus
DG 100 Peter Sloterdijk u. Martin Buber: Mystische Zeugnisse
DG 101 Omar Ali-Shah: Sufismus für den Alltag
DG 102 Annemarie Schimmel: Von Ali bis Zahra
DG 103 Rients R. Ritskes: Zen für Manager
DG 104 Barbara C. Sproul: Schöpfungsmythen der östlichen Welt
DG 105 Barbara C. Sproul: Schöpfungsmythen der westlichen Welt
DG 106 Geshe Thubten Ngawang: Vom Wandel des Geistes
DG 107 Sri Chinmoy: Veden, Upanishaden, Bhagavadgita
DG 108 Friedrich Weinreb: Kabbala im Traumleben des Menschen
DG 109 Dominique Viseux: Das Leben nach dem Tod
DG 110 René Grousset: Die Reise nach Westen
DG 111 Dennis Genpo Merzel: Durchbruch zum Herzen des Zen
DG 112 Åke Hultkrantz: Schamanische Heilkunst und rituelles Drama